Wolfgang Eggerichs · Einsatz und Organisation von PC-Netzen

Wolfgang Eggerichs

Einsatz und Organisation von PC-Netzen

am Beispiel NOVELL

Hüthig Buch Verlag Heidelberg

Diejenigen Bezeichnungen von im Buch genannten Erzeugnissen, die zugleich eingetragene Warenzeichen sind, wurden nicht besonders kenntlich gemacht. Es kann also aus dem Fehlen der Markierung ® nicht geschlossen werden, daß die Bezeichnung ein freier Warenname ist. Ebensowenig ist zu entnehmen, ob Patente oder Gebrauchsmusterschutz vorliegen.

Die Deutsche Bibliothek – CIP-Einheitsaufnahme

Eggerichs, Wolfgang:
Einsatz und Organisation von PC-Netzen am Beispiel NOVELL / Wolfgang Eggerichs – Heidelberg: Hüthig, 1993
ISBN 3-7785-2160-8

Printed in Germany
Druck: Neumann Druck, Heidelberg
Buchbinderei: IVB, Heppenheim

Vorwort

Anregungen und Ideen zu diesem Buch kamen bereits vor Jahren von anderen Netzwerkbetreibern und Nutzern, die mich ermunterten, die in "unserem" Netzwerk integrierten organisatorischen, administrativen und funktionalen Lösungsansätze in ihrer Struktur und in den grundlegenden Denkmodellen darzustellen und allgemein verfügbar zu machen.

Seit mehr als 7 Jahren beschäftige ich mich mit der Vernetzung von PC's und anderen Computern und habe in dieser Zeit mit meinen Kollegen besonderen Wert auf

- **hohe Netzwerkfunktionalität**
- **einfache Netzwerknutzung**
- **komprimierte Organisationsstrukturen**
- **geringe personelle Betreuungserfordernisse**

gelegt.

Bei der Realisierung solcher Anforderungen müssen sehr häufig grundlegende Verfahren überlegt, vorhandene Denkansätze der Datenverarbeitung in Frage gestellt und erhebliche Diskussionen über praktikable Nutzungsformen mit den Netzwerkanwendern geführt werden.
Vielfach müssen auch Nutzeranforderungen in Frage gestellt werden, wenn deren Realisierung zwar technisch oder organisatorisch möglich wäre, jedoch eine unverhältnismäßig hohe Personalkapazität bindet.

Genau diese Denk- und Lösungsansätze, die Darstellung der Vor- und Nachteile verschiedener Lösungsalternativen bzw. deren zweckmäßigster Einsatz, die Darlegung von Organisationsstrukturen mit Hilfe der Novell-Mechanismen, und viele weitere grundsätzliche und konzeptionelle Systematiken und Zusammenhänge möchte ich Ihnen in diesem Buch darstellen, nahebringen und vermitteln.

Dabei kann ich natürlich keine **allgemeingültige Organisationslösung** vorstellen, da je nach Größe des Netzwerkes, Anforderungen der Benutzer, Zielsetzung und Umfang der Netzwerkrealisierung durchaus verschiedene Lösungen in Frage kommen.
Trotzdem kann ich in diesem Rahmen zahlreiche Anregungen und Denkanstöße geben, da nach meiner Erfahrung (eigene Netzwerkbetreuung und Beratung an-

derer Firmen) den Netzwerkverantwortlichen häufig einfach die Zeit zur Erstellung grundlegender Realisierungskonzepte gerade im organisatorischen Bereich fehlt.

Häufig wird ein Netzwerk auf Basis von Novell aufgebaut, der Server wird durch einen Händler unabhängig von den betriebsinternen Organisationsstrukturen installiert und anschließend kann bzw. darf in die Betreuung möglichst keine Zeit mehr investiert werden.
Daß dieser Ansatz falsch ist und direkt und auch indirekt erhebliche Kosten verursacht, möchte ich in den einzelnen Kapiteln aufzeigen und verdeutlichen.

In diesem Buch finden Sie also nicht die Darstellung von NetWare-Befehlen oder einen wissenschaftlichen oder technischen Vergleich zwischen verschiedenen Netzwerktopologien wie Ring- oder Bussystem. Zu diesen Themen gibt es zahlreiche Bücher und sonstige Veröffentlichungen, entsprechende Schulungen und Seminare werden ebenfalls angeboten.

Ich setze in diesem Buch grundlegende allgemeine Netzwerkkenntnisse und bei den Lesern, die an den unmittelbaren Umsetzungen interessiert sind, auch ein gutes Basiswissen im Bereich von Novell NetWare voraus.

Alle Themen und Probleme werden zuerst allgemeinverständlich erläutert, dann in einem allgemeinen Lösungsansatz diskutiert und schließlich konkret anhand von Beispielen und gegebenenfalls Befehlsmodulen dargestellt.
Diese Vorgehensweise ist notwendig, da sich bei entsprechenden Beratungen häufig herausstellte, daß schon die Probleme und die Bedürfnisse (auf eine Verbesserung oder Vereinfachung) nicht als solche erkannt werden.

Dies liegt zum großen Teil darin begründet, daß in den Firmen zwar ein Netzwerk (eine PC-Vernetzung) installiert ist,

> **die Denkweisen der Betreiber und der Nutzer sich jedoch gegenüber einem Einzelbetrieb der PC's nicht geändert haben!!**

Hierdurch werden erhebliche Potentiale der Funktionalität, der Information und Kommunikation, und der Rationalisierungsmöglichkeiten nicht genutzt und liegen brach.

Aus diesem Hintergrund entstand der **erste Teil** des vorliegenden Buches unter der Thematik

Netzwerkorientiertes Denken und Handeln,

der recht allgemein in Vernetzungszusammenhänge wie Lizenzbedürfnisse, Betreuungskosten, Serveraufgaben, usw. hineinführt.

Dieser erste Teil richtet sich thematisch auch an die Organisatoren, an die Verantwortlichen oder/und an die Geschäftsführer bzw. die Geschäftsleitung. Hier werden Kostentabellen, Leistungsübersichten und grundlegende Zieldefinitionen für einen effizienten Netzwerkbetrieb aufgezeigt, ohne daß detaillierte DV- oder Vernetzungskenntnisse vorausgesetzt sind.

Der **zweite Teil** des Buches steht unter der Gesamtthematik

Probleme und Lösungskonzepte bei der Organisation eines Netzwerkes

und beschäftigt sich in mehreren Kapiteln mit den Themen der Serverorganisation, der Softwareinstallation, der Datenhaltung und dem nicht zu unterschätzenden Gebiet der Netzwerkakzeptanz.

Ich gehe davon aus, daß Sie als Betreiber oder Nutzer über ein PC-Netzwerk verfügen oder es sich in absehbarer Zeit beschaffen wollen. In den Detailaussagen beziehe ich mich zwar auf Netzwerke unter dem Betriebssystem Novell NetWare, allerdings gelten die meisten Aussagen und Darstellungen grundsätzlich für alle Netzwerke und besonders für alle PC-Netze, gleich welcher Herstellungsfirma.

Mit mehreren Kolleginnen und Kollegen bin ich für den Betrieb eines heterogenen Netzes mit inzwischen mehr als 350 integrierten PC's (und mehr als 70 weiteren Servern, Gateways, Zentralrechnern und Unix-Workstation) verantwortlich. Auf den verschiedenen Servern werden dabei ca. 150 unterschiedliche Softwarepakete im Netzwerk bereitgestellt.
Durch diese eigenen Erfahrungen beim Aufbau und Betrieb eines Netzwerkes, durch Unterstützung und Beratung anderer Firmen und Behörden und durch zahlreiche Schulungen und Seminarveranstaltungen entstand ein breites Wissensspektrum über Netzwerk-, Novell- und Serverprobleme und entsprechende Lösungsansätze und Lösungsvarianten.

Dabei wurden im Laufe der Jahre von mir und meinen Kollegen zu den verschiedenen Einsatzbereichen die unterschiedlichsten technischen, funktionalen und administrativen Lösungen bzw. Konzepte getestet und realisiert. Aufgrund dieser Erfahrungen betrachten wir ein Netzwerk heute wesentlich umfassender und vertreten in vielen Dingen durchaus andere, zum Teil auch neue (und nicht immer bequeme) Ansichten, Positionen und "Einsichten".

Ich bin der festen Überzeugung, daß ein heutiges Netzwerk innerhalb eines Betriebes, einer Behörde oder einer Hochschule wesentlich mehr darstellt als nur die technische Verbindung zwischen einigen PC's, um Daten oder Software über eine Leitung zu transferieren.

Die Funktionalität und Effizienz des betrieblichen Netzwerkes in seiner Gesamtheit ist bzw. wird die Nervenader des Betriebes.
Die Qualität des Netzes beeinflußt u.a. die Motivation der Mitarbeiter, die Kosten der betrieblichen Ablauforganisation,

die Entscheidungsqualität der verschiedenen Führungsebenen und insgesamt damit auch die Wettbewerbsfähigkeit des Betriebes!

Die meisten der in diesem Buch enthaltenen zahlreichen Ideen, Konzepte, Umsetzungsverfahren, Strukturen, Erkenntnisse oder auch Einsichten entstanden in einem Arbeitsteam innerhalb eines mehrjährigen Praxiszeitraums und in vielen Diskussionen und durch zahlreiche Anregungen und wurden von mir zusammengetragen, systematisiert und globaler dargestellt.

Für diese umfangreiche direkte und indirekte Unterstützung möchte ich mich daher ganz besonders bei meinen Kolleginnen, Kollegen und Freunden Herrn Weiß, Herrn Hauptmann, Herrn Jacobs, Frau Neumann, Herrn Knebel, Herrn Schünemann, Herrn Abraham, Herrn Schoonbeek-Kuper, Frau Kranz, Frau Stütz, Herrn Willms und Herrn Vössing bedanken.

Aus diesem Hintergrund heraus verwende ich darum in vielen Darstellungen und Erläuterungen bewußt die **"Wir-Form"**, da solche Aussagen nur auf der Basis einer gemeinschaftlichen Erfahrung und Problembearbeitung gemacht werden können. Damit möchte ich auch besonders die zwingende Notwendigkeit herausstellen, daß Netzwerklösungen immer Teamlösungen sein müssen.

Zum Abschluß (des Vorwortes) muß ich noch auf einige begriffliche Probleme aufmerksam machen. In der Literatur und im allgemeinen Sprachgebrauch werden unterschiedlichste Bezeichnungen vielfach synonym verwendet.

So werden auch von mir u.a. die Begriffe

PC = APC (für ArbeitsPlatzComputer) = User-PC
= Computerarbeitsplatz = Arbeitsplatz-PC = Arbeitsplatzcomputer

oder auch

User = Benutzer = Anwender = Bediener

in vielen Formulierungen einfach alternativ eingesetzt, um das Lesen nicht ganz so eintönig zu gestalten. Damit will ich also weder unterschiedliche Hintergründen verdeutlichen noch tiefergehende Diskussionen oder gar einen halben Glaubenskrieg entfachen.

Zusätzlich möchte ich noch darauf hinweisen, daß die vielfach vorgenommene Einteilung und Trennung in

- kleine und große Netzwerke
- PC-Netzwerke und "Rechner"-Netzwerke
- LAN (Local Area Network) und WAN (Wide Area Network)

zunehmend unsinniger wird, da diese Bereiche immer stärker ineinander und miteinander verzahnt sind. Eine Trennung und separate Betrachtung ist daher kaum noch durchführbar und eher praxisfremd.

So ist ein kleines PC-Netzwerk (z.B. 20 PC's) mit hoher Funktionalität und hohem Kommunikationsbedarf mit verschiedenen externen Rechnerwelten ev. wesentlich komplexer und aufwendiger in der Betreuung und Administration, als ein homogenes Host-Netzwerk mit mehreren hundert PC's, wenn nur wenige Anwendungen integriert sind.
Vor diesem Hintergrund richtet sich das vorliegende Buch sowohl an Betreiber kleiner als auch großer Netzwerke.

Das gesamte Buch soll auf objektive, allgemeinverständliche und soweit möglich auf lockere und unterhaltsame Art Zusammenhänge und Konsequenzen der Vernetzung darstellen.

In diesem Sinne wünsche ich Ihnen Spaß beim Lesen und Erfolg beim Anwenden und Umsetzen. Für weitere Ideen, Anregungen oder "Fehlerhinweise" bin ich natürlich dankbar.

Ihr

Wilhelmshaven, den 15. August 1993

Inhaltsverzeichnis

Verzeichnis der Abbildungen und Tabellen

Kapitel 1:

Kapitel 2:

Kapitel 3:

Kapitel 4:

Kapitel 5:

Teil I

Netzwerkorientiertes Denken und Handeln

1 Grundbetrachtungen, Schwerpunkte und Ziele

Wie bereits im Vorwort dargestellt, befaßt sich dieses Buch nicht mit der technischen Realisierung von Netzwerkinfrastrukturen oder mit der Erläuterung von Novell-Befehlen, sondern es werden die organisatorischen und administrativen Voraussetzungen und Umsetzungen von Netzwerkinstallationen dargestellt.

Als Basis hierfür muß man sich über die Anwendungsschwerpunkte, die Problembereiche und die Realisierungsmöglichkeiten einer (PC-)Vernetzung im klaren sein, bevor Lösungen installiert werden können.

> Insbesondere muß klar sein, was mit der PC-Vernetzung (gegenüber dem Stand-Alone-Betrieb der PC's) überhaupt erreicht werden soll !!!

Und hier gibt es im wesentlichen fünf Schwerpunkte:

- Bereitstellung von Softwaresystemen auf zentralen Servern
- Datenhaltung auf zentralen Servern unter Vermeidung von Redundanz
- Bereitstellung von Informationen auf zentralen Servern
- Zugriff auf andere (interne oder externe) Rechner
- Interne und externe (DV-)Kommunikation

Die Kenntnis, Umsetzung und organisatorische Berücksichtigung dieser Punkte werden hier in ihrer Gesamtheit als

Netzwerkorientiertes Denken und Handeln

bezeichnet und stellen eines der Haupthindernisse bei der betrieblichen Integration von Netzwerken dar. Aus diesem Grund werden in den folgenden Abschnitten einige Grundbetrachtungen und mögliche sowie sinnvolle Zielrichtungen für den Aufbau und die Organisation von PC-Netzwerken aufgezeigt.

Dabei gehen wir besonders auf einige immer wieder auftretende Fehleinschätzungen ein, die u.a.

- die Leistungsfähigkeit von Serversystemen
- direkte und indirekte Kosteneinsparungen
- die Netzwerk- und Serverbetreuung und
- die Anwenderausbildung

betreffen.

So findet man in vielen Betrieben und Behörden erhebliche Netzwerkinfrastrukturen und Kapazitäten vor, die jedoch z.T. äußerst ineffektiv, manchmal geradezu widersinnig genutzt und eingesetzt werden.

1.1 Überbewertung der Netzwerktechnologie

Zu Beginn jeglicher Vernetzung, das gilt also genauso für die PC-Vernetzung, erscheinen die sogenannten "technischen" Probleme wie

Vernetzungstechnik (Kabel, Netzwerkadapter, Übertragungsgeschwindigkeit, mögliche räumliche Ausdehnung, Verhalten bei Hochlast, usw.)

Netz-Betriebssoftware (Betriebssystem, Protokolle, Zugriffsverfahren)

Serverausstattung (Plattenumfang und Sicherheit, Controller, Arbeitsspeicher, Backup-System, Unterbrechungsfreie Stromversorgung, ..)

als die eigentlichen Hindernisse und Problemseiten einer Vernetzung. Man ist der irrigen Ansicht, nach Überwindung dieser Hürden verfüge man über eine funktionsfähige betriebliche Vernetzung und hätte somit seine Probleme gelöst.

Je länger man sich mit der Vernetzung beschäftigt, um so deutlicher wird jedoch, daß der "technische" Bereich der Vernetzung nur einen Anteil von 10 bis ca. 30 Prozent von der Gesamtproblematik ausmacht, je nach Umfang der betrieblichen Netzintegration und der aufgebauten Netzfunktionalität.

Zahlreiche andere Probleme wie

- Netzorganisation (Aufgabenverteilung auf Server, Hosts, usw.)
- Serverorganisation (Volume, Kataloge, Verzeichnishierarchie)
- Benutzerorganisation (Gruppen, User, Rechte)
- Bedienung des "Netzwerkes" (Bedienungsoberflächen)
- netzwerkfähige Anwendungen (Welche? Woher?)
- Datenverwaltung im Netz (Wer macht was? Wer darf was?)
- Abbildung der betrieblichen Organisationsstrukturen im Netz
- Kommunikation im LAN (Adressaten, Mail, Termine, Projekte)
- Benutzerschulungen (Basis- und Stufenausbildung)
- Integration von Postdiensten wie BTX, Telefax, Telex, usw. (Wer darf worauf zugreifen? Zugriffsprotokoll, Kostenzuordnung)
- Datensicherungsverfahren (Backup, Archivierungsverfahren)
- Datenschutz (Sensibilität der Daten, Paßworthierarchien, usw.)
- Informationsdatenbanken für Patente, Firmenprofile, Medizin, Technik (Auswahl, Zugriffswege, Kostenzuordnung, Abrechnungsverfahren)

sowie sonstige Schwierigkeiten sind nach Installation des Netzwerkes und den in der Regel schnell steigenden Benutzeranforderungen hinsichtlich der Funktionalität (also der Vielzahl an verschiedenen Software- und Anwendungssysteme) zu lösen.

Dieses Mißverhältnis zwischen dem technischen Aufbau einer Vernetzung und einer "Vernetzten Gesamtlösung" verstärkt sich noch dadurch, daß für den technischen Bereich vielfältige, ausgereifte und durchaus preiswerte Fertiglösungen angeboten werden.
Zusätzlich bieten sich zahlreiche kleine und größere Firmen an, diese technischen Netzwerkinstallationen zu verkaufen, als funktionsfähige Lösung bereitzustellen und auch zu betreuen.

Das heißt, dieser technische Bereich ist in der Regel "schlüsselfertig" kaufbar, die eigentlichen Probleme

- der betrieblichen Integration,
- des organisatorischen Aufbaus und der Anpassung
- der Umsetzung von Anwendungen und Verfahren,
- das tägliche Management des Netzes
- und insbesondere das konzeptionelle und strategische "Netzwerkdenken"

bleiben vielfach außen vor. Manchmal werden diese Probleme sogar bewußt bagatellisiert, um die erste Stufe der Vernetzung einfacher verkaufen zu können, häufiger werden die Folgeprobleme allerdings tatsächlich einfach verkannt.

Man muß sich darüber im klaren werden, daß die Vernetzung von Computern (PC's) einen Markstein, ja eine Trendwende in der Datenverarbeitung bedeutet. Alle zukünftigen Hardware- und Softwarebeschaffungen, alle Datensysteme und Probleme und Aufgaben, alle organisatorischen Konzepte, die betriebliche Ablauforganisation und vieles mehr müssen unter dem neuen Gesichtspunkt der Vernetzung betrachtet und gegebenenfalls korrigiert werden.

Ich weise mit dieser Vehemenz auf diesen Tatbestand hin, weil er in der Regel völlig unterschätzt wird; aus diesem Grund befaßt sich ein umfangreicher Teil dieses Buches mit diesen neuen, gewandelten Betrachtungsweisen der verschiedensten Netzwerkproblemstellungen.

In den nachfolgenden Abschnitten werden wir einige der ersten und klarsten Konsequenzen darstellen, die sich aus dem Aufbau einer Vernetzung ergeben. Bei richtiger Planung und Umsetzung und dem bereits oben zitierten "netzwerkorientierten" Denken beinhalten diese Konsequenzen deutliche Kostenersparnisse, Informationsgewinne, Kommunikationsverbesserungen, Erhöhung der Mitarbeitermotivation und eine Steigerung und Verbesserung der Zusammenarbeit.

Diese hier gemachten Aussagen gelten zwar grundsätzlich für jede Vernetzung, erfahren bei der Vernetzung von PC's jedoch eine noch intensivere Ausprägung, da die bereits heute bestehende Einsatzflexibilität dieser Geräte sehr hoch ist. Dabei ist zu sehen, daß diese "Gewinne" und Synergieeffekte auch bereits bei kleineren Netzwerkumgebungen von ca. 5 bis 10 PC's auftreten.

1.2 Multifunktionale Arbeitsplätze

Unter dem Begriff der "Multifunktionalen Arbeitsplätze" ist zu verstehen, daß unabhängig von der unterschiedlichen Sachbearbeiteraufgabe jeweils ein identisch ausgestatteter Arbeitsplatz eingesetzt wird, mit dessen Hilfe alle betrieblichen Aufgaben bearbeitet werden könnten.

Diese zuerst selbstverständlich klingende Aussage beinhaltet mehrere Konsequenzen.

1.2.1 Veränderte Arbeitsanforderungen

Als erstes wichtiges Element ist in dieser Aussage die veränderte Arbeitsplatz- und Aufgabensituation enthalten, denn alle Mitarbeiter - vom Techniker zur Sekretärin, vom Lageristen zur Verwaltungsfachkraft, vom Manager bis hin zum Verkäufer - unterliegen zunehmend sich ändernden Arbeitsanforderungen und Tätigkeitsprofilen.

Es gibt immer weniger Berufe mit einer sogenannten "Mono-Tätigkeit", bei fast allen Arbeitsfeldern können eigene Aktionen nur noch unter Kenntnis aktuellster anderer Informationen erfolgen. Hierdurch ist z.B. im Sekretariat neben der Textverarbeitung die "gleichzeitige" Nutzung von Adreß-Datenbanken, von Telefonverzeichnissen, von Fahrplaninformationssystemen (BTX) und weiteren firmeninternen Systemen notwendig.

Um tatsächlich von der Textverarbeitung über die Großrechnernutzung bis hin zu Datenbankrecherchen und der Nutzung von Postdienstleistungen wie Telefax oder BTX alle Aufgaben auf einem Arbeitsplatzrechner abwickeln zu können, bedarf es einer hohen Geräteintelligenz direkt am Arbeitsplatz, wie sie von heutigen PC's typischerweise bereitgestellt wird.

Neben der rein technischen Gerätebereitstellung muß jedoch aufgrund der aufgezeigten geänderten Nutzungsbedürfnisse ein gegenüber der traditionellen Datenverarbeitung wesentlich offenerer Zugang zu Programm-, Daten-, Informations- und Kommunikationsressourcen ermöglicht werden.

Hier muß seitens der Betriebsleitungen und Geschäftsführungen eine weniger restriktive und "vorschreibende" Handhabung ermöglicht werden, denn die Effizienz der Netzwerkfunktionalität hängt unter anderem davon ab, ob den Mitarbeitern diese Ressourcen in eigener Entscheidungsverantwortlichkeit zur Verfügung stehen.

Nach den von uns gemachten Erfahrungen muß ein Umdenken von

was darf ein Mitarbeiter nutzen und einsetzen

hin zu

was darf ein Mitarbeiter nicht nutzen

erfolgen und im Rahmen von betriebsinternen Entscheidungskriterien möglichst allgemeingültig festgelegt werden. Nähere Aussagen und Beurteilungskriterien finden Sie im Teil II dieses Buches.

1.2.2 Gleiche technische Funktionalität für alle Geräte

Hierunter ist zu verstehen, daß die im Netzwerk vorhandenen technischen Ressourcen (in der Regel) für alle Arbeitsplätze verfügbar sind, die Filterung der für den jeweiligen Benutzer tatsächlich nutzbaren Ressourcen erfolgt über Nutzerkennungen, Paßworte, Zugangsverfahren, Prüfalgorithmen, usw.

Hierdurch können die PC's systemtechnisch (Hardware, Betriebssystem, Oberflächen, Aufrufe, usw.) weitestgehend identisch ausgelegt und angesteuert werden und räumliche Veränderungen, temporäre Ortswechsel innerhalb der Firma, wechselnde personelle Gerätezuordnungen, usw. sind völlig unproblematisch; der Abteilungsleiter kann z.B. vom Arbeitsplatz seiner Mitarbeiter (natürlich unter seinem Paßwort) kurzfristig notwendige Informationen abrufen oder Daten eingeben.

Dieser Denkansatz bedeutet in einigen Firmen schon eine erhebliche Veränderung, da in der Vergangenheit üblicherweise die PC's sehr nutzerspezifisch installiert wurden.

Diese Aussage beinhaltet indirekt aber auch, daß zur Erzielung weitestgehend einheitlicher PC-Installationen und identischer Bedienungsabläufe jede nur mögliche Software

"im Netz" (also z.B. auf den Servern) installiert

und gepflegt werden muß. Die redundante Installation von Funktionen auf den APC's (APC = ArbeitsPlatzComputer) beinhaltet nicht nur einen erheblichen Betreuungsaufwand, sondern ein hohes Risiko hinsichtlich unterschiedlicher technischer Realisierungen.

1.2.3 Verfügbarkeit verschiedener Rechner in einer DV-Hierarchie

Grundsätzlich läßt sich die heutige Rechnerhierarchie folgendermaßen darstellen:

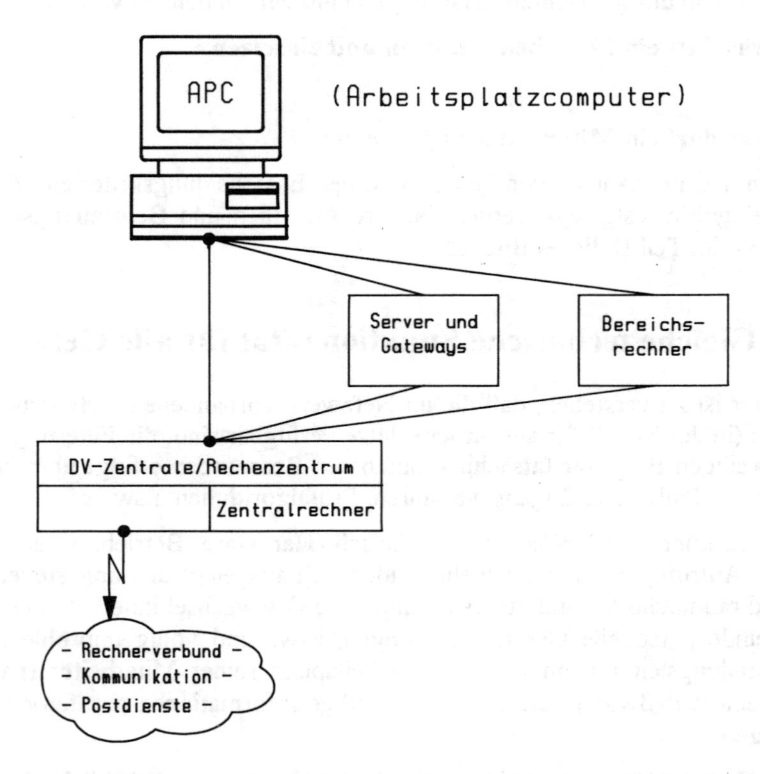

Abbildung 1-1: *Rechnerhierarchie/ Multifunktionaler Arbeitsplatz*

In dieser Darstellung einer heutigen Rechnerhierarchie ist erkennbar, daß die Bearbeitung einer Aufgabe auf unterschiedlichen (vernetzten) Ebenen erfolgen kann.
Im "untersten" Fall findet die Bearbeitung auf der Ebene des Arbeitsplatzcomputers statt, dabei ist es unerheblich, von wo das Programm oder die zur Bearbeitung erforderlichen Daten geholt werden. Es ist also durchaus möglich, daß das Anwendungsprogramm von einem auf Ebene 2 angesiedelten PC-Server zum PC transferiert wird, während sich die Daten auf einem Zentralrechner im Rechenzentrum (also auf der 3. Ebene) befinden und dort gegebenenfalls modifiziert werden.

Während sich die ersten drei Vernetzungs- bzw. Rechnerebenen nach dieser Darstellung im lokalen Netzwerk befinden, erfolgt der Zugriff auf die vierte

Ebene über Kommunikationsverbindungen, die in Deutschland in der Regel über die Telekom bereitgestellt werden.

Diese WAN-Verbindungen (Wide Area Network) haben fast immer die Nachteile, daß sie gegenüber der "hausinternen" Vernetzung

- erhebliche Kosten verursachen (geschwindigkeitsabhängig),
- nur geringere Übertragungsgeschwindigkeiten ermöglichen und
- selten die gleichen Verbindungs- und Zugriffs-Protokolle

zulassen.

Kleinere Firmen werden bei dieser Aussage entgegenhalten, daß sie sich eine Hierarchie von Rechnern gar nicht leisten können und es hierfür auch keinen Bedarf gibt. Bei näherer Betrachtung erkennt man jedoch bei fast allen gängigen (PC-)Netzwerken sofort die Hierarchie-Stufung

Arbeitsplatz-PC ⟺ Server.

Sobald weitere Dienstleistungen oder Funktionen wie z.B.

IBM-Gateway (3270 oder andere) für Host-Zugriff
X.25-Gateway für Zugriff auf andere Rechner im WAN
Mailing-Server oder Gateway
FAX-Server
CD-Server
BTX-Server
Datenbank-Server

im Netzwerk integriert und angeschlossen sind, entsteht vielfach schon eine weitere Hierarchie, da einerseits der Zugang zu solchen Diensten natürlich nur über zentrale (z.B. auf dem PC-Server installierte) Prüfalgorithmen erfolgen kann (bzw. muß) und andererseits die notwendige Software (z.B. für die Terminalemulation) sinnvollerweise nur auf dem Server bereitgestellt werden sollte.

Bei kleineren Firmen entfällt also gegebenenfalls eine der Ebenen, also z.B. die Zentral- oder Großrechnerebene, das Prinzip der Leistungs-, Aufgaben- und Funktionsverteilung bleibt jedoch bestehen.

1.3 PC-Netzwerke contra Zentralrechner?

Diese provokativ klingende und meistens auch so gemeinte Frage wird uns häufiger gestellt. Von der einen Seite in der festen Überzeugung, daß bereits die Fragestellung anmaßend und unsinnig ist, die andere Seite vielfach in der euphorischen Betrachtung der reinen technischen Leistungsfähigkeit eines PC-Servers bzw. PC-Netzwerkes.

Bevor in den Fehler verfallen wird, hieraus einen Glaubenskrieg zu beginnen, sollte man sich verdeutlichen, welche grundlegenden Unterschiede der Bearbeitungssystematik es zwischen Zentralrechner- und Netzwerkkonzepten überhaupt gibt.

1.3.1 Prinzipielle Darstellung eines Zentralrechnersystems

In der nachfolgenden, vereinfachten und verallgemeinerten Darstellung eines Zentralrechnersystems ist es für das Prinzip nicht von Bedeutung, ob z.B. die Speicherverteilung physikalisch oder virtuell erfolgt und ob die Terminal- oder PC-Arbeitsplätze über serielle oder Netzwerkanschlüsse mit dem Zentralsystem verbunden sind.

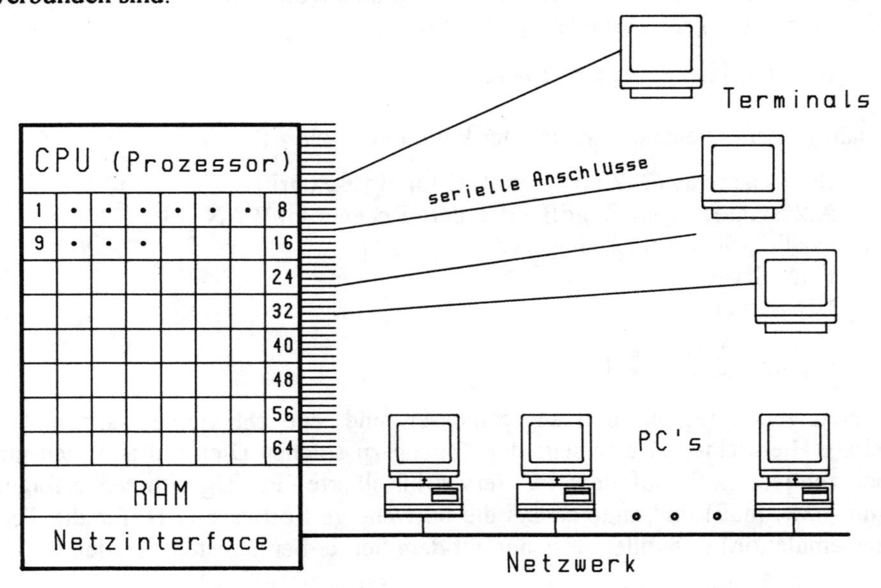

- Arbeitsspeicher wird "geteilt"
- Prozessor wird "zeitgetaktet"

Abbildung 1-2: *Prinzipdarstellung eines Zentralrechnersystems*

Die generellen Vor- oder Nachteile eines solchen Zentralrechnersystems lassen sich so zusammenfassen:

- Der Zentralprozessor (ev. auch 2, 4 oder mehr Prozessoren) ist für alle angeschlossenen Terminals (oder auch PC's mit Terminalemulation) zuständig und muß sie "bedienen". Jede Dateneingabe, jede Abfrage, also jegliche Interaktion belastet den zentralen Prozessor. Die von den Terminals (oder PC's) ge-

starteten Programme bzw. Anwendungen werden von diesem Prozessor geladen, durchgeführt und verwaltet. Alle Berechnungen, Zwischenergebnisse und Bildschirm- oder Druckerausgaben müssen für die quasi gleichzeitig laufenden Programme von diesem einen System durchgeführt werden.
Dabei spielt es vom Grundsatz her gesehen nur eine geringe Rolle, ob zur Entlastung des Zentralprozessors weitere Prozessoren für Spezialaufgaben wie Eingabebearbeitung, Grafikbeschleunigung oder Druckaufbereitung im System integriert sind.

Auch der Arbeitsspeicher des Zentralsystems wird jeweils - ob physikalisch oder virtuell - aufgeteilt, hierdurch entsteht ebenfalls ein erheblicher interner Verwaltungsaufwand, der wiederum den Zentralprozessor belastet.
Je mehr Nutzer am System arbeiten und je komplexer ihre jeweiligen Nutzungsanforderungen sind, umso langsamer wird das System.

- Die Flexibilität eines solchen Systems hinsichtlich Aufgabenlast (Komplexität der Anwendung) oder Nutzerlast (Anzahl der gleichzeitig arbeitenden Anwender) ist relativ gering, da ein solches System aus Kostengründen möglichst exakt auf ein gewisses Lastprofil abgestimmt werden muß.

  Gegenüber dem geplanten Lastprofil kann in der Regel nur eine gewisse Überlast (ca. 10 - max. 50 Prozent) durch Ausbau und Erweiterung der Zentralrechnerhardware aufgefangen werden, dann muß der gesamte Rechner ausgetauscht werden.
  Neue Anwendungen mit hohen Rechenanforderungen bringen die Balance einer vorhandenen Belastungsverteilung sehr schnell zum "Kippen", da keine "Lastverteilung" möglich ist.

- Der Anschluß von PC's anstelle von Terminals verändert an den aufgeführten Nachteilen nichts, da die hochgradige Eigenintelligenz des PC's nicht zum Tragen kommt, wenn er nur im Rahmen einer Terminalemulation (wie z.B. IBM 3270, Siemens 9750 oder TCP/Telnet) betrieben wird.

- Die Administration der User, der Datenzugriffe, der Rechtestrukturen, usw. ist relativ einfach, da jederzeit eine zentrale Kontrolle besteht. Das gleiche gilt für die Datensicherheit und den Datenschutz, hier sind ohne Probleme hohe Sicherheitsanforderungen gegeben oder ohne Probleme zu erfüllen.

- Die allgemeine Verfügbarkeit von Software (Standard-Anwendungen) ist eher eingeschränkt, da eine starke Abhängigkeit vom Rechnerhersteller besteht und dieser in der Regel nur bestimmte, strategische Softwareprodukte forciert und für (s)eine spezielle Hardwareplattform verfügbar macht.

  Besonders problematisch ist diese Abhängigkeit beim Einsatz von herstellerspezifischen Betriebssystemen. Hier können vielfach auch neue oder ergänzende Nutzungsanforderungen wie die Integration von Informations- und Kommunikationsdienstleistungen oder Client-Server-Anwendungen nur schwer, zeitverzögert oder gar nicht verfügbar gemacht werden.

Werden standardisierte Unixsysteme eingesetzt, verbessert sich allerdings die Verfügbarkeit und Einsetzbarkeit von Softwaresystemen anderer Hersteller recht deutlich.

- Bei der Konzentration auf ein Zentralsystem sind besonders bei Kaufsystemen erhebliche "Investitionssprünge" die Folge. Im Beschaffungsjahr muß eine sehr hohe Investition erbracht werden, während in den Folgejahren "nur" die Wartungskosten anfallen, bis nach 4, 5 oder mehr Jahren wiederum eine große Summe zur Rechnerneubeschaffung notwendig wird.

  Neben diesen Investitionsproblemen entsteht durch die mehrjährige Standzeit der Zentralsysteme sehr leicht eine innovative Abkopplung sowie eine Veralterung der Technologie und des Know-how.
  Die Aktualität des Systems sinkt und man ist von der technischen und softwaremäßigen Entwicklung abgeschnitten. Hierdurch können z.B. kostengünstigere und benutzerfreundlichere Systeme erst mit einem erheblichen Zeitverzug eingesetzt werden.

Zentralrechnersysteme werden überwiegend für die traditionellen und etablierten DV-Aufgaben benötigt und eingesetzt, die hohe Datenvolumina zu verarbeiten haben und außerdem die betriebswirtschaftlich äußerst sensiblen Daten wie Lohn und Gehalt, Fakturierung, Ein- und Verkauf, Finanzbuchhaltung, Kostenrechnung, Bilanzen, usw. umfassen.

1.3.2 Darstellung eines vernetzten Systems

Betrachten wir nun als einfachstes Vernetzungsbeispiel eine PC-Vernetzung mit einem zentralen Server.

Vereinfacht lassen sich dabei die generellen Vor- oder Nachteile eines vernetzten Systems so zusammenfassen:

- Der zentrale Server hat nicht mehr die Aufgabe, die eigentliche Bearbeitung von Funktionen, Interaktionen oder Applikationen für den Benutzer durchzuführen, sondern er stellt dem Arbeitsplatz-PC z.B. die gewünschte Software und gegebenenfalls die erforderlichen Daten zur Verfügung.
  Die eigentliche Anwendung (die Software) läuft dann jedoch auf dem PC ab und belastet dabei den Prozessor des Servers vorerst nicht mehr.

- Die Antwortzeit einer Anwendung (z.B. bei der Nutzung einer Textverarbeitung) hängt also nicht mehr von der Belastung des Zentralrechners ab, sondern nur noch von der Geschwindigkeit des Arbeitsplatz-PC's.

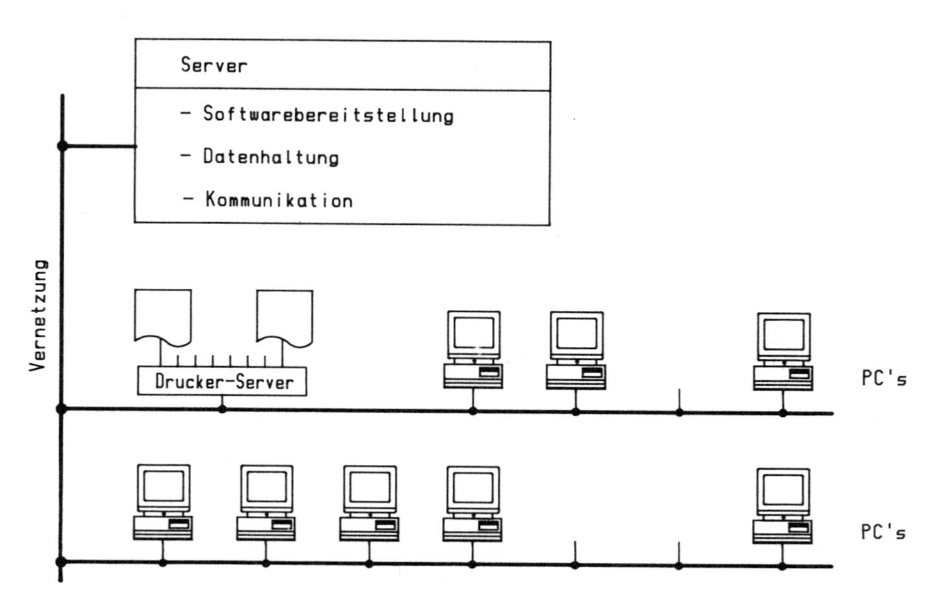

Abbildung 1-3: *Prinzipdarstellung eines vernetzten Systems*

- Die Last- und Nutzerflexibilität eines vernetzten Systems ist äußerst hoch, da ein zusätzlicher Netzwerk-PC seinen eigenen Prozessor und seinen eigenen Arbeitsspeicher "mitbringt".
  Das bedeutet, daß Erweiterungen oder Ergänzungen des Zentralservers in dieser Hinsicht kaum erforderlich sind, zudem haben sie im Vergleich zu Großrechnersystemen ein äußerst günstiges Preis-/Leistungsverhältnis.

- Der Aufwand zur Administration eines geregelten Zugriffs auf Daten (Record-Locking, Transaktionsverarbeitung) ist bei einer vernetzten Lösung deutlich aufwendiger. Hier gibt es bis heute kaum einheitliche, rechner- und betriebssystemübergreifende Verfahren.

- Investitionen können schrittweise (jährlich) der Nutzungsquantität und der Qualität angepaßt werden. Hierdurch verfügt eine Firma bei relativ gleichbleibenden Investitionserfordernissen in hohem Maße über technisch aktuelle Systeme und kann bedarfsorientiert neue Softwareentwicklungen und Anwendungsverfahren berücksichtigen und einsetzen.

- Aufgrund regelmäßigerer Ergänzungen und Anpassungen der Hard- und Software und damit häufigerer Aktualisierungen der DV-Technik können die jeweils aktuellsten Entwicklungen der Standardisierung wie

  ISDN, NIS, ISO/OSI, X.400, X.500, X-Window, EDIFACT, usw.

  aufgenommen und in das Netzwerk integriert werden.

Hierdurch läßt sich wiederum die Herstellerabhängigkeit deutlich reduzieren, da bei Berücksichtigung aktueller Netzwerkstandards ohne gravierende Probleme Rechner, Netzwerkkomponenten, Softwaresysteme, usw. von verschiedenen Herstellern in einem Netz integriert werden können.

Konsequenz hieraus sind niedrigere Preise, eine zunehmende Unabhängigkeit und als erheblicher Vorteil auch die Tendenz, daß einzelne Anwendungen im Netzwerk aktualisiert werden können, ohne daß automatisch alle anderen Hard- oder Softwaresysteme betroffen sind.

1.3.3 Vergleich der Prozessorleistungen

Die Prozessorleistung eines Zentralrechners kann nicht isoliert betrachtet werden, sondern muß immer als Gesamt-Systemleistung mit allen sonstigen Systemdiensten wie Bus- und Kanalgeschwindigkeiten, Plattenkapazitäten, Ausbaubarkeit, usw. aufeinander abgestimmt sein.
Ein solches Gesamt-System verfügt - wie ein Blick in entsprechende Preislisten zeigt - wiederum über kein lineares Preis-/Leistungsgefüge, sondern ein System mit einer um ca. 50% höheren Gesamtleistung kostet jeweils ca. das Doppelte.

Bei einem vernetzten System kann die "Systemleistung" als Summe aller integrierten Prozessorleistungen (also einschließlich der PC-Prozessoren) betrachtet werden. Hierdurch kann in einem vernetzten System wesentlich mehr Systemleistung zu einem deutlich geringeren Preis aufgebaut werden.

Machen wir doch eine kleine Beispielrechnung auf, um ein Gefühl für die hier aufgeführten Aussagen und Zusammenhänge zu bekommen.
Nehmen wir hierzu ein mittleres Netzwerk mit 50 angeschlossenen PC's mit dem Prozessortyp 80486 und einem gut ausgebauten zentralen Serversystem (eine Abschätzung der Leistungsfähigkeit eines solchen PC-Serversystems finden Sie im Abschnitt 1.5).

50 PC's 80486, 33 MHz, 200.000
8 MB RAM, 100 MB Disk, 3,5" Disketten-LW
14" Farbmonitor, Tastatur, Maus, DOS
16-Bit Ethernetkarte
(Einzelpreis ca. 4.000,- DM)

1 Server 80486, 50 MHz, 30.000
32 MB RAM, 4x 1 GB Disk, 3,5" Disketten-LW
14" Farbmonitor, Tastatur, DOS
2,4 GB DAT-Streamer
Novell Netware (100er Lizenz)

Das hier dargestellte vernetzte Gesamtsystem kostet ohne die eigentliche Vernetzungsinfrastruktur also ca. 230.000,- DM (Je nach Angebot und Produktauswahl erhalten Sie diese Ausstattung übrigens auch für deutlich weniger Geld.).

Wie entsprechende Veröffentlichungen belegen, können die aufgeführten Netzwerk-PC's jeweils mit einer Leistung von

ca. 10 SpecMarc

eingestuft werden. Die Gesamtleistung der 50 vernetzten Arbeitsplätze (ohne Einbeziehung der Serverleistung, da hier keine Anwendungen durchgeführt werden) umfaßt demzufolge

ca. 500 SpecMarc,

wobei wir uns darüber im klaren sind, daß die verschiedenen Leistungsangaben wie MIPS, SpecMarc/int, SpecMarc/f77, usw. mit gewissen Vorbehalten zu betrachten sind. Das gilt jedoch nicht nur für die PC-Angaben, sondern im gleichen Maß auch auf die zentralrechnerbezogenen Systemangaben.
Auch sind die MIPS- oder SpecMarc-Werte eines Zentralrechners nur bedingt mit den Werten und hieraus resultierenden Konsequenzen einer Workstation zu vergleichen, da wiederum die Gesamtleistung und insbesondere das Aufgaben- und Lastprofil anders aussieht.
Doch unabhängig davon zeigt sich an diesen Werten die Tendenz und erklärt sich die "scheinbar" enorme Leistungsfähigkeit eines PC-Netzwerkes bzw. eines PC-Servers.

Betrachten wir nun die Preisgröße eines Zentralrechnersystems, das mit

500 SpecMarc Prozessorleistung
400 MByte Arbeitsspeicher
4 GByte Plattenspeicher
50 netzwerkfähigen Farb-Grafik-Terminals

ausgerüstet ist. Alleine die netzwerkfähigen Farb-Grafik-Terminals kosten ca. 130.000,- DM, so daß für das eigentliche Zentralrechnersystem nur noch ein Betrag von ca. 100.000,- DM zur Verfügung stehen würde. Wie entsprechende Preislisten zeigen, läßt sich hierfür noch nichtmal ein System mit der halben Prozessorleistung beschaffen!!

An diesem Beispiel wird außerdem der Hintergrund für die in einem Netzwerk vorhandene **Leistungsflexibilität** sehr gut deutlich, denn jede zusätzliche PC-Arbeitsstation erhöht automatisch und unmittelbar die im Netzwerk vorhandene Gesamt-Prozessorleistung.

1.3.4 Entwicklung der Bedürfnisse und Anwendungen

Auch nach Darlegung der grundsätzlichen Unterschiede zwischen einem Zentralrechnersystem und einem PC-Netzwerk kann die eingangs gestellte Frage hinsichtlich PC-Netzwerk oder Zentralrechner auch jetzt nicht direkt mit ja oder nein beantwortet werden.

Obwohl Kriterien wie Preis-/Leistungsverhältnis, Aktualität und Verfügbarkeit von Anwendungssoftware, Herstellerunabhängigkeit, usw. deutliche Pluspunkte für vernetzte Systeme darstellen, müssen andere Bewertungskriterien wie

- Vorhandene Anwendungssysteme
- Kosten neuer, netzwerkfähiger Applikationen
- vorhandene Hardwaresysteme
- Ausbildung und Know-how der Mitarbeiter
- Sicherheit der Systeme und Applikationen
- Besondere Probleme verteilter Daten
- Betriebsgröße
- bisherige Abwicklung der DV-Aufgaben
- Ausrichtung des Betriebes/ der Abteilung (technisch/kaufmännisch ?)
- Art der vorhandenen bzw. zu beschaffenden DV-Arbeitsplätze
- firmenspezifische Anwendungen
- aufgabenspezifische Rechnerhardware

ebenfalls berücksichtigt werden.

Zusätzlich müssen natürlich die zukünftigen Aufgabenerfordernisse und ihre Verteilung und Bearbeitung im Netzwerk betrachtet werden, da heutige Investitionen nicht nur direkte Auswirkungen für die nächsten 2-4 Jahre haben, sondern in der Regel indirekte Weichenstellungen für die nächsten 3-8 Jahre implizieren.

Hierzu lassen sich nun einige Grundsatzbetrachtungen anstellen, wenn man die sich wandelnden Rechnerstrukturen, Aufgaben, Anforderungen, Lösungskonzepte und Tätigkeitsprofile betrachtet.

a) traditionelle DV-Verfahren und Systeme

Die Datenverarbeitung der Vergangenheit (ca. 1960-1985) war geprägt durch Zentralrechner wie z.B. IBM- oder Siemens-Großrechner oder sogenannte Minicomputer verschiedenster Hersteller.
Dabei wurden vorrangig die "betriebswirtschaftlichen Daten, Verfahren und Abläufe" wie Fakturierung, Umsätze, Artikel- und Kundenverwaltung, Einkauf/Verkauf, Lohn/Gehalt, usw. verwaltet und betrieben.

Durch die technische und inhaltliche Entwicklung der PC's, der Workstation, der Netze, der elektronischen Postdiensten, usw. und der veränderten Arbeits- und Tätigkeitssituation in den Betrieben (u.a. stärke Eigenverantwortung und Entscheidungsdelegation) sind drei gravierende Anforderungsbereiche hinzugekommen.
Diese neuen Bereiche beinhalten ein hohes Anforderungsprofil und können von den vorhandenen Zentralrechnersystemen gar nicht oder nur sehr eingeschränkt und in der Regel zudem nur sehr kostenintensiv befriedigt werden.

b) neue DV-Anwendungen

Bei diesen Anwendungen handelt es sich in erheblichem Umfang um PC- oder Workstation-orientierte Standard-Anwendungen wie

- Textverarbeitung
- Kalkulationssysteme
- Datenbanksysteme
- kommerzielle grafische Systeme
- Client-Server Anwendungen, usw.

Diese Systeme sind in der Regel branchen- und systemunabhängig, einfach zu bedienen, verfügen über Standardschnittstellen zu anderen Applikationen und können direkt auf dem Prozessor eines Arbeitsplatzrechners ablaufen.

Aber auch branchenspezifische oder sogar firmenspezifische Anwendungen werden zunehmend so entwickelt und bereitgestellt, daß sie auf einem PC ablauffähig sind und somit keinen Zentralrechner im herkömmlichen Sinne mehr benötigen.

c) Informationsbereitstellung

Die Anforderungen an die jederzeitige und flexible Verfügbarkeit von Informationen ist in den letzten Jahren erheblich gestiegen.
Auf allen betrieblichen Entscheidungsebenen müssen nicht nur die firmeninternen Daten jederzeit bekannt sein, sondern es müssen gerade auch eine Vielzahl von externen oder extern zusammengestellten Daten/Informationen in die Entscheidungen einfließen.
Hierzu gehören z.B. Konkurrenzinformationen zu Produkten, Preisen und Firmen genauso wie Patentinformationen, Lieferanteninformationen oder die Daten über Subventionsmöglichkeiten.

d) interne und externe DV-Kommunikation

Eng verbunden mit der Informationsbereitstellung sind die Erfordernisse und heutigen Möglichkeiten hinsichtlich der Kommunikation.
Neben den etablierten Verfahren wie Telefon, Telex und Fax gewinnt die Kommunikationstechnik in der Datenverarbeitung eine immer größere Bedeutung.

Hierzu zählen u.a. Mailingsysteme, Termin- und Projektsysteme und auch die Integration vorhandener Kommunikationsdienste wie Telefax, Telex oder auch BTX in die DV-Technik.

Diese nun insgesamt vier Welten

- traditionelle DV-Verfahren und Systeme
- neue DV-Anwendungen
- Informationsbereitstellung
- interne und externe DV-Kommunikation

gehören heute DV-technisch zusammen und sind inhaltlich und funktional auf's engste miteinander verzahnt.

In der nachfolgenden Darstellung soll die Verzahnung zwischen den aufgeführten "Welten" gezeigt werden, dabei ist jedoch zu berücksichtigen, daß die Grenzen und Überlappungen fließend und einem ständigen Veränderungsprozeß unterworfen sind.

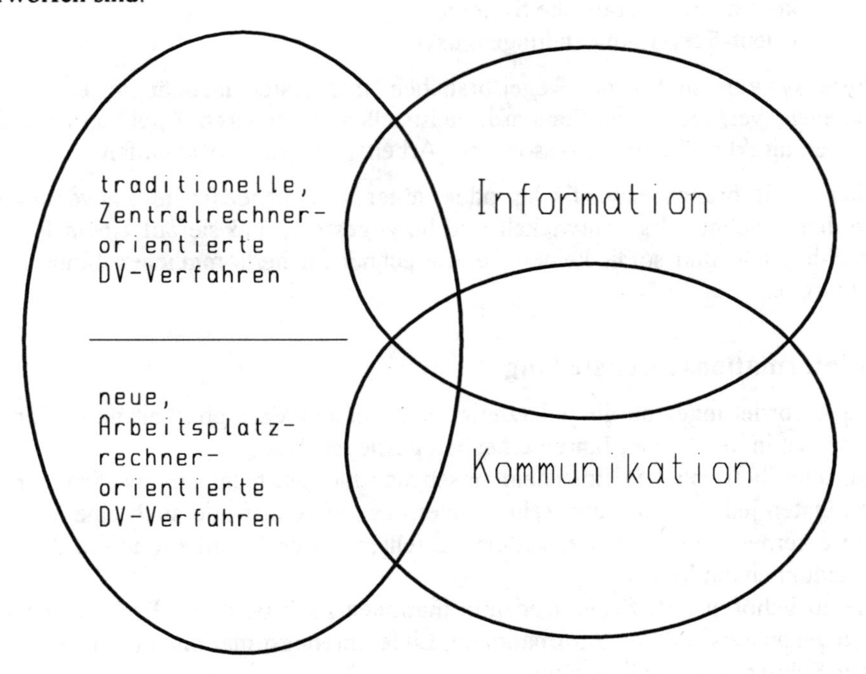

Abbildung 1-4: *Traditionelle und neue DV-Techniken*

Bei diesen miteinander verzahnten Bereichen der heutigen Datenverarbeitungs- und Informationstechnik wird deutlich, daß die Zuordnung durchaus unterschiedlich betrachtet werden kann bzw. in manchen Fällen auch tatsächlich ist.
So kann eine externe Information (z.B. eine Informationsdatenbank) sowohl über Kommunikationswege wie z.B. Datex-P oder Telefonmodem erreicht und

verfügbar gemacht werden, als auch über einen CD-ROM-Server im Netz nutzbar sein. Trotzdem bleibt es in beiden Fällen funktional eine Informationsbereitstellung.

Die elektronische Bereitstellung von Informationen jeglicher Art direkt am Arbeitsplatz gewinnt eine enorme Bedeutung, denn bereits die Verfügbarkeit so trivialer Daten wie Postleitzahlen, Bankleitzahlen, Vorwahlnummern, Bahn- oder Flug-Verkehrsverbindungen, usw. gehört in diesen Bereich und wird von den Benutzern heute einfach gefordert.

Die Bereitstellung dieser und weiterer Informationen in Form von Handbüchern, Nachschlagewerken, usw. war zwar immer üblich und anerkannt, die elektronische Bereitstellung wirft jedoch plötzlich Grundsatzfragen der innerbetrieblichen "Rechtmäßigkeit" und der Notwendigkeit auf.
Dabei dürfte jedem Verantwortlichen klar sein, welche Zeitkapazitäten vielfach durch die Suche nach diesen Informationen bisher verloren gingen.

An der zunehmenden Verpflechtung dieser Aufgabenwelten werden die neuen Techniken der Client-Server-Strukturen einen erheblichen Anteil haben. Das beginnt bei den einfachen dateibezogenen Client-Server-Systemen wie einem NetWare PC-Server, gilt weiter für Datenbank-Client-Server-Konzepte und auch für Bedienungs- und Darstellungs-Client-Server wie sie im Bereich X-Window realisiert wurden.

So ist es bereits bei den heutigen X-Window-Anwendungen (X.11, OSF-Motif, Open-Look, usw.) möglich, Prozesse und Anwendungen auf unterschiedlichen Rechnern ablaufen und in separaten Fenstern an einem Arbeitsplatz darstellen zu lassen.
Diese fast beliebige Verteilung von Softwareabwicklung und Ergebnisdarstellung ermöglicht bereits heute unter Einbeziehung von PC's, Unix-Workstation und Zentralrechnersystmen eine völlig flexible Aufgaben- und Lastverteilung im Netzwerk.

Gerade über diese Verfahren wird die Nutzung von (Firmen-)Daten, allgemeinen Informationen und die Kommunikation mit anderen DV-Nutzern immer stärker miteinander verzahnt und die typischen Definitionen wie Zentralrechner, Arbeitsplatzrechner, Kommunikationsrechner, usw. verlieren an Bedeutung und Aussagekraft oder werden sogar falsch.

Insgesamt wird durch die dargestellten Zusammenhänge deutlich, daß es keine einseitige und eindeutige Entscheidung hinsichtlich Zentralrechner oder PC-Netzwerk geben kann. Gerade in großen Betrieben dürfte das Ergebnis einer Gesamtbewertung darum kein

entweder PC-Vernetzung oder Großrechnersystem

sein, sondern ein aufeinander abgestimmtes, vernetztes Miteinander!!

1.4 (PC-) Server im Netzwerk

Die Abschnittsüberschrift ist vorsätzlich allgemein gehalten, damit wir uns zuerst auf den Begriff des Servers verständigen können.
Wie bereits grundsätzlich ausgeführt, ist der gravierende Unterschied eines Servers zum Zentralrechner der, daß auf dem Server in der Regel keine kompletten **Anwendungen durchgeführt** werden, sondern nur Ressourcen wie Software, Daten oder Informationen gelagert sind und auf Anfrage über das Netz "verteilt" werden. (Auch bei Client-Server-Konzepten findet nur eine teilweise Anwendungsbearbeitung auf dem Server statt.)
Diese Aussagen gelten zwar sowohl für die PC- als auch für die Workstation- und Unix-Welt, im Rahmen unserer Zielsetzung beschränken wir uns jedoch vorerst auf die PC-Server.

Es werden auf dem Markt PC-Server auf Basis verschiedener Betriebssysteme angeboten, so kann z.B. auch eine Unix-Workstation als PC-Server fungieren.

Novell bietet neben dem "normalen" NetWare Betriebssystem auf PC-Basis auch Versionen für andere Betriebssysteme wie VMS, VM, usw. an. Hierdurch soll bei vorhandenen Zentralrechnerressourcen ohne Aufbau eines weiteren Servers eine einfache und unmittelbare Unterstützung von Netzwerk-PC's ermöglicht werden.
Nach unseren Erfahrungen haben sich diese Systeme bisher jedoch nur eingeschränkt bewährt und durchgesetzt. Die inzwischen erkennbaren neuen Zielsetzungen von Novell z.B. hinsichtlich der Bereitstellung von NetWare 4.0 auf neuesten RISC-Prozessoren wie dem DEC-Alpha-Chip könnten hier eine Trendwende auslösen.

1.4.1 Aufgaben und Einsatzmöglichkeiten

Im Rahmen einer PC-Vernetzung fallen verschiedene Aufgaben/Funktionen an, die unter Einsatz eines (oder auch mehrerer) Server unterstützt werden können und sollen. Hierbei handelt es sich unter anderem um

- Softwarebereitstellung
- Datenhaltung
- Ansteuerung von Netzwerk-Druckern
- Kommunikationsaufgaben wie
  - Mailsystem (User-Agent, Message-Transfer-Agent)
- Gateway-Aufgaben wie
  - Verbindung zu anderen Rechnern (z.B. IBM), Postdienste (z.B. BTX)
- Datenbank-Server
- CD-ROM Server

Zu Beginn wird man versuchen, die anfallenden unterschiedlichen Servicefunktionen möglichst in einem Server zu konzentrieren, um einerseits den Betreuungsaufwand so niedrig wie möglich zu halten und andererseits die Leistungsfähigkeit des Servers weitestgehend auszunutzen.

Steigt die Anzahl der im Netz eingesetzten PC's, erhöht sich in der Regel auch die erforderliche Nutzungsfunktionalität (Anzahl der verschiedenen Anwendungssysteme) und zur Vermeidung von Redundanz kann es sinnvoll werden, Spezialaufgaben auf einen weiteren Server auszulagern. Hierdurch kann dann wiederum auch die Betreuung und Verantwortlichkeit klarer zugeordnet werden.

Bei einigen der im Netzwerk erforderlichen und realisierbaren Servicefunktionen handelt es sich genaugenommen um sogenannte Gateway-Funktionen, die jedoch zugleich für mehrere Benutzer ihre Dienstleistungen im Netz anbieten und darum z.T. auch als Server bezeichnet werden.
Ein Gateway beinhaltet grundsätzlich die Verbindung verschiedener Protokoll-Welten, also z.B. eine Verbindung zwischen einem Token-Ring-Netz und dem X.25-Datex-P Netz über ein X.25-Gateway oder die Verbindung zwischen einem Ethernet-Netzwerk und der IBM-Welt über ein SNA-Gateway.

Betrachten wir nun die wichtigsten Server-Funktionen in einem Netzwerk.

a) Softwarebereitstellung

Hierunter verstehen wir die Bereitstellung und Installation von Standardsoftware und Anwendungssystemen auf dem Server, wie z.B.

- firmenunabhängige Standardsoftware
  (Text-, Kalkulations-, Datenbank- u. Abfragesysteme, Tools, usw.)
- firmenspezische Anwendungssoftware (je nach Branche)
- Spezialsoftware für DTP, CAD, Terminalemulationen, usw.

Die Vorteile einer zentralen Softwarebereitstellung sind wesentlich gravierender, als im allgemeinen angenommen wird, denn

- die einmal installierte Software kann von keinem Anwender verändert oder sogar gelöscht werden.
- eine Software muß nur einmal installiert werden, der Betreuungsaufwand gegenüber Mehrfach-Installationen auf Einzel-PC's sinkt erheblich.
- der Softwareaufruf, die Bedienung, die Druckertreiber, usw. sind von jedem PC aus immer und überall identisch.
- die im Betrieb vorhandenen Lizenzen können dynamisch und effektiv im Netz "verteilt" werden, die notwendige Lizenzanzahl reduziert sich zum Teil erheblich.

Viele Firmen nutzen gerade die hier bestehenden und enthaltenen Möglichkeiten der Kostenreduzierung wenig, da häufig trotz einer guten technischen Vernetzung die Softwareanwendungen nach wie vor lokal auf den Platten der Arbeitsplatzrechner "zig-fach" installiert werden.
Welche erheblichen Möglichkeiten der Kostenersparnis gerade hier enthalten sind, werde ich Ihnen in den Abschnitten 1.6 (Lizenzen) und 1.7 (Betreuung) vorstellen.

b) Datenhaltung

Bei Firmen und Betrieben kleiner und mittlerer Größe wird die Datenhaltung während der Aufbau- und Anfangsphase eines PC-Netzwerkes in der Regel auf dem Server konzentriert und somit werden alle betriebsrelevanten Daten auf dem Server gehalten. Hierzu gehört dann selbstverständlich auch die entsprechende Anwendungssoftware.

Der Begriff der Daten ist dabei differenziert zu sehen, denn es gibt Daten unterschiedlicher Sensibilität, Schutzbedürftigkeit, allgemeiner Verfügbarkeit, wie z.B.:

- Zentrale Daten
- Abteilungs- oder Bereichsdaten
- Benutzerdaten (wie Texte)
- Informative Daten

Bei größeren Firmen werden die betrieblichen Daten ev. auf einem vorhandenen Zentral- oder Großrechner gehalten und nur bestimmte Teildaten oder Spezialdaten auf dem PC-Server bereitgestellt.
Manchmal werden "Extrakte" dieser Echtdaten als Kopie im Netzwerk bzw. auf dem Server abgelegt und in festgelegten Intervallen automatisch aktualisiert. Vielfach kann der Anwender auch über ein Gateway mit Hilfe einer Terminalemulation (oder einer File-Transfer-Funktion) vom Arbeitsplatz-PC auf den Zentralrechner zugreifen und die für seine Aufgabe relevanten Daten einsehen oder übernehmen.

c) Drucker-Server

Gute und leistungsfähige Drucker sind teure Ressourcen, die nicht beliebig an jedem Arbeitsplatz bereitgestellt werden können (bzw. sollten).
Um trotzdem allen Netzwerknutzern diese Drucker verfügbar machen zu können, kann ein Server über sogenannte Spoolingfunktionen mehreren oder allen Nutzern den Zugriff ermöglichen. Diese Realisierung eines sogenannten Print-Servers ist sowohl auf dem zentralen als auch auf dedizierten Servern möglich.

Äußerst praktisch sind auch technische Lösungen, die als sogenannte Net-Ports serielle und parallele Druckeranschlüsse flexibel im Netz bereitstellen, ohne daß ein gesonderter PC für diese Aufgabe bereitgestellt werden muß.

Diese handlichen Geräte in der Größe eines kleinen Modems werden direkt an das Ethernet- oder Token Ring-Netzwerk angeschlossen und können inzwischen sogar über verschiedene Protokolle (IPX und IP) die angeschlossenen Drucker auch für die Unix-Welt verfügbar machen.

d) Kommunikations-Server

Bei den Kommunikationsservern handelt es sich häufig um die bereits oben beschriebenen Gateways. Hierbei kann es sich z.B. um ein

- IBM-3270 -Gateway
- Datex-P Gateway
- Fax-Gateway
- BTX-Gateway
- Modem-Gateway
- Remote-Gateway

handeln. Bei Realisierung dieser Funktionen wird in der Regel ein dedizierter PC, der nicht unter Novell NetWare läuft, über das Netz über Novell-IPX (oder auch NetBios) angesprochen und stellt für eine definierte Anzahl von Usern die gleichzeitige Nutzung dieser Funktion zur Verfügung.

Es verstärkt sich der Trend, diese Funktionen als NLM (NetWare Loadable Modul) auf dem Novell-Server zu integrieren. Hier muß dann im Einzelfall geprüft werden, ob eine solche Integration sinnvoll ist, oder ob die Anzahl der zusätzlichen NLM's zu umfangreich wird bzw. eine dedizierte Abwicklung dieser Aufgabe auf einem getrennten PC administrativ leichter zu bewerkstelligen ist (Reparaturen, Updates, Abschalten von Teilfunktionen).

e) CD-Server

Wie bereits mehrfach erwähnt, gewinnt die Informationsbereitstellung eine zunehmende Bedeutung im Rahmen der DV-Unterstützung. Hier haben sich insbesondere die CD-ROM's für die unterschiedlichsten Anwendungen durchgesetzt.

Über einen dedizierten, nicht unter Novell NetWare laufenden Server unter Einsatz einer speziellen Software (z.B. Opti-Net) können über das Netzwerk die dort angeschlossenen CD-ROM-Laufwerke angesprochen und die enthaltenen Informationen abgerufen werden.
Auch dieser Dienst kann inzwischen über einen NLM-Prozeß direkt am File-Server integriert werden, beinhaltet jedoch ebenfalls die bereits erwähnten leistungsbezogenen und administrativen Konsequenzen.

Interessante und je nach Aufgabenprofil sinnvolle CD's sind z.B.:

- VLB (Verzeichnis aller lieferbaren Bücher im deutschsprachigen Raum)
- ISIS-Software-Report (für PC's oder für Unix oder Großrechner)
- Dictionary (Englisch-Deutsch / Deutsch-Englisch)

- Wer liefert Was
- City-Falk-Pläne (alle Falk-Stadtpläne)
- Verzeichnis der Postleitzahlen

Bei mittleren und größeren Firmen ist der Einsatz eines CD-Servers äußerst ratsam, da hiermit die ungesteuerte Beschaffung lokaler CD-Laufwerke und insbesondere der teuren, regelmäßig zu aktualisierenden CD's verhindert wird.

1.4.2 Verteilte Aufgaben im Netz

Wie bereits in den letzten Abschnitten deutlich wurde, können in einem Netzwerk durch Integration verschiedenster Rechner, Server und Gateways die unterschiedlichsten Funktionen und Aufgaben recht flexibel gelöst werden.

Neben den im letzten Abschnitt aufgeführten unterschiedlichen Serveraufgaben lassen sich auch die folgenden Funktionen und Kommunikationen relativ einfach durch Einsatz von speziellen (kaufbaren) Netzwerkprodukten integrieren:

- Zugriff auf das Datex-P Netz der Bundespost (X.25)
- Zugriff auf IBM 3270 Rechner über SNA-Gateway (lokal oder Remote)
- Zugriff auf IBM AS/400 Rechner über SAA-Gateway (lokal oder Remote)
- Zugriff auf Siemens BS-2000 Rechner (lokal oder Remote)
- Zugriff auf beliebige Rechner über Telnet, FTP, NFS, SMTP
- Zugriff auf Unix-Rechner über Telnet, FTP, NFS oder X-Window

Selbstverständlich ist es nicht einfach, durch eventuell gleichzeitigen bzw. parallelen Einsatz unterschiedlicher Protokolle (Koexistenz-Modus) im gleichen Netzwerk bzw. am gleichen Arbeitsplatzcomputer diese Vielschichtigkeit an Funktionen zu verwirklichen.

Ohne zu diesem Zeitpunkt bereits auf die Realisierungsdetails (und Probleme) einzugehen, stellen wir Ihnen in der Abbildung 1-5 die vielschichtigen Einsatzmöglichkeiten eines eingangs beschriebenen

Multifunktionalen Arbeitsplatzes

vor. Selbstverständlich werden nur wenige Netzwerkinstallationen eine solch umfangreiche und vielschichtige Multifunktionalität aufweisen, allerdings werden in vielen Netzen die unterschiedlichsten Teilmengen dieser Funktionen erforderlich sein.

Bei einem solchen Netzwerk spricht man von einem

heterogenen Netzwerk,

da Rechner der verschiedensten Hersteller und unterschiedliche Netzwerkprotokolle zum Einsatz kommen.

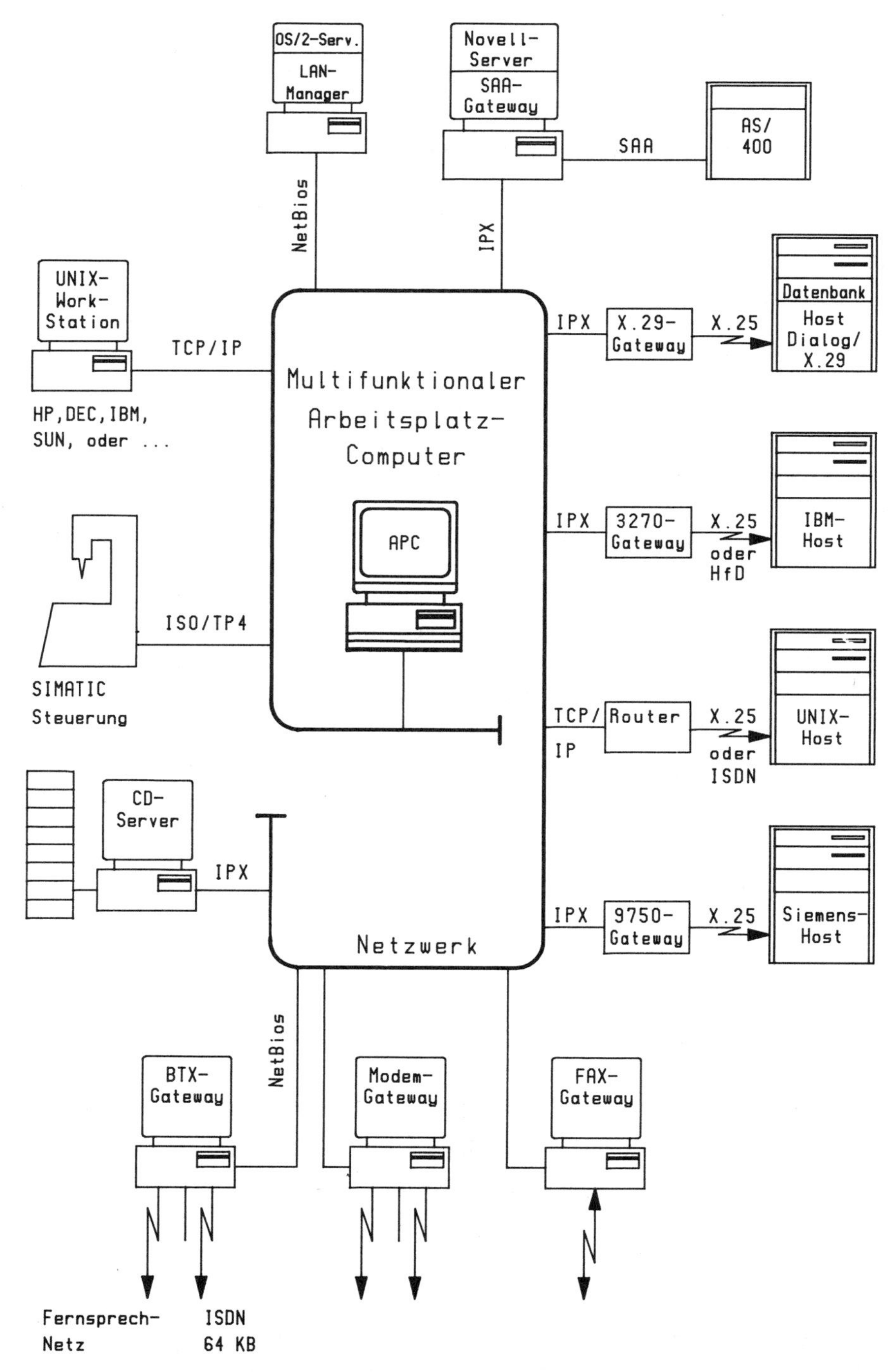

Abbildung 1-5: *Funktionalität eines PC's im Novell Netzwerk*

1.5 Leistungsfähigkeit eines PC-Servers

Die Diskussion zu dieser Thematik treibt immer wieder die seltsamsten Blüten, denn von Anwendern (und besonders von "Noch-Nicht-Anwendern") hört man diesbezüglich die wildesten Spekulationen.

In einigen Betrieben und Behörden wird bereits

für jeweils 10 bis 20 PC's ein eigener Server

installiert und betreut. Das ist in dieser Form **unsinnig**!

Die Vorgehensweise ist nicht nur äußerst unwirtschaftlich, da Serverkosten in erheblicher und unnötiger Höhe anfallen, besonders gravierend ist die entstehende Mehrfachbetreuung und die damit einhergehende redundante Installation von Lösungen.
Sehr häufig entstehen hierdurch auch völlig voneinander abweichende Organisations-, Bedienungs- und Sicherheitskonzepte sowie Benutzungsverfahren.

Zur Abschätzung des tatsächlichen Serverbedarfs muß man sich zuerst einen quantitativen und einen qualitativen Überblick über die Nutzungsarten, die Nutzungshäufigkeit und die Nutzungsintensität machen, bevor man Forderungen hinsichtlich der Server aufstellen kann.

Zur weiteren Betrachtung lassen Sie uns das Problem in drei Bereiche unterteilen, die unabhängig voneinander einschätzbar und bewertbar sind:

- Serverbelastung durch **aktive** Netzwerk-PC's ?
- Welche Programmbelastung liegt vor (Nutzungsprofile) ?
- Serverqualität und Serverausbau

1.5.1 Serverbelastung durch aktive Netzwerk-PC's

Wie bereits diese Überschrift verrät, müssen wir unterscheiden zwischen:

- physikalisch am Netz angeschlossenen PC's (Netzwerkkarte u. Kabel)
- mit dem Server logisch verbundenen PC's (Netzwerk-Shell ist geladen)
- eingeloggte PC's bzw. User
- Nutzung von Programmen

Gehen wir als Beispiel von einem Netzwerk mit 100 **angeschlossenen** (!) PC's aus. Nutzungs- und Belastungsaussagen lassen sich zwar nicht global definieren, aufgrund einer gewissen Netzwerkgröße und Funktionsvielfalt haben sich jedoch Erfahrungswerte herauskristallisiert.

Von diesen 100 PC's sind in der Regel 40-60, selten mehr als 70 Geräte, in Ausnahmefällen vielleicht 80 PC's **eingeschaltet**.

Diese im ersten Augenblick scheinbar schlechte Nutzung entsteht durch Urlaub, Krankheit, Dienstreisen, Besprechungen, Kundenbesuche, Gerätedefekte, usw. und ist völlig normal, denn auch andere "Arbeitsgeräte" wie Telefon, Schreibmaschinen oder Fax-Geräte werden nicht durchgehend eingeschaltet und zu 100 Prozent genutzt.

Bei manchen Betrieben wird jeder PC nach dem Einschalten automatisch mit dem Server verbunden, daß muß jedoch nicht zwingend so sein, denn es gibt durchaus betriebliche Bereiche, in denen eine autonome PC-Nutzung parallel laufen kann oder sogar muß!
Nehmen Sie als Beispiel Labor-PC's in Krankenhäusern oder Entwicklungsabteilungen, auf denen Spezialprogramme für Untersuchungen und Messungen ablaufen und nur die Ergebnisse über das Netz zentral abgelegt werden.
Der Anteil dieser Geräte, die zwar eingeschaltet sind, jedoch keine Shell-Verbindung mit dem Server aufgebaut haben oder zumindestens keine zentral abgelegte Software nutzen, ist also anwendungs- und damit betriebsabhängig, muß jedoch untersucht und berücksichtigt werden.

Viele Benutzer schalten ihren PC zwar ein, melden sich jedoch nicht automatisch beim Server an, es erfolgt also kein Einlogg-Vorgang. Zum Teil wollen diese Nutzer erst andere Aufgaben erledigen, vielfach wissen sie auch nicht, ob sie den PC bzw. die Serververbindung an diesem Tag überhaupt benötigen.

Bedingt durch andere Tätigkeiten wie Telefongespräche, Heraussuchen von Akten, Bearbeitung von Unterlagen, Abstimmungsgespräche, Kundenbesuche, usw. werden von den eingeschalteten, mit dem Server verbundenen und über einen Usernamen angemeldeten PC's - in unserem Beispiel ca. 70 - wiederum nur ca. 40 bis maximal 50 tatsächlich zum gleichen Zeitpunkt **genutzt und bedient** und belasten den Server bzw. das Netzwerk.

In der folgenden Tabelle sind (durchschnittliche) Maximalwerte zusammengestellt, mit deren Hilfe Ihnen eine Einschätzung erleichtert werden soll. Selbstverständlich müssen Sie in bezug auf die bei Ihnen vorliegenden Verhältnisse eigene Beobachtungen einfließen lassen, indem Sie z.B. den Wert für

eingeloggte Benutzer

über den Novell-Befehl "Userlist" überprüfen. Zusätzlich kann über das "Monitor-Programm" die jeweils aktuelle, prozentuale Serverauslastung ermittelt werden.

angeschlossene PC's	20	50	100	200	400	
eingeschaltete PC's	19	45	85	160	300	(95-75%)
mit Server verbunden	18	42	80	150	280	(90-70%)
eingeloggte Benutzer	16	37	70	125	260	(80-60%)
aktive PC's am Server	15	35	65	120	220	(75-55%)
davon intensiv	8	20	35	60	100	(40-25%)

***Abbildung 1-6:** Nutzungsanteil angeschlossener PC's*

Nach unseren Beobachtungen und Erfahrungen sind fast unabhängig von der Größe eines Netzwerkes und der betrieblichen Orientierung nur etwa die Hälfte der am Netz angeschlossenen PC's **wirklich aktiv**. Bei kleineren Netzwerken (20-40 PC's) ist die Schwankungsbreite größer, bei größeren Netzwerken stabilisiert sich dieser Wert.
Die hier gemachten Aussagen gelten für gemischt genutzte Netzwerke mit einer gewissen Nutzungsvielfalt von 5-10 verschiedenen Funktionen. Wird ein reiner Datenerfassungs-Pool mit nur einer einzigen Programmnutzung vernetzt, treffen diese Aussagen natürlich nicht mehr zu.

1.5.2 Welche Programmbelastung liegt vor (Nutzungsprofile) ?

Die Belastung eines Servers hängt natürlich sehr stark vom Nutzungsprofil, also von den Anwendungen ab, die durch die Benutzer abgerufen werden.
Dabei sind gravierende Unterschiede auszumachen, da z.B. Programmieraufgaben oder Textbearbeitung ein Serversystem nur gering belastet, während (ungeschickte) Datenbankabfragen, Applikationen mit umfangreicher Overlaytechnik, intensive Kopiervorgänge oder Datenbank-Reorganisationsläufe die Auslastung eines Serversystems erheblich in die Höhe treiben können.

Bitte denken Sie immer daran, daß z.B. ein PC-Server unter Novell NetWare außer den sogenannten NLM's keine Anwendungsprozesse für User abwickeln muß. Die eigentlichen Benutzerprogramme laufen immer auf dem User-PC.

Bei näherer Betrachtung beeinflussen vorwiegend die folgenden Kriterien das Nutzungsprofil und damit die Serverbelastung:

- Größe der Programme
- Häufigkeit des Aufrufs
- Nutzungsdauer des Programms
- Nutzung von Overlaydateien auf dem Server
- freizügige Schreibzugriffe der User auf dem Server
- Qualität der Daten- bzw. Datenbankzugriffe

Lassen Sie uns diese einzelnen Positionen etwas näher betrachten.

Die **Größe** eines zu übertragenden Programms steht nahezu linear zur Serverbelastung und zur Netz-Übertragungszeit. Kleine Editorprogramme oder Hilfsanzeigen von 10 bis max. 100 KByte sind unproblematisch, große Programme von 400 bis 550 KByte oder mehr als 1 MByte entsprechend zeitintensiver.
Trotzdem ist die Größe eines Programms eher zweitrangig, die Häufigkeit des Aufrufs und die Nutzung von Overlaydateien wirkt sich wesentlich gravierender auf die Serverbelastung aus.

Die **Aufrufhäufigkeit** ist bei größeren Programmsystemen eher geringer, da sie anschließend in der Regel über längere Zeiträume genutzt werden. Hier wirken sich jedoch kleine Bedienungsmodule, indirekt aufgerufene Sicherheitsabprüfungen, in Bedienungsprogramme integrierte Kopier-, Mapping- oder Zuordnungsvorgänge häufig gravierender aus.

Die **Nutzungsdauer** eines aktivierten Programms ist ein gravierendes Element zur Serverentlastung. Wird z.B. ein Textbearbeitungsprogramm einmal aufgerufen und die Benutzerin oder der Benutzer arbeiten dann für mehrere Stunden mit bzw. in diesem Programm, entsteht hierdurch eventuell keine weitere Serverbelastung mehr.
Erst wenn mit diesem Programm erstellte Daten vom Server geholt oder wieder zurücktransferiert werden, entsteht eine Datenübertragung zum Server und er muß lesend oder schreibend aktiv werden.

Overlaydateien werden von vielen Programmsystemen genutzt, um ein Programm unter DOS ablauffähig zu machen, obwohl es insgesamt wesentlich größer ist als der zur Verfügung stehende freie Arbeitsspeicher.
Hier wird nur ein Rumpfprogramm (das Root-Programm) resident im Arbeitsspeicher gehalten, die jeweils benötigten weiteren Anwendungsfunktionen werden je nach Bedarf dynamisch nachgeladen.

Diese Form der Anwendung findet man z.B. bei CAD-Systemen oder anderen sehr komplexen Anwendungen wie Windows. Recht häufig ist die Schnittstelle zwischen den Overlays für den Nutzer gar nicht erkennbar oder beeinflußbar, so daß diese Nachladevorgänge zu nicht nachvollziehbaren Verzögerungszeiten im Anwortzeitverhalten des Systems führen.

Die oben aufgeführten **freizügigen Schreibzugriffe** von Usern wirken sich auf die Serverbelastung aus, weil es natürlich einen erheblichen Einfluß hat, ob ein User alle von ihm erzeugten und produzierten Dateien, Texte, Sicherungsvorgänge, Kopien oder Entwürfe auf dem Server ablegen kann oder muß. Existiert z.B. weder ein lokales Disketten- noch Festplattenlaufwerk, steigt die Anzahl der notwendigen Schreibzugriffe bei der normalen Arbeit im Netzwerk erheblich an.

Darf bzw. kann ein Benutzer in einem in der Größe klar begrenzten Speicherbereich (z.B. 2 MByte) nur seine aktuellsten Dateien ablegen, hat das Serversystem wesentlich weniger Dateien zu bearbeiten, zu verwalten und zu organisieren.
Zusätzlich entfallen hierdurch umfangreiche "Administrationsbedürfnisse" des Users, um z.B. eigenständige Sicherungen durchzuführen.

Diese Problematik wird im Teil II dieses Buches noch detaillierter untersucht und dargestellt.

Daten- bzw. Datenbankzugriffe können die Serverbelastung äußerst negativ beeinflussen. Stellen Sie sich eine dBASE-Datei mit 20.000 Datensätzen vor, die von einem User **sequentiell** nach einer bestimmten Kombination von PLZ und Kundenumsatz durchsucht wird.
Hier muß dann jeder Datensatz vom Server über das Netzwerk zum Nutzer-PC übertragen werden und erst dort wird vom Anwendungsprogramm geprüft und festgestellt, ob dieser Datensatz die Bedingung erfüllt oder nicht. Arbeiten mehrere Benutzer nach dem gleichen Prinzip, kann die Hauptaufgabe des Servers plötzlich aus dem "Verschicken" von Tausenden von Datensätzen bestehen.

Umfangreichere Datenbankanwendungen (> 2000 Datensätze) sollten deshalb nur in programmierter Form in ein Netzwerk integriert werden. Hierdurch lassen sich Abfragen z.B. so programmieren, daß sie durch einfache oder hierarchische Indexnutzung nur noch eingeschränkte Datenmengen über das Netzwerk schicken müssen.
Mittel- und langfristig sind hier die sogenannten Client-Server-Anwendungen optimaler für ein Netzwerk, da die Auswertung und Bearbeitung einer Datenbankabfrage nicht mehr am User-PC, sondern am Datenbankserver stattfindet.

Stellt man im Netzwerk extreme Zeitprobleme bzw. Serverbelastungen im Zusammenhang mit einer Datenbankanwendung fest, sollte man dringlichst das Datenbankdesign bzw. die Zugriffsverfahren bei bestimmten Abfragen prüfen. Bei schlechtem Design bzw. falschen Such- und Filteralgorithmen können die Antwortzeiten um den Faktor 3 bis 50 zu hoch liegen. Diese schlechte Programmierung wirkt sich beim Netzbetrieb in der Regel stärker aus als im Stand-Alone-Betrieb eines PC's.

1.5.3 Auswirkung der Nutzungsprofile auf die Serverbelastung

Eines der wichtigsten Kriterien zur Bewertung eines Netzwerkes ist immer wieder die sogenannte Funktionalität, das heißt, wie viele verschiedene Funktionen (Programme, Anwendungen) kann ein Benutzer aufrufen bzw. setzt er für seine Aufgaben tatsächlich ein.

Dabei ist es nicht damit getan, einfach die Anzahl der insgesamt auf dem Server installierten Anwendungen zu ermitteln.

Ein Kennwert für die Funktionalität ist die Anzahl der durchschnittlich von einem Benutzer an einem Tag aufgerufenen (verschiedenen) Programme.

Dabei kann es durchaus zu Mehrfachaufrufen kommen, indem z.B. morgens und vor Feierabend jeweils das Mail- und Terminprogramm aufgerufen wird, bzw. bei jedem Programmwechsel ein Laden des Bedienungsmenüs erfolgt.

Natürlich gibt es hier direkte Abhängigkeiten, denn je höher die Anzahl der im Netzwerk insgesamt verfügbaren Funktionen bzw. Anwendungen ist, umso höher ist die Wahrscheinlichkeit, das jeder Benutzer auch mehrere Programme alternativ einsetzt.

Da der Einsatz bzw. der Aufruf von Programmen jedoch überwiegend in direkter Verknüpfung zur jeweiligen Sachbearbeiteraufgabe steht, ergeben sich für die verschiedenen Bearbeitungsbereiche auch unterschiedlich genutzte Funktionsgruppen. Hierdurch wird die durchschnittliche Funktionsvielfalt also automatisch begrenzt, auch wenn fast beliebig viele Anwendungen im Netzwerk verfügbar sind, denn nicht jeder Anwender benötigt jede Software bzw. kann überhaupt jede Software bedienen.

Lassen Sie uns für die weiteren Betrachtungen einige Annahmen treffen, um anhand von Überschlagsberechnungen ein Gefühl für die Netz- und Serverbelastungen zu erhalten.
Dabei spielt natürlich sowohl die grundsätzliche Geschwindigkeit des Netzes eine Rolle als auch die Servergeschwindigkeit in ihrer Gesamtheit.

Annahmen:
- Ethernet-Netzwerk mit 10 MBit
- 16-Bit-Netzwerkkarte im Server und im User-PC
- ca. 900 KByte Netto-Datenrate des Servers
- Server: 80486 / 33 MHz / ISA-Bus / 16 MB RAM
- gute Plattencontroller und Plattengeschwindigkeit des Servers

Die hier aufgeführten Annahmen beinhalten Konsequenzen, die sich in konkrete Zahlen und Werte umrechnen lassen und uns Annäherungswerte für die Auslastung eines Servers liefern.

Der Netto-Datendurchsatz dieses Netzes liegt bei maximal ca. 1 MByte. Dabei kann ein Ethernet-Netzwerk zwar nicht durchgehend mit 100 Prozent belastet werden, da sich die Anzahl der Kollisionen ab ca. 50 Prozent Last erheblich erhöhen, bis zu dieser Last erfolgt die Datenübertragung jedoch mit der vollen effektiven Geschwindigkeit.

Der geplante Server kann die 900 KByte "Netzdaten" auch verarbeiten, das heißt, die interne Verarbeitungsgeschwindigkeit reicht aus, um auf Anforderung entsprechend große Datenmengen aus dem Arbeitsspeicher oder von den Platten zu "liefern" und über die Netzwerkkarte bereitzustellen.

Aus den aufgeführten Annahmen resultieren folgende Zeitwerte:

- Ein Software- bzw. Datenpaket von 100 KByte

	belastet das Netz	0,1	sec
	belastet den Server	0,11	sec

- Ein Software- bzw. Datenpaket von 450 KByte

	belastet das Netz	0,45	sec
	belastet den Server	0,5	sec

Der gleichzeitige Ladevorgang eines Softwarepakets von 450 KByte

- von 10 PC's	belastet das Netz	4,5	sec
	belastet den Server	5,0	sec
- von 25 PC's	belastet das Netz	11,25	sec
	belastet den Server	12,5	sec

Selbstverständlich handelt es sich bei diesen Werten um optimale Werte, die in der Praxis z.B. durch Kollisionen oder defekte Netzwerkkarten durchaus um 10 oder 20 Prozent höher liegen können.

Als nächsten Schritt müssen wir jetzt die zu Beginn dieses Abschnitts erwähnte Funktionalität berücksichtigen, indem wir die durchschnittlichen Funktionswechsel betrachten.

Neben diesen direkt erfaßbaren Funktions- bzw. Softwareaufrufen und der "echten" Übertragung von unmittelbaren Nutzdaten werden über das Netz viele kleine Hilfs- und Batchprogramme oder auch das Bedienungsmenü geladen. Diese Netzdaten berücksichtigen wir jedoch erst zu einem späteren Zeitpunkt in Form eines prozentualen Allgemeinzuschlags.

Wird ein Netzwerk multifunktional genutzt und ein Benutzer ruft an einem Tag

- 5 Software- oder/und Datenpakete zu je 450 KByte auf

	belastet dies das Netz	2,25	sec
	belastet dies den Server	2,5	sec

- 15 Software- oder/und Datenpakete zu je 450 KByte auf

	belastet dies das Netz	6,75	sec
	belastet dies den Server	7,5	sec

- 30 Software- oder/und Datenpakete zu je 450 KByte auf

	belastet dies das Netz	13,5	sec
	belastet dies den Server	15,0	sec

Bei Betrachtung dieser Werte ist man doch ein wenig verblüfft, daß ein Benutzer, der z.B. an einem Tag 13,5 MByte (30 x 450 KByte) über das Netzwerk schickt, dieses nur mit einem Zeitanteil von 13,5 Sekunden auslastet. (Unter analoger Berücksichtigung der Nettodatenrate würde ein 16 MBit Token Ring Netzwerk sogar nur mit 10 Sekunden belastet!)

Auch der Server wäre dabei nur zu 15 Sekunden ausgelastet, selbst wenn alle aufgeführten Daten (30 x 450 KByte) von ihm "geholt" werden und sich nicht auf weitere Server oder Gateways oder Zentralrechner beziehen.

Betrachten wir jetzt die Serverbelastung unter dem Gesichtspunkt unterschiedlicher Funktionalitätswerte (Anzahl Funktionswechsel) und der Benutzeranzahl. Dabei beziehen sich die nachfolgenden Werte jeweils auf einen Tag.

Ein kleines Netzwerk mit 10 angeschlossenen PC's:

- 10 PC's mit je 5 Funktionswechsel/Tag je 450 KByte
  belastet den Server mit 25 sec
- 10 PC's mit je 15 Funktionswechsel/Tag je 450 KByte
  belastet den Server mit 75 sec
- 10 PC's mit je 30 Funktionswechsel/Tag je 450 KByte
  belastet den Server mit 150 sec

Für ein mittleres Netzwerk mit 50 angeschlossenen PC's sieht das so aus:

- 50 PC's mit je 5 Funktionswechsel/Tag je 450 KByte
  belastet den Server mit 125 sec
- 50 PC's mit je 15 Funktionswechsel/Tag je 450 KByte
  belastet den Server mit 37 sec
- 50 PC's mit je 30 Funktionswechsel/Tag je 450 KByte
  belastet den Server mit 750 sec

Für ein großes Netzwerk mit 200 angeschlossenen PC's sieht das so aus:

- 200 PC's mit je 5 Funktionswechsel/Tag je 450 KByte
  belastet den Server mit 500 sec
- 200 PC's mit je 15 Funktionswechsel/Tag je 450 KByte
  belastet den Server mit 1500 sec
- 200 PC's mit je 30 Funktionswechsel/Tag je 450 KByte
  belastet den Server mit 3000 sec

Tendenziell wird erkennbar, daß ein Server durch die zuletzt aufgeführten 30 Funktionswechsel von

200 Benutzern nur zu 50 Minuten ausgelastet wird.

Bezogen auf einen Bearbeitungszeitraum von 10 Stunden (1 Tag) wäre das eine durchschnittliche Auslastung von weniger als 10 Prozent!!!

Wenn wir hier übrigens von 30 Funktionswechseln pro Benutzer sprechen, ist dies bereits ein recht hoher Wert, denn bezogen auf einen durchschnittlichen Arbeitstag von 7,5 Stunden würde damit jeder Benutzer

alle 15 Minuten ein neues bzw. anderes Programm aufrufen!

Nach unseren Erfahrungen setzt ein so häufiger Funktionswechsel ein sehr hoch multifunktionales Netzwerk mit 60 oder mehr verschiedenen Anwendungen/Funktionen voraus. Selbst dann wird dieser häufige Anwendungswechsel nur von sehr wenigen Netzteilnehmern realisiert, nämlich überwiegend von den Netzwerkbetreuern im Rahmen ihrer Aufgaben.

Nutzungsklassen

Im folgenden Schritt müssen wir jetzt die verschiedenen Nutzungs- und Programmprofile berücksichtigen, da nicht alle Programme und Anwendungen so server- und netzwerkfreundlich sind, daß sie sich mit 450 KByte je Aufruf begnügen. Und hier kann man die Anwendungen grob in drei Belastungsklassen einteilen, die dann in die weiteren Überlegungen zur Serverbelastung einfließen.

Klasse 1: "geringe" Serverbelastung

Die gezeigten Berechnungsbeispiele beruhten auf einem Übertragungsblock von 450 KByte, da dies die typische durchschnittliche Größe von Programmen ist, die über das Netz zum PC übertragen werden.
Das gilt sowohl für Textbearbeitungsprogramme oder Kalkulationssysteme als auch für Programmiersysteme oder Datenbankapplikationen, wo jeweils ca. 450 KByte Programmcode zu Beginn der "Sitzung" geladen werden.

Anschließend werden dann üblicherweise Daten in Größenordnungen von 10 bis 30 oder in seltenen Fällen bis hin zu 100 KByte jeweils nur in größeren Zeitabständen transferiert (wenn sie nicht sogar auf die lokale Platte abgelegt werden). So wird z.B. ein Schriftstück erzeugt (10 KByte entsprechen ca. 5 DIN A4 Seiten) und nach Fertigstellung oder auch zwischendurch gespeichert. Im Vergleich zum eigentlichen Programm ist die zu übertragende Datenmenge also deutlich geringer.

Neben dem eigentlichen Programmaufruf (durchschnittlich ca. 450 KByte) und den anwendungsbezogenen Daten (ca. 200 KByte) müssen wir zusätzlich die bereits erwähnten Allgemeindaten wie Batchdateien zum Aufruf, Bedienungsmenü, usw. pauschaliert berücksichtigen.
Um einerseits alle Eventualitäten mit zu berücksichtigen und um andererseits auch "gute" Rechenwerte zu erhalten, setzen wir für diesen Bereich (großzügig) nochmals 250 KByte je Aufruf bzw. Funktionswechsel pauschal an.

Somit erhalten wir je Programm- bzw. Anwendungsaufruf in dieser Belastungskategorie ein Datenvolumen von

450 + 200 + 250 = 900 KByte,

und entsprechend unserer Eingangswerte erhalten wir hiermit je Funktionswechsel eine Serverbelastung von 1 Sekunde.

Klasse 2: "mittlere" Serverbelastung

Gegenüber den oben aufgeführten "Einfach"-Programmen belasten Anwendungen mit hohen Overlayanteilen wie CAD- oder FEM-Systeme, DTP-Programme oder Datenbankanwendungen mit hohen Selektionsanteilen den Server deutlich stärker.
Auch der Einsatz von Windows im Netzwerk erhöht das zu übertragende Daten- bzw. Programmvolumen, wobei keine festen, berechenbaren Werte definierbar sind, da der Übertragungsumfang sehr stark von der Art der Nutzung abhängt.

Da sich bei den Programmen mit hohen Overlayanteilen (verschiedene Programmodule werden jeweils bei Bedarf nachgeladen) der Daten- und Allgemeinanteil gar nicht groß ändert, müssen wir besonders den Anteil für das Laden des Programms erhöhen.
Hier genügt es erfahrungsgemäß, den zwei- bis vierfachen Übertragungsbedarf gegenüber den "Einfach"-Programmen einzusetzen. Statt der dort vorgesehenen 450 KByte müssen wir also ein Datenvolumen von 900 KByte bis 1,8 MByte einplanen. Da wir zusätzlich den Daten- und Allgemeinanteil hinzurechnen müssen, ergibt sich für diese "Lastklasse" ein Gesamtwert zwischen

1,35 MByte und 2,25 MByte

Um auch hier wieder alle Sonder- und Extremfälle mit zu berücksichtigen, setzen wir für unsere weiteren Berechnungen sogar den insgesamt

dreifachen Wert gegenüber der Belastungsklasse 1

an. Das entspricht also je Funktionswechsel einer Datenmenge von 2,7 MByte und einer Serverbelastung von 3 Sekunden.

Klasse 3: "hohe" Serverbelastung

Um auch wirkliche "Extrem-Anwendungen" in den nachfolgenden Tabellen berücksichtigen zu können, definieren wir ebenfalls eine "Hochlastklasse".
Zu dieser Belastungsklasse können bei entsprechendem Einsatz z.B. Systembefehle wie XCOPY gehören, aber auch die Reorganisation einer Datenbank oder die Übertragung von umfangreichen Bit-Map-Dateien verursachen die Übertragung sehr großer Datenmengen im Netzwerk.

Der prozentuale Anteil der Benutzer bzw. der Anwendungen mit diesen Extremanforderungen ist zwar jeweils gering, aufgrund ihrer hohen Werte ist die Auswirkung auf die Serverbelastung trotzdem groß.
Gegenüber den "Einfach"-Programmen der Klasse 1 wird hier ein insgesamt 10-faches Übertragungsvolumen eingerechnet. Das entspricht einer Datenmenge von

9 MByte und einer Serverbelastung von 10 Sekunden

je Funktionswechsel!!

Zum Aufbau einer späteren Gesamttabelle ordnen wir unsere drei Lastwerte jetzt jeweils einem Nutzeranteil zu, da weder alle Benutzer Niedriglastprogramme einsetzen noch der überwiegende Anteil Extremprogramme nutzt.
Für ein PC-Netzwerk mittlerer Größe (50-100 PC's) könnte dieses Belastungsprofil z.B. so aussehen.

Last-profil	User-anteil	Serverbelastung	
gering	50 %	1 Sekunde/	je Funktionsaufruf
mittel	40 %	3 Sekunden/	je Funktionsaufruf
hoch	10 %	10 Sekunden/	je Funktionsaufruf

***Abbildung 1-7:** Lastprofil-Tabelle*

Die aus dieser "Profil-Tabelle" entstehende Belastungstabelle wird viele Leser überraschen, sie deckt sich jedoch mit unseren mehr als sechsjährigen Erfahrungswerten.
Wer Netzüberwachungssysteme wie z.B. den "Watchdog" einsetzt, wird insbesondere die prozentualen Werte bestätigt finden, mit denen ein "Normal-User" oder ein "Hochlast-User" den Server belastet.

Die bereits dargestellte **Funktionalität eines Netzwerkes** geht unmittelbar in die Serverlast ein, da die Benutzer (die Sachbearbeiter) aufgrund ihres Aufgabenprofils häufiger zwischen verschiedenen Anwendungen (Netz-Funktionen) hin- und herschalten.
Die Zeitangaben in der nachfolgenden Tabelle beziehen sich jedoch zuerst nur auf das jeweilige Lastprofil und die Anzahl der aktiven PC's. Eine Zuordnung zur Anzahl der Funktionswechsel erfolgt erst anschließend.

Zusätzlich wird in der Tabelle dargestellt, daß durchschnittlich nur ca. 50 Prozent der angeschlossenen PC's tatsächlich aktiv sind, also wirklich auf den Server zugreifen bzw. auf dem Server installierte Software nutzen.

angeschl. PC's		**40**	**100**	**200**	**400**
aktive PC's		**20**	**50**	**100**	**200**
geringe Last	(50%)	10 s	25 s	50 s	100 s
mittlere Last	(40%)	24 s	60 s	120 s	240 s
hohe Last	(10%)	20 s	50 s	100 s	200 s
Gesamtlast		54 s	135 s	270 s	540 s

Abbildung 1-8: *Belastung eines Serversystems*

ACHTUNG: **Die aufgeführten Zeiten für die Server-Gesamtlast müssen jetzt auf die Anzahl der Funktionswechsel bezogen werden.**

Bei einer mittleren Funktionsvielfalt und angenommenen 10 Funktionswechsel je Benutzer und pro Tag beziehen sich die Zeiten auf

7,5 Stunden (Arbeitstag) = 450 Minuten
450 Minuten / 10 Funktionswechsel = 45 Minuten = 2700 Sekunden

und es ergibt sich als Durchschnittswert folgende Serverauslastung:

aktive PC's	**20**	**50**	**100**	**200**
bei 10 Funktionswechseln	2 %	5 %	10 %	20 %

Gehen wir dagegen von den vorher erwähnten 30 Funktionswechseln pro Tag und Benutzer aus, so beziehen sich die Werte auf einen Zeitblock von 15 Minuten (450 Minuten / 30) und das ergibt folgende prozentuale Serverauslastung:

aktive PC's	**20**	**50**	**100**	**200**
bei 30 Funktionswechseln	6 %	15 %	30 %	60 %

Bewertung dieser Tabelle

Zuerst wirken diese prozentualen Auslastungszahlen verblüffend und fast unwahrscheinlich, denn man hält es kaum für möglich, daß ein Serversystem tatsächlich 200 PC's in einer Mischumgebung mit vielen verschiedenen Anwendungen und Funktionen bedienen kann.

Dabei ist jedoch zu beachten, daß die aufgeführten Zahlen Durchschnittswerte darstellen, die z.B. nicht die unterschiedliche Lastverteilung über den Arbeitstag berücksichtigen.

Erfahrungen zeigen, daß in den ersten beiden Stunden eines Tages und am späteren Nachmittag die Last deutlich niedriger ausfällt, während zwischen 9.30 Uhr und ca. 14.30 Uhr höhere Belastungen vorhanden sind (ohne daß ich diesen Umstand hier interpretieren will).

Es gibt jedoch auch mehrere Überlegungen und Hintergründe, nach denen die errechnete Last sogar noch zu hoch ist.

Die errechneten Zeiten haben wir z.B. auf den Arbeitstag eines Benutzers von 7,5 Stunden bezogen. Während diese Annahme für den Benutzer korrekt ist, muß für den Server in der Regel ein Zeitraum von 10 bis 12 Stunden eingesetzt werden, da z.B. bei einer Gleitzeitregelung die tatsächliche Arbeitszeit von 7.00 Uhr bis 18.00 Uhr läuft.

Damit verteilen sich die Nutzungsanforderungen an den Server also auf einen Zeitraum von 11 Stunden, so daß sich die errechneten Lastwerte jeweils um ca. 1/3 verringern würden. Zum Beispiel ergeben sich bei den angenommenen 30 Funktionswechseln folgende Auslastungswerte:

aktive PC's	**20**	**50**	**100**	**200**
bei 30 Funktionswechseln	4 %	10 %	20 %	40 %

Äußerst gravierend ist die für unsere Berechnungen vorgenommene Annahme, daß die Serverauslastung sich unmittelbar auf die Netto-Datenrate der Netzwerkkarte bezieht, denn wir haben alle Zeitangaben auf die 900 KByte Übertragungsrate der Karte fixiert.

Genaugenommen haben wir also gar nicht die Serverbelastung, sondern die Auslastung der Netzwerkkarte errechnet!!

Da es bei diesem grundsätzlichen Überlegungsansatz (bei einem Ethernet- oder Token-Ring Netzwerk) in der Praxis kaum einen Unterschied macht, ob der Server oder die Karte ihre Grenze erreicht hat, können wir die Werte so stehen lassen.
Versorgt der Server jedoch das Netzwerk über eine FDDI-Netzwerkkarte, so können mit dieser Karte Netto-Übertragungsraten von 6 bis 8 MByte/sec erzielt werden. Hier wirkt dann also nicht mehr die Netzwerkkarte als Flaschenhals und es muß wirklich die Serverauslastung betrachtet werden.

Erreicht man Leistungsgrenzen beim Durchsatz, sollte man sich die tatsächliche Auslastung des Servers über das Monitor-Programmm von Novell anschauen. Wahrscheinlich liegt der Flaschenhals bei der Netzwerkkarte und man kann z.B. durch Einbau einer schnelleren oder auch einer zweiten Karte die Antwortzeiten wieder verbessern.

Wie entsprechende Messungen gezeigt haben, kann ein gut ausgebauter Server (z.B. 80486, 50 MHz, 16 MByte RAM, EISA-Bus, EISA-Plattencontroller) über eine FDDI-Karte sogar durchaus 5 bis 7 MByte Daten pro Sekunde "bedienen" und übertragen.

Wir sind also noch lange nicht an der tatsächlichen Leistungsgrenze eines Serversystems!!

Bei allen Abschätzungen in den drei "Lastklassen" haben wir jeweils bereits "Oberwerte" berücksichtigt, so daß die aufgeführten Auslastungswerte erhebliche Lastreserven beinhalten.
Damit sind Lastschwankungen und unvorhergesehene Zusatzbedürfnisse abgedeckt, auch die zusätzliche Integration von weiteren 10, 20, oder 30 PC's (davon ist jeweils nur ca. die Hälfte aktiv) in dieses Netz könnte ohne extreme Probleme verkraftet werden.

Bei aller Diskussion um die "Richtigkeit" der hier gemachten Angaben und auch im Bewußtsein, daß in Extremsituationen die aufgezeigte Gesamtlast durchaus mal 20 Prozent höher liegen kann, ergibt dieses Berechnungsmodell doch hervorragende Abschätzungs- und Einstufungswerte zur Definition und Auswahl eines Serversystems.

Welche Rückschlüsse lassen sich aus dieser Tabelle ziehen?

Bei Einsatz eines 80486-Serversystems genügt bei einer multifunktionalen Softwarebereitstellung ein Server, um 100 oder auch 200 angeschlossene PC's zu versorgen.
Handelt es sich um ein Netzwerk mit 20 oder 50 angeschlossenen PC's, so ist dieser Server zwar überdimensioniert, trotzdem sollte deshalb nicht extra ein 80386er Server gekauft werden, da hierdurch langfristige Leistungsreserven bestehen und die entsprechende Preisdifferenz relativ gering ist.

Geht die theoretische Serverlast nach dieser Tabelle über den Bereich von 30 Prozent hinaus, sollte die Auswahl des Servers und seiner Leistungskomponenten sehr gezielt erfolgen, um durch technische Leistungssteigerungen ausreichend Reserven für Lastschwankungen und einen weiteren Ausbau des Netzes oder seiner Funktionalität zu erhalten.

Verteilen sich die Nutzungs- bzw. Belastungsprofile in Ihrem Betrieb nach Ihrer Einschätzung anders, können Sie sich anhand obiger Tabelle durch Verschiebung der prozentualen Wertigkeiten recht einfach einen ersten Überblick verschaffen, um ein "Gefühl" für die voraussichtliche Last zu erhalten.

Müssen Sie z.B. einen speziellen Datenbank- oder Softwareentwicklungs-Server planen und Ihre "Profil-Tabelle" umfaßt nur Benutzer mit mittlerem (70%) und hohem Lastanteil (30%), so wirkt sich das auf die Belastungstabelle unter Beibehaltung der zuvor definierten Lastwerte folgendermaßen aus:

angeschl. PC's	**40**	**100**	**200**	**400**
aktive PC's	**20**	**50**	**100**	**200**
mittlere Last (70%)	42 s	105 s	210 s	420 s
hohe Last (30%)	60 s	150 s	300 s	600 s
Gesamtlast	102 s	255 s	510 s	1020 s
Auslastung bei 30 Funktionswechseln	11 %	28 %	57 %	113 %

Abbildung 1-9: *Modifizierte Belastungstabelle*

Reicht ein Serversystem nicht mehr aus, um alle angeschlossenen bzw. aktiven PC's zu versorgen bzw. alle benötigten Funktionen und Applikationen anzubieten, müssen Sie sehr saubere Schnittstellen definieren, um die zahlreichen Nachteile und Probleme eines Mehrserverkonzepts - z.B. unter Novell NetWare 3.11 - einigermaßen in Grenzen zu halten.

Auch wenn die Administration solcher Mehrserverkonzepte unter Novell NetWare 4.0 gravierend verbessert ist, bleiben viele organisatorischen Probleme bestehen, wie auch die in den nachfolgenden Abschnitten aufgezeigten Lizenz- und Betreuungsprobleme belegen.

1.5.4 Serverqualität und Serverausbau

Die in den vorherigen Abschnitten erarbeiteten und dargestellten Merkmale und Klassifikationen sind die Basiswerte zur Einschätzung der erforderlichen Serverausstattung.
Wie im letzten Abschnitt unter den Annahmen aufgeführt, gehen wir als Basissystem von einem 80486-DX-Server aus, der mit 33 MHz getaktet ist. Diese Basismaschine mit 16 Bit-Bus ist in der Lage, jedes kleine und mittlere Netzwerksystem mit ausreichenden Serverleistungen zu versorgen.

Stoßen Sie aufgrund der Anzahl der aktiven PC's oder sehr spezieller und besonders belastender Anwendungen an Grenzen, die sich in der Regel durch schlechte Anwortzeiten darstellen, so muß man die im System enthaltenen möglichen "Flaschenhälse" genauer untersuchen.

Typische Problembereiche für das Antwortzeit-Verhalten des Servers sind:

- der Speicherausbau,
- die Taktrate,
- der Netzwerkkarte,
- des Bussystems,
- der Plattensysteme und
- der Plattencontroller.

Speicherausbau des Servers

Das Netzwerkbetriebssystem von Novell benötigt je nach Installation und Anzahl der gleichzeitig laufenden NLM's für seine eigenen Aufgaben einen Arbeitsspeicheranteil von ca. 2 bis 4 MByte RAM-Ausbau.

Der restliche Arbeitsspeicher wird genutzt, um alle aufgerufenen Programm- und Datenelemente so lange wie irgendmöglich im Speicher zu behalten. Das hat den Vorteil, daß einmal aufgerufene Programme beim zweiten Aufruf (z.B. durch einen weiteren Benutzer) nicht mehr vom Plattensystem geholt werden müssen, sondern bereits im RAM zur Verfügung stehen und direkt über das Netzwerk dem Benutzer zugeschickt werden können.

Selbst bei schnelleren Plattensystemen (z.B. < 20 msec) ist die Zugriffsvariante über den Arbeitsspeicher um den Faktor 100 bis 500 mal schneller.

Je größer die Anzahl der vom Serversystem bereitgestellten verschiedenen Softwarepakete ist, umso größer sollte der Speicherausbau sein. Werden nur 2 Programme über den Server verfügbar gemacht, wäre ein 16 MB Speicherausbau in der Regel unsinnig.

Kriterium für einen ausreichenden oder unzureichenden Speicherausbau ist der Wert in der Serverstatistik für

Requests from Memory.

Liegt dieser Wert bei 95-98 Prozent, ist der Arbeitsspeicher ausreichend dimensioniert, ein weiterer Ausbau bringt keine Geschwindigkeitssteigerung.

Taktrate des Serversystems

Wie bei fast allen Anwendungen beeinflußt natürlich auch die Taktrate des Servers das Antwortzeitverhalten direkt. Ein 50 oder 66 MHz-System hat eine deutlich bessere Performance als ein 33 MHz-System. Die interne Verarbeitungsgeschwindigkeit steigt dabei fast linear an.

Allerdings darf diese Leistung nicht isoliert betrachtet werden, denn wenn das Bussystem, die Plattencontroller und die Netzwerkkarte nicht an diese Geschwindigkeit angepaßt sind, verlagert man nur den Flaschenhals, ohne das Systemverhalten tatsächlich zu verbessern.

Eine hohe Taktrate des Servers sollte sinnvollerweise immer mit einem leistungsfähigeren Bussystem wie EISA oder MC gekoppelt werden.

Netzwerkkarte des Servers

Gerade die Netzwerkkarte des Servers sollte eine möglichst hohe Übertragungsrate erreichen (z.B. 900 KByte Netto-Daten in einem 10 Mbit Ethernet-Netzwerk).

Es nützt nichts, wenn Sie ein superschnelles Serversystem aufbauen und dann eine 8-Bit Netzwerkkarte mit einer Netto-Datenrate von vielleicht 600 MByte einbauen. Der Server kann dann intern die Informationen zwar erarbeiten und sie am internen Bus-System bereitstellen, anschließend können die Daten jedoch nicht in ausreichender Geschwindigkeit auf das Netz gebracht werden.

Allerdings sind hier Grenzen gesetzt, da z.B. in einem 10 Mbit Ethernet-Netzwerk max. 1,25 Millionen Byte Brutto-Daten übertragen werden können. Eine konstante Netto-Transferrate des Servers von 1 MByte dürfte bereits ein äußerst optimistischer Wert sein. Hier lassen sich ev. durch Einsatz von EISA-Ethernetkarten oder durch den gleichzeitigen Einsatz mehrerer Netzwerkkarten im Server verbesserte Ergebnisse erzielen.

Bei größeren Übertragungsanforderungen muß sicherlich auf den Einsatz einer FDDI-Karte, die dann z.B. über einen FDDI-Ethernet-Router mit den im Ethernet-Netzwerk angeschlossenen PC's verbunden wird, zurückgegriffen werden.

Bussystem des Servers

Gerade das Bussystem des Servers ist von gravierender Bedeutung für die mögliche Systemgesamtleistung! Insbesondere der Einsatz von schnellen Netzwerkkarten und schnellen Plattencontrollern ist nur auf der Basis eines schnellen Bussystems möglich.

Neben dem bereits erwähnten Arbeitsspeicherausbau beeinflußt die Netzwerkkartengeschwindigkeit und die Platten- bzw. Plattencontrollergeschwindigkeit das Serversystem am nachhaltigsten.

Selbst wenn übergangsweise vorhandene 16-Bit Netzwerkkarten und/oder vorhandene 16-Bit-Plattencontroller weiter eingesetzt werden sollen, empfehlen wir bei neuen Serverbeschaffungen unbedingt ein 32-Bit Bussystem einzuplanen, wenn Ihre Serverbelastung in der Größenordnung von 30 Prozent oder höher liegt. Hier sollte also einem EISA-System (oder ggf. einem Micro-Channel-System) der Vorzug gegeben werden, entsprechend ausgelegte Adapterkarten sind in ausgereifter Technik zu akzeptablen Preisen erhältlich.

Plattensysteme des Servers

Selbstverständlich sind an die Qualität der Plattensysteme eines Servers in jedem Fall hohe Anforderungen zu stellen, auf die Geschwindigkeit in Form der "Mittleren Zugriffszeit" sollte aber besonders geachtet werden.

Da die Plattensysteme die langsamsten Komponenten im Gesamtsystem sind, wirkt sich jede Geschwindigkeitssteigerung hier sofort aus.
Plattensysteme mit einer Zugriffsgeschwindigkeit von 16, 12 oder sogar unter 10 msec sind heute bereits zu vernünftigen Konditionen zu erwerben.

Bezüglich der Schnittstellen sollten heute nur noch SCSI- bzw. SCSI-II-Platten eingesetzt werden, entsprechende Controller sind natürlich Voraussetzung.

Plattencontroller des Servers

Wie bereits zum Thema Bussystem ausgeführt, besteht dort und beim Übergang zu den Platten - nämlich den Plattencontrollern - ein möglicher Flaschenhals. Hier spielt einerseits die Art des Controllers (AT, ESDI, SCSI) und vor allen Dingen sein Busadapter eine erhebliche Rolle.
Handelt es sich um einen EISA-Bus Server, läßt sich das Plattenzugriffsverhalten durch Einsatz eines 32-Bit EISA-Plattencontrollers (analog ein Micro-Channel-Controller) gravierend steigern.

Bezüglich der Schnittstellen sollten heute nur noch SCSI-Controller eingesetzt werden, da sie mehrere Vorteil haben:

- es können bis zu 7 Laufwerke je Controller angeschlossen werden (ob das sinnvoll ist, werden wir noch klären)
- bis zu 4 SCSI-Controller sind in einem Serversystem parallel einsetzbar
- durch eine gewisse Eigenintelligenz der Platten werden die Controller entlastet
- es können Festplatten, Wechselplatten oder Backup-Systeme alternativ oder gemischt angeschlossen werden
- Platten mit dieser Schnittstelle werden von vielen Herstellern (auch aus dem Workstation-Bereich) angeboten
- bereits die früher üblichen DCB-Controller (Disc Coprozessor Board) von Novell verfügen über diese Schnittstelle, unterstützen aber nur Festplatten

Gespiegelte oder/und duplizierte Plattensysteme

Diese Thematik ist in zahlreichen Novell-Büchern umfangreich dargelegt und beschrieben, so daß wir in diesem Zusammenhang dieses eher technische und beschaffungsorientierte Problem nicht weiter vertiefen sollen.
Nähere Informationen finden Sie z.B. in den im gleichen Verlag erscheinenden Novell Arbeitsbüchern.

1.6 Lizenzverteilung im Netz

Obwohl die meisten Betriebe bei einer Diskussion über die Vernetzung von PC's zuerst die zentrale Datenhaltung und die Beseitigung von redundanten Datenbeständen im Sinn haben, lassen sich bei einer zentralen Bereitstellung von Softwareapplikationen auf dem Server, insbesondere bei hoher Multifunktionalität, in kürzester Zeit die höchsten direkten Einsparungen erreichen.

Bei der Umsetzung dieser Anforderung wird auf einem Server-System die Software verfügbar gemacht, die dann von den einzelnen Arbeitsplätzen aufgerufen wird und als ablauffähiges Programm über das Netzwerk zum Arbeitsplatz-PC transferiert wird und dort als Programm abläuft!

Der Server hat also mit dem eigentlichen Programmablauf in der Regel nichts mehr zu tun, der Bearbeitungsprozeß läuft auf dem Arbeitsplatz-PC, der Server "verteilt" die Software nur noch. Hieraus resultieren mehrere Konsequenzen:

- Ein PC-Server kann wesentlich mehr Arbeitsplätze unterstützen als ein technisch gleichwertiges Zentralrechnersystem bei in der Regel besseren Antwortzeiten (siehe Abschnitt 1.5).
- Softwarelizenzen müssen nur noch **einmal** im Netzwerk installiert werden (Betreuungsersparnis), trotzdem müssen Lizenzen natürlich in der Anzahl bereitstehen, wie sie **maximal gleichzeitig** eingesetzt werden.
- Hieraus resultiert in der Regel eine Verringerung der notwendigen Softwarelizenzen (Lizenzersparnis), da über den PC-Server und das Netzwerk eine flexible und **dynamische Verteilung der Lizenzen** möglich ist, wie sie ohne Netzwerk nicht praktikabel ist.
  Eine weitere und detailliertere Betrachtung der Problematik von Softwarelizenzen im Netzwerk erfolgt im Teil II dieses Buches.

1.6.1 Darstellung der Lizenzersparnisse

Ohne zu diesem Zeitpunkt bereits auf die Kriterien von und die Probleme mit "netzwerkfähigen" Programmen näher einzugehen (dies erfolgt im Kapitel 3), kann man die nachfolgenden Aussagen machen und mit Berechnungen belegen.

Da es sich bei heutigen Arbeitsplätzen, wie oben dargestellt, in der Regel um multifunktionale PC-Arbeitsplätze handelt, kommen an jedem Arbeitsplatz alternativ verschiedene Softwaresysteme zum Einsatz.
Da diese Anwendungssysteme in der Regel jedoch nicht gleichzeitig an einem Arbeitsplatz ablaufen (unter Windows sieht das etwas anders aus), brauchen sie in einem Netzwerk auch nicht für jeden Arbeitplatz als Lizenz vorzuliegen.

Geht man z.B. bei **10 PC-Arbeitsplätzen** und einer relativ geringen Funktionalität davon aus, das im Durchschnitt an jedem Arbeitsplatz alternativ

5 verschiedene Softwaresysteme

(z.B. Textsystem, Kalkulationssystem, Adreßverwaltung, Mailing- und Terminsystem, Fakturierung) zum Einsatz kommen, so müßten bei einem **unvernetzten Betrieb der PC's**

10 x 5 = 50 Lizenzen

beschafft werden.

Dies ist notwendig, um jedes Softwaresystem an jedem Arbeitsplatz installieren zu können (zu dürfen!), damit dann ohne Zeitverzug und ohne Verwaltungsaufwand an jedem Arbeitsplatz flexibel jedes der gewünschten Softwarepakete aufgerufen und eingesetzt werden kann.

Bei einem angenommenen Durchschnittspreis von ca. 1.000,- DM je Softwaresystem ergeben sich Lizenzkosten von

50 x 1.000,- DM = 50.000,- DM.

Selbstverständlich läßt sich argumentieren, daß es auch preiswertere Systeme gibt oder man die aufgeführte Multifunktionalität einschränken könne, dies läßt sich in der Regel jedoch kaum beeinflussen und ändert prozentual an der Vergleichsberechnung zudem nichts.

Bei der **Vernetzung von 10 PC's** sind die aufgeführten 5 verschiedenen Softwaresysteme jeweils auf dem Server installiert und werden je nach Bedarf von den PC's abgerufen. Wie die Erfahrung zeigt, gibt es zwar gewisse Schwerpunkte beim Softwarebedarf, die gleichzeitige Nutzungsanforderung für ein Anwendungssystem von allen vernetzen PC's zum gleichen Zeitpunkt kommt jedoch in der Praxis nicht vor.

Auch in diesem Zusammenhang muß wiederum der allgemeine PC- bzw. "Netzwerk-Nutzungsgrad" der am Netz angeschlossenen PC's berücksichtigt werden. Er liegt bei kleinen Netzen höher, bei großen Netzwerken niedriger (wie bereits ausgeführt zwischen 50 und max. 80 Prozent). Hier spielen Einflüsse wie

Urlaub, Krankheit, Dienstreisen, Besprechungen,
Typ und Ausbildung des Anwenders,
Nutzung von auf dem PC installierten Spezialprogrammen,
Integrationsumfang des Netzwerkes in die betrieblichen Abläufe
PC-Versorgungsgrad im Betrieb

u.a. eine erhebliche Rolle.
Bei der Berechnung der gleichzeitig genutzten Systeme muß also auch berücksichtigt werden, daß selbst bei einem gut genutzten PC-Netzwerk eigentlich nie mehr als 50 Prozent der angeschlossenen PC's auch wirklich aktiv sind und jeweils ein Softwaresystem aufgerufen haben. Das Prinzip einer gewissen Gleichverteilung der Softwarenutzung ist umso besser gegeben, je mehr PC's auf die Softwaresysteme eines Servers zugreifen.
Bei den beschriebenen 10 vernetzten PC's reicht mit hoher Sicherheit eine ca. 200-prozentige Lizenz-Gesamtversorgung (also eine 100-Prozent Überversorgung) aus, das heißt, daß insgesamt ca.

20 Lizenzen für insgesamt 10 PC's

bereitgestellt werden müssen. Dabei müssen Sie zusätzlich die tatsächlich auftretende aktive Nutzung berücksichtigen, denn wie bereits bei der Untersuchung der Serverbelastung dargelegt, wird nur bei ca. 6 bis 8 von den 10 PC's wirklich **gleichzeitig** überhaupt Software genutzt.

Demzufolge haben wir eigentlich keine 100-, sondern eine ca.

200-prozentige Überversorgung,

da diese 6-8 PC's sich insgesamt 20 Lizenzen teilen.

Bezogen auf unsere obige Auflistung könnte die Lizenzaufteilung auf die verschiedenen Anwendungssysteme aufgrund der Nutzungseinschätzung z.B. folgendermaßen erfolgen:

6 x Textsystem
4 x Kalkulationssystem
2 x Adreßverwaltung (da jeweils nur kurzzeitige Nutzung)
3 x Mailing- und Terminsystem (da nur kurzzeitige Nutzung)
5 x Fakturierung

---

20 Lizenzen insgesamt

Hierdurch wird sichergestellt, daß voraussichtlich jeder Anwender jeweils die Software aufrufen kann, die er zur Zeit gerade benötigt. Diese Aufteilung muß je nach individuellem Bedarf natürlich angepaßt werden, zeigt aber eindrucksvoll die grundsätzliche Vorgehensweise.
Eine direkte Einschränkung auf 10 Gesamtlizenzen ist nicht realisierbar, da damit die Flexibilität der Softwarenutzung verloren gehen würde oder widerrechtlich ein Produkt häufiger genutzt würde als Lizenzen vorliegen.

Zur Verwaltung und Kontrolle von Lizenzen im Netzwerk gibt es unterschiedliche Verfahren und Möglichkeiten, sie werden beispielhaft im Kapitel 3 vorgestellt.

Ermittlung des Lizenzbedarfs

Um zu Beginn überhaupt Abschätzungen des Lizenzbedarfs für ein bestimmtes Softwareprodukt machen zu können, bietet sich wiederum eine Übersichtstabelle an.

Entweder kann aufgrund eigener (oder gemeinsamer) Schätzungen oder aufgrund von Umfragen ermittelt werden, wer welche Software mit welchem prozentualen Zeitanteil benötigt.
Bei der Forderung nach neuen und insbesondere teuren Softwarepaketen sind solche Umfragen übrigens äußerst sinnvoll und praktisch, wenn man in diesem Zusammenhang zugleich eine mögliche Kostenbeteiligung andeutet.

Auf diese Weise kann sicherlich eine Aussage darüber erfolgen, mit welchen Prozent- oder Stundenanteilen der gesamten Arbeitszeit (denn das ist wichtig) z.B. die im letzten Abschnitt aufgeführten verschiedenen Softwarepakete an einem Sekretariats-Arbeitsplatz eingesetzt werden. Das Ergebnis könnte für einen Arbeitsplatz z.B. so aussehen:

Textsystem	60 %
Kalkulationssystem	10 %
Adreßverwaltung	10 %
Mailing- und Terminsystem	5 %
Fakturierung	0 %
	85 %

Statt der Globalbezeichnungen lassen sich natürlich auch die echten Produktbezeichnungen in dieser Liste aufführen.

Selbstverständlich können hier nur Prozentsummen von max. 100 entstehen, obwohl dieser Wert für kaum einen Arbeitsplatz zutrifft, da fast immer auch irgendwelche Aufgaben ohne Computernutzung zu bearbeiten sind.

Nachdem nun eine solche Liste für alle vernetzten PC-Arbeitsplätze (bzw. bestimmte Arbeitsplatzgruppen) erstellt wurde, kann man die jeweils identischen Produkte mit ihren jeweiligen Prozentsätzen zusammenfassen und erhält eine produktspezifische Bedarfsliste.
Dabei ist die Bildung von "Prozent-Staffelungen" sinnvoll, um z.B. die Nutzungsanteile zusammenzufassen, die zwischen 1 und 10 Prozent oder zwischen 41 und 50 Prozent liegen.

Für ein Netzwerk mit 100 angeschlossenen PC's könnte z.B. für das Textsystem WordPerfect eine solche Liste so aussehen:

Anzahl PC's	Nutzungs-anteil/PC	Prozent-Summe	Lizenz-Summe
5	bis 60 %	300	3,0
10	bis 50 %	500	5,0
6	bis 30 %	180	1,8
9	bis 20 %	180	1,8
24	bis 10 %	240	2,4
54		1.400	14,0
46	0 %	0	0,0
100			14,0

Abbildung 1-10: *Produktspezifische Softwarebedarfsliste*

An 54 Arbeitsplätzen von den insgesamt 100 angeschlossenen PC's soll also in kleinem oder größerem Zeitumfang das Textsystem WordPerfect aufgerufen und eingesetzt werden.

Rein rechnerisch werden für die 54 potentiellen Nutzer insgesamt also nur 14 Lizenzen benötigt. Ob das reicht bzw. nach welchen Bewertungen sich Richtzahlen für die tatsächlich zu beschaffende Lizenzanzahl ermitteln lassen, betrachten wir im folgenden Abschnitt.

1.6.2 Kostenersparnisse durch geringeren Lizenzbedarf

Auf der Basis unserer vorherigen Annahmen und Berechnungsmodelle reduziert sich der Kostenaufwand für notwendige Lizenzen bei dem aufgeführten PC-Netz mit 10 angeschlossenen PC's - wieder unter Berücksichtigung eines angenommenen Softwarepaket-Durchschnittspreises von 1.000 DM - auf

20 x 1.000,- DM = 20.000,- DM

gegenüber dem Einsatz von 10 unvernetzten PC's.

Insgesamt beträgt bei diesem kleinen Netzwerk die Kostenersparnis bei den notwendigen Lizenzen also ca. 30.000,- DM. Dieser Betrag ist höher als die gesamten Vernetzungskosten dieses 10er-Netzwerkes (incl. Server)!!

Bezogen auf ein Netzwerk mit 20 angeschlossenen PC's ohne Erhöhung der Funktionalität (also der Anzahl der verschiedenen Softwarepakete) würde das Rechenbeispiel noch günstiger aussehen, da sich die "Gleichverteilung" der Software weiter verbessert und eine "Lizenzüberversorgung" von ca. 80 Prozent in der Regel ausreichend sein dürfte.

20 Einzel-PC's mit 5 Softwaresystemen a 1.000,- = 100.000,- DM

20 vernetzte PC's mit 5 Softwaresystemen
36 Lizenzen (80% Überversorgung) a 1.000,- = 36.000,- DM

Die hier erkennbare Ersparnis von ca.

64.000,- DM

spricht für sich und deckt die Investitionskosten für die Vernetzung bei weitem ab! Selbstverständlich verschieben sich diese Zahlenwerte, wenn der Durchschnittspreis Ihrer Softwarepakete höher oder niedriger sein sollte.
Natürlich müssen wir immer davon ausgehen, daß auch bei nicht vernetzten PC's die Anzahl der vorhandenen Lizenzen der tatsächlichen Installation und Nutzung auf den Einzel-PC's entspricht!!!

Die folgende Vergleichstabelle soll die Kostenzusammenhänge zwischen

- Anzahl der angeschlossenen PC's,
- Anzahl der verfügbaren Funktionen bzw. Anwendungen (Multifunktionalität)

- notwendige "Lizenz-Überversorgung"
- Stand-Alone-PC's und vernetzten PC's

näher verdeutlichen.

Dabei gehen wir von der Anzahl der **angeschlossenen PC's** aus. Aufgrund unserer vorherigen Erkenntnisse hinsichtlich der tatsächlich aktiven PC's wissen wir jedoch, daß in Wirklichkeit durchschnittlich nur jeweils ca. die Hälfte der angeschlossenen PC's gleichzeitig auf Software des Servers zugreift.

Bereits dieses Verhältnis zwischen angeschlossenen und aktiven PC's beinhaltet also eine fast ständige 100-Prozent Überversorgung hinsichtlich der Gesamtlizenzen, die in den Werten der Tabelle nicht bewertet und ausgewiesen ist!

		Einzel-PC's		Vernetzte PC's			
PC's	Anzahl Funktionen	Lizenz Anzahl	Lizenz Kosten	Gesamt-Versorgung	Lizenz Anzahl	Lizenz Kosten	Ersparnis
10	5	50	50.000	200%	20	20.000	30.000
10	10	100	100.000	250%	25	25.000	75.000
10	15	150	150.000	300%	30	30.000	120.000
20	5	100	100.000	180%	36	36.000	64.000
20	10	200	200.000	220%	44	44.000	156.000
20	15	300	300.000	250%	50	50.000	250.000
50	5	250	250.000	150%	75	75.000	175.000
50	10	500	500.000	180%	90	90.000	410.000
50	15	750	750.000	200%	100	100.000	650.000
100	5	500	500.000	130%	130	130.000	370.000
100	10	1.000	1.000.000	150%	150	150.000	850.000
100	15	1.500	1.500.000	170%	170	170.000	1.330.000
200	5	1.000	1.000.000	120%	240	240.000	760.000
200	10	2.000	2.000.000	140%	280	280.000	1.720.000
200	15	3.000	3.000.000	160%	320	320.000	2.680.000

Abbildung 1-11: *Lizenzkosten/Ersparnisse bei vernetzten PC's*

Auch diese Tabelle ist auf den ersten Blick wieder verblüffend, da man sich in der Praxis kaum Gedanken darüber macht, daß z.B. der Einsatz von

50 nicht vernetzten PC's

bereits Software-Folgekosten in einer Größenordnung von

ca. 250.000,- DM

nach sich zieht, wenn man nur 5 verschiedene Programme/Funktionen auf jedem dieser PC's alternativ nutzen möchte.

Bewertung der Tabelle

Einerseits wird durch diese Übersicht deutlich, daß bereits beim Einsatz weniger Softwareanwendungen durch die Vernetzung und die damit verbundene dynamische Verteilung der Lizenzen im Netzwerk Kostenersparnisse in gravierender Höhe möglich werden, die eine fast sofortige Amortisierung der Vernetzungskosten beinhalten.

Andererseits handelt es sich hier nicht nur um einmalige Investitionskosten wie bei der PC-Hardware, sondern diese Zusammenhänge wirken sich ebenso bei den Updatekosten der Nachfolgejahre aus, so daß die gezeigten Ersparniswerte noch gar nicht vollständig aufgeführt sind.
Da spätestens alle ein bis max. vier Jahre Softwarelizenzen zu aktualisieren bzw. den neuen technischen und inhaltlichen Anforderungen anzupassen sind, müssen für einen "Geräte-Nutzungszyklus" fast die gleichen Ersparniswerte nochmals hinzugezählt werden.

Bei dieser Tabelle ist ebenfalls sehr deutlich zu erkennen, daß sich die Erhöhung der sogenannten Multifunktionalität (Anzahl verschiedener Softwaresysteme, die von einem Benutzer alternativ eingesetzt werden) bei einem Netzwerk in den Kosten auch prozentual erheblich weniger auswirkt als beim Einsatz von Einzel-PC's.

Zur Multifunktionalität muß zusätzlich noch gesagt werden, daß es sich dabei jeweils nur um eine "durchschnittliche Funktionalität" handelt, da je nach Aufgaben- und Ausbildungssituation die Netzwerkbenutzer z.T. nur sehr wenige Funktionen bzw. Angebote nutzen, andere Teilnehmer jedoch durchaus 10 oder 15 verschiedene Softwarepakete im Laufe eines Tages alternativ einsetzen.

Dabei kann auch keine Aussage darüber getroffen werden, wie hoch die Anzahl der tatsächlich im Netzwerk bzw. auf dem Server installierten verschiedenen Softwarepakete ist oder sein muß, um eine durchschnittliche Funktionalität von 5 oder 10 zu erreichen.
Dies hängt von der betrieblichen Aufgabenvielfalt ab, denn in einem relativ homogen strukturierten Betrieb (z.B. Versicherungsgesellschaft) wird man bei gleicher Funktionalität mit einer recht geringen Softwarevielfalt auskommen. Demgegenüber benötigt man in einem Entwicklungs-, Herstellungs-, Montage- und Verkaufsbetrieb eine äußerst breite Softwarepalette, da eine jeweils aufgabenspezifische Funktionalität bereitgestellt werden muß.

Bezogen auf eine 10er Funktionalität sehen die Lizenzkosten für eine vernetzte bzw. unvernetzte Installation folgendermaßen aus:

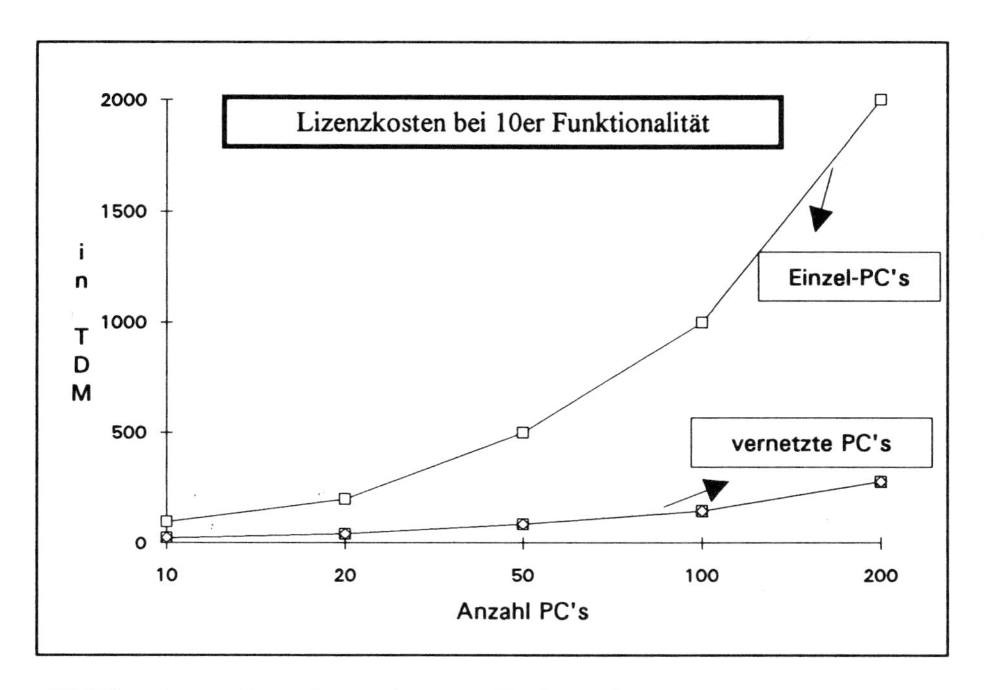

Abbildung 1-12: *Lizenzkosten bei 10er-Funktionalität*

Fazit:

Jegliche Installation von Software auf lokalen PC's verhindert die dynamische Verteilung und damit die effiziente Nutzung dieser Lizenzen. Ausnahmen hiervon sollten deshalb nur bei gravierenden Argumenten zugelassen werden.

Sobald eine PC-Vernetzung mit einem Serversystem realisiert ist, sollte weitestgehend jede Anwendungssoftware zentral installiert und über das Netzwerk bereitgestellt werden. Selbst wenn nur eine Lizenz verfügbar ist, kann sie zumindestens zu unterschiedlichen Zeiten von verschiedenen Usern genutzt werden.

1.7 Betreuung von (vernetzten) PC's

Wie bereits zu Beginn dieses Kapitels ausgeführt, sind die für die PC- und Netzwerkbetreuung zur Verfügung stehenden minimalen Personalressourcen ein gravierendes Problem und müssen bei fast jeder Entscheidung als eines der drückendsten Argumente mit berücksichtigt werden.

Jede Installation, jede Anwenderunterstützung, jede Netzwerkadministration und jede Benutzerführung muß neben der inhaltlichen Notwendigkeit und der

technischen Realisierbarkeit vorrangig auf ihre personelle Umsetzbarkeit und Betreuungsfähigkeit geprüft werden.
Dieser Punkt wird häufig seitens der Netzwerkbetreiber, aber besonders seitens der Verantwortlichen in den Geschäftsführungen stark unterschätzt.

1.7.1 IST-Situation

Der Aufgabenblock "Betreuung von PC's" ist wesentlich umfangreicher als auf den ersten Blick erkennbar. Damit ist nicht nur gemeint, daß Aufgaben wie:

- Installation und Anpassungen des Betriebssystems
- Fehlersuche und Reparatur
- Anschluß und Anpassung von Druckern
- Anbindung und Integration an das Netzwerk

bearbeitet und erledigt werden.

Da die Anwendungen unmittelbar auf den PC's ablaufen und es sich hier in hohem Maße um branchenunabhängige Systeme wie Text-, Kalkulations-, Grafiksysteme, Kommunikations- und Informationssysteme u.ä. handelt, ist u.a. eine sehr hohe Benutzerunterstützung hinsichtlich der Handhabung erforderlich.

Das beginnt bereits mit dem "Finden" und Aufrufen der Programme am Server, da insbesondere durch die Multifunktionalität und durch die Aufgabenverteilung im Netzwerk der Endanwender einen wesentlich höheren Wissensstand benötigt, als wenn er z.B. nur alternativ zwei verschiedene Applikationen am HOST aufrufen und nutzen darf.

Unabhängig von der fachlichen Nutzung spezieller Anwendungen muß also eine globalere Ausbildung und ständige Unterstützung und Weiterbildung der Benutzer stattfinden. Diese Erfordernisse werden z.T. noch völlig verkannt und scheitern dann an nicht vorhandenen (oder eingeplanten) Personalressourcen und Verantwortlichkeiten.

Die Beschaffung und der Einsatz von PC's beinhaltet umfangreiche, vielschichtige und auch kostenintensive Konsequenzen, die von Beginn an zu berücksichtigen sind. Hierzu gehören u.a.:

- zielorientierte Softwareauswahl und Beschaffung
- "Handhabungsausbildung" der Benutzer
- Festlegung von Verantwortlichkeiten für Server- und Endgerätebetreuung, Netzinfrastruktur, Installation und Betreuung von Anwendungen, Ausbildung und Beratung von Anwendern

Bei der Betreuung von PC's handelt es sich um eine sehr dynamische und vor allen Dingen kontinuierlich anfallende Aufgabe, da durch die enorm kurzen Zy-

kluszeiten bei den hard- und softwaretechnischen Entwicklungen ständige Anpassungen erforderlich sind.
Damit ist nicht gemeint, daß jede Neuerung und jedes Software-Update zu integrieren ist, aber es muß eine ständige Überprüfung stattfinden, ob neue Techniken und Verfahren nicht produktivitäts-, effizienz- oder informationssteigernd sind und damit eingesetzt werden müssen!

Sobald eine Vernetzung stattgefunden hat, kann nach unseren Erfahrungen die Aktualität und Multifunktionalität des Gesamtsystems im Vergleich zu Großrechner- oder Minicomputersystemen mit verhältnismäßig geringen Finanzmitteln sichergestellt werden. Die eigentlichen

Hauptprobleme liegen im personellen Bereich.

Softwaresysteme wie z.B. Mailingsysteme oder BTX-Gateways, CD-Server oder Datenbankrecherche-Systeme kosten heute ca.

zwischen 1.000,- und 10.000,- DM

und sind netzwerkweit nutzbar. Die jeweilige

- Installation, Prüfung und Einbindung in's Netzwerk,
- konzeptionelle Integration in die Server-, Bedienungs- und Rechtestruktur,
- Berücksichtigung in der Sicherheitsorganisation,
- Basisausbildung der Anwender,
- Abstimmung und Abbildung in der betrieblichen Ablauforganisation,
- Festlegung der Verantwortungsstruktur

kann demgegenüber jedoch durchaus ein bis sechs "Mann-Monate" kosten, die tägliche Betreuung im Realbetrieb noch nicht mitgerechnet.

Damit entstehen Personalkosten in Größenordnungen von

5.000,- bis hin zu 40.000,- DM

und diese Diskrepanz zwischen Anschaffungs- und den dann folgenden "Bereitsstellungskosten" ist vielen Betrieben noch nicht bewußt oder wird einfach unterschätzt.

Die in der Regel zu geringen Personalkapazitäten bei der Betreuung von PC's und den damit verbundenen Anwendungen entstehen im wesentlichen durch drei Faktoren:

a) In größeren Firmen mit einer typischen Großrechnerumgebung werden PC's einerseits als reine Endgeräte gesehen und andererseits wird ihre enorme Funktionalität und Leistungsfähigkeit unterschätzt. Für die zentrale Betreuungsunterstützung der PC-Ressourcen wird demzufolge relativ wenig Zeit (bzw. Personal) eingeräumt.

Historisch gewachsen erfolgte eine starke Personalbindung an die Zentralrechnersysteme und die Abwicklung der Groß-EDV; der Aufbau neuer und zusätzlicher Personalressourcen für den PC-Bereich ist nicht durchsetzbar und wird auch selten akzeptiert.
Obwohl starke Aufgabenverlagerungen stattfinden, ist eine Verlagerung vorhandener Personalressourcen kaum durchsetzbar.

b) Bei kleineren (und auch mittleren) Firmen, in denen der PC-Einsatz häufig die einzige oder zumindestens die vorherrschende DV-Struktur darstellt, werden die Ausgaben für die Betreuung der PC's, der Vernetzung, der Softwaresysteme, usw. natürlich in direktem Zusammenhang mit den PC-Investionskosten gesehen.
Hier wird dann nicht akzeptiert, daß die jährlichen personellen Betreuungskosten in einer ähnlichen Größenordnung oder sogar höher liegen als die zuvor genannten Investionskosten.
Erschwerend kommt hinzu, daß die von uns im letzten Kapitel dargestellten Softwarekosten nicht mitgezählt werden, obwohl sie in vergleichbarer Höhe mit den Hardwarekosten liegen.

Obwohl bei intensivem Einsatz und Nutzung eines PC-Netzwerkes die **DV-Anwendungsfunktionalität** eines Großrechnersystems eher überschritten wird, sind auch nur annähernd vergleichbare Personalkosten für die Betreuung, die Beratung, die Schulung, die weitere Planung, für Softwaretests und Produktauswahl nicht durchsetzbar.

c) Durch Werbeaussagen und Marketingkonzepte der PC-Hersteller und Vertreiber und auch durch die Hersteller und Anbieter der Softwaresysteme werden die Probleme und der Unterstützungsbedarf beim Einsatz ihrer Produkte sehr "rosig" gesehen bzw. bewußt bagatellisiert.

Schon die Zeitangaben für die Ausbildung (z.B. 1,5 Tage und Sie beherrschen dBASE, Word für Windows in 0,5 Tagen, usw.) verdeutlichen diese Aussage.
Der Aufwand zum Erlernen und Beherrschen (!) der Systeme für das professionelle Tagesgeschäft ist für den Endanwender mit seiner anderweitig orientierten Fachausbildung und durch die Erfordernisse der Multifunktionalität äußerst problematisch und nur mit entsprechender Betreuungsunterstützung möglich.
Die ständig steigende Leistungsfähigkeit der Hardware und der Softwaresysteme (heute beinhaltet z.B. fast jedes Textsystem nahezu selbstverständlich auch erhebliche DTP-Fähigkeiten) wirkt sich ebenfalls auf den Betreuungsbedarf aus und wird meistens verkannt.

1.7.2 "Versteckte" Personalkosten bei der PC-Betreuung

Unabhängig davon, ob PC's einzeln installiert oder vernetzt sind, entstehen die oben geschilderten Betreuungsbedürfnisse. Häufig wird argumentiert, daß in einem Betrieb kaum Personal für diese Aufgaben eingesetzt wird und der PC-Einsatz trotzdem zu aller Zufriedenheit läuft.

Wird offiziell kein Personal für diesen Bedarf berücksichtigt und bereitgestellt, werden diese Betreuungsbedürfnisse in der Regel durch die "Hintertür" durch **Sachbearbeiter oder PC-Benutzer** mit anderen Aufgaben abgedeckt, allerdings wesentlich uneffektiver und auf Kosten ihrer Fachaufgaben.

In einem Bericht der Zeitschrift mMm (Mini-Mikro-Magazin) sind amerikanische Untersuchungen aufgeführt, nach denen neben den üblichen und bekannten Computer-Folgekosten wie Reparaturen oder Ausfallzeiten eine dritte Kostenkategorie existiert, nämlich die

Versteckten Betreuungskosten.

Sie werden deshalb als "Versteckte Kosten" bezeichnet, weil diese Dienstleistungen nicht durch originär hierfür vorgesehenes Personal erbracht wird, sondern durch - vielfach ungeschulte - Mitarbeiter mit anderen Aufgaben oder sogar anderer Fachabteilungen.
Hierdurch werden diese Aufwendungen in den Kostenzuordnungen nicht ausgewiesen und sind somit nicht erkennbar.

Im Rahmen dieser "Versteckten Betreuung" werden Aufgaben wie:

- Wiederherstellen von versehentlich gelöschten Dateien,
- Schnelleinweisung von Mitarbeitern in Applikationssoftware
- lokale Installation von Software
- Hilfestellung bei Bedienungsproblemen
- Heraussuchen und Definieren von Druckertreibern
- Installation oder Modifikation von Geräte- und Netzwerktreibern

bearbeitet und erledigt.

Die aufgeführten Untersuchungen bei Firmen wie Ford Motor, Xerox, u.a. ergaben zu aller Überraschung erhebliche zusätzliche, jedoch bisher verdeckte Betreuungskosten von

6.000 bis hin zu 15.000 US-Dollar je PC und pro Jahr,

die zu Lasten der Fachabteilungen gehen.

Diejenigen Sachbearbeiter, die diese Dienstleistungen erbringen, beschäftigen sich in der Regel hobbymäßig stark mit der PC- und Anwendungstechnik und sehen zumindestens in der Anfangsphase ihrer Unterstützungsaktivitäten eine Möglichkeit, ihre Sachaufgaben um interessante Themenbereiche zu ergänzen.

In den Betrieben sind diese "Helfer" natürlich beliebt und begehrt, geraten jedoch zunehmend unter Druck, da die anfängliche Kollegenhilfe in "richtige" Arbeit und Verantwortung ausartet und sie zunehmend weniger Zeit für ihre eigentlichen Fachaufgaben haben.

Nach unserer Einschätzung und Erfahrung treffen diese Untersuchungen analog auch für deutsche Verhältnisse zu und damit wird deutlich, daß es aus Gründen der Kostentransparenz und auch zur Sicherstellung kompetenter, gezielter und steuerbarer Unterstützung besser ist, die notwendigen Personalressourcen sauber zu definieren und z.B. einem "Betreuungs- oder Kompetenz-Center" bzw. der DV-Abteilung zuzuordnen.

Nach diesem Plädoyer für die Bereitstellung ausreichender Personalressourcen für die PC- und Anwendungsbetreuung wollen wir uns jetzt einerseits den tatsächlichen Personalkosten und desweiteren den Unterschieden bei der Betreuung von vernetzten und nicht vernetzten PC-Systemen zuwenden.

1.7.3 Personalkosten in Mark ohne Pfennig

Lassen Sie uns für die weiteren Überlegungen eine kurze Betrachtung der Personalkosten vornehmen, um in den nachfolgenden Vergleichsuntersuchungen zu tatsächlichen Kostenannahmen kommen zu können.

Zur Ermittlung von "Kosten je Betreuungstag" müssen einerseits die tatsächlichen, durchschnittlichen Netto-Arbeitstage ermittelt und andererseits die gesamten Lohn-/Gehaltskosten als Durchschnittswert für diesen Bereich berücksichtigt werden. Nach Abzug der Tage und Zeiten für

- Feiertage, Urlaubstage und Krankheitszeiten,
- Aus- und Fortbildung, Seminare, Messebesuche
- innerbetrieblicher Verwaltungs-, Administrations- und Organisationsaufwand
- externe Kontakte, Absprachen, usw.

verbleiben nach allgemeinen Erfahrungswerten nur ca.

160 bis 180 Netto-Arbeitstage

für die eigentliche Betreuungsaufgabe.

Die erforderliche inhaltlich/fachliche und damit gehaltliche Einstufung eines solchen Betreuers, der von der

- PC- über die Vernetzungstechnik,
- von einfachen Textprogrammen bis hin zu komplexen Gateway-Lösungen,
- von Multi-Protokollverfahren bis hin zu Mailing- und Window-Systemen

viele verschiedene Themen beherrschen und bedienen können muß, liegt zwischen einem PC-Techniker bis hin zum System-Ingenieur.

Dabei beeinflußt sowohl die Größe des Netzwerkes als auch die geforderte und realisierte Multifunktionalität die erforderliche Betreuungsqualität und damit die Personalkosten.

Unter Berücksichtigung dieser inhaltlichen und zusätzlicher regionalen Unterschiede differiert auch die Gehaltseinstufung, liegt jedoch erfahrungsmäßig zwischen

4.000,- und 7.000,- DM Monatsbrutto.

Unter Berücksichtigung

- von Urlaubs- u. Weihnachtsgeld und sonstiger Zulagen (ca.15%-20%)
- direkter Lohnnebenkosten (Sozialvers. usw.) (ca. 25%)
- indirekter Nebenkosten (ca. 40%)
  (Arbeitsplatz, Geräteausstattung, Raum, anteilige Betriebskosten, Ausbildungskosten, Reisekosten, usw.)

sind die tatsächlichen Lohn/Gehaltskosten um min. 80 Prozent höher und liegen somit bei

7.200,- bis hin zu 12.600,- DM pro Monat!!

Gegenüber sonstigen Nebenkostenangaben von 90 bis hin zu 120 Prozent liegt dieser Wert niedriger, da er bereits auf den ausgewiesenen Netto-Arbeitstagen basiert, und damit nur die wirklich für die vorgesehene Aufgabe zur Verfügung stehenden Tage berücksichtigt.

Diese Werte gelten natürlich nicht nur für Betreuer von PC's, Netzwerken, Software und Anwendungen, sondern in ähnlicher Art auch für Sachbearbeiter oder andere Fachkräfte, es hat also kostenmäßig keine Einflüsse, welches Personal die Betreuungsaufgaben vornimmt (ganz im Gegenteil)!

Damit die weiteren Berechnungen übersichtlicher und für Ihre Bereiche und Verhältnisse leichter nachvollziehbar werden, sind in den folgenden Überlegungen drei "Grobstufungen" bezüglich einer Personalstelle vorgenommen worden:

monatliche Gesamtkosten je Stelle	Monats-Brutto ca.	grobe Aufgabendefinition
7.000	4.000	kleine Netze mit geringer Funktionalität
10.000	5.500	mittlere Netze mit mittlerer Funktionalität, kleine Netze mit hoher Funktionalität, große Netze mit geringer Funktionalität
12.500	7.000	große Netze mit hoher Funktionalität

***Abbildung 1-13:** Monatliche Gesamtkosten je Betreuungsstelle*

Verschaffen wir uns mit der folgenden Tabelle einen groben Überblick, welcher ermittelte Betreuungsaufwand welche Kosten verursachen wird und welchem Stellenbedarf entspricht, wenn wir für eine Stelle einen (oberen) Ansatz von 180 Netto-Arbeitstagen pro Jahr (= 15 Tage/Monat) festlegen:

Netto-Arbeits-Tage	bei DM 7.000 Kosten	bei DM 10.000 Kosten	bei DM 12.000 Kosten	Stellen-Anteil
1	470	670	800	----
10	4.700	6.700	8.000	6%
30	14.100	20.100	24.000	17%
50	23.500	33.500	40.000	28%
80	37.600	53.600	64.000	45%
100	47.000	67.000	80.000	56%
150	70.500	100.500	120.000	84%
200	94.000	134.000	160.000	111%
300	141.000	201.000	240.000	167%
400	188.000	268.000	320.000	223%

***Abbildung 1-14:** Betreuungskosten und Stellenanteil*

Mit dieser Übersicht haben wir eigentlich nur längst bekannte Weisheiten dargestellt, sie ist jedoch wichtig, um bei den folgenden Betrachtungen ein sicheres und klareres Gefühl für die bestehenden Kostenzusammenhänge zu bekommen.

Hierdurch wird aber insbesondere deutlich, daß wir hier nicht über Lappalien sprechen, sondern eine knallharte Verpflichtung haben, im Betreuungsbereich die effizientesten Lösungen umzusetzen, denn hier existieren jährlich wiederkehrende Kosten in erheblicher Höhe, unabhängig davon, ob sie direkt oder versteckt entstehen!

1.7.4 Betreuungs- und Kostenersparnisse bei vernetzten PC's

Es ist unbestritten, daß Softwarepakete wie z.B. Textsysteme, Kalkulationssysteme, Verwaltungssysteme für Adressen, Artikel, Dokumente, Datenbankprogramme, Mailingsysteme, Kommunkationsdienste, aber auch Betriebssysteme wie DOS, OS/2 oder Windows einen personellen Basis-Betreuungsaufwand in den Bereichen

- Test, Auswahl und Beschaffung
- Installation und Bereitstellung
- begleitende Unterstützung und Fehlerberatung
- Anpassung des Systems an Drucker, Softwareschnittstellen, usw.
- Anpassung an sich ändernde Bedürfnisse,
- Installation und Test von Updates

mit sich bringen.

In dieser Aufstellung und den nachfolgenden Zeitangaben ist der Aufwand für

- Erstellung von Kurz-Dokumentationen und Bedienungsunterlagen
- einführende Einweisung und Schulung der Anwender

noch nicht berücksichtigt!!

Erfahrungen aus der Praxis zeigen, daß der Aufwand für die zuerst genannten Basis-Aufgaben (bei Standardsoftwaresystemen wie Text-, Kalkulations-, Datenbankpaketen, usw. und einfachen Anwendungssystemen) im Mittel in einer Größenordnung von ca.

2-3 Manntagen pro System und pro Jahr

einzustufen ist.

Wer z.B. einmal ein heutiges Textsystem mit 3 bis 6 MB Speicherbedarf von den zahlreichen Disketten auf seinen Computer überspielt (und ggf. entkomprimiert) hat, das Gesamtsystem entsprechend der Ausstattung seines PC-Systems installiert und die zahlreichen Drucker- und Bildschirmtreiber ausgewählt und verfügbar gemacht hat, kann diese Aussage sicherlich nachvollziehen.
Besonders wenn man berücksichtigt, daß **alle in einem Jahr** entstehenden weiteren Probleme mit diesem System und die notwendige Zeit zur Problem- oder Fehlerbeseitigung in den genannten Zeiten enthalten ist.

In den Firmen, in denen PC- bzw. softwareunerfahrene Anwender diese Installations- und Betreuungsaufgaben wahrnehmen (müssen), reichen diese Zeitangaben häufig bei weitem nicht aus, allerdings erscheint der entsprechende Personalaufwand offiziell nicht, da er im Budget der Fachabteilung versteckt bleibt.

Für eine **Gegenüberstellung des Betreuungsaufwandes** bei vernetzten und nicht vernetzten PC's muß gesagt werden, daß die Betreuung eines Softwarepaketes auf einem PC-Server sich in der Regel komplexer darstellt.

Einerseits ist bereits die Installation des Softwarepaketes aufwendiger und schwieriger, andererseits kommen aufgrund der zahlreichen Nutzer auch mehr Anregungen und Forderungen auf diese zentrale Softwareinstallation zu. Dieser Umstand führt zu einer

Verdoppelung bis zu einer Vervierfachung des Aufwandes

für Netzwerkinstallationen von Anwendungspaketen. In den weiteren Berechnungsansätzen setzen wir als Mittelwert vorerst den dreifachen Aufwand an.

Bevor wir zur besseren Übersicht wiederum eine Wertetabelle erstellen, lassen Sie uns die Betreuungsproblematik wieder bezogen auf unser Beispiel mit 10 Arbeitsplatz-PC's und 5 verschiedenen Softwaresystemen betrachten.

Bei Installation und Betrieb von 5 Softwarepaketen auf 10 PC's entsteht bei Ansatz eines unteren Bedarfs von 2 Manntagen/Jahr je Softwaresystem folgender Bedarf:

5 (Programme) x 10 (PC's) = 50 Programme installieren/betreuen

50 (Programme) x 2 Tage = 100 "Manntage" pro Jahr

Dieser Betreuungsumfang entspricht gemäß unserer vorherigen Betrachtungen unter Berücksichtigung von Urlaubs-, Ausbildungs- und Ausfallzeiten also bereits mehr als 0,5 Personalstellen!!

Der in diesen Zahlen zum Ausdruck kommende Aufwand wird zwar häufig bestritten, Firmen mit separat ausgewiesenen Betreuungsabteilungen bestätigen diese Erfahrungswerte jedoch ausdrücklich. Häufig werden die zu einem Produkt über's Jahr anfallenden Probleme, Rückfragen und Installationsanpassungen auch einfach nicht bewußt und ehrlich aufgerechnet.

Die Berechnung für eine netzorientierte Installation der Softwaresysteme sieht jetzt folgendermaßen aus:

Ansatz: je Softwarepaket der dreifache Personalaufwand, also 6 Tage.

5 (Programme) x 6 Tage = 30 "Manntage"

Desweiteren muß berücksichtigt werden, daß bei einem Netzwerk ein zusätzlicher, regelmäßiger Betreuungsaufwand entsteht, der einerseits die eigentliche Netzbetreuung beinhaltet und andererseits die Serverorganisation und Benutzeradministration umfaßt.

Ein Teil der Serverbetreuung läßt sich zwar mit einer wesentlich vereinfachbareren DOS-Betreuung kompensieren, trotzdem bleibt ein klarer personeller Zusatzaufwand bestehen.

Je nach Größenordnung und Funktionalität des Netzwerkes differiert dieser Wert, muß bei einem Netz dieser geringen Ausprägung aber mit ca. 10 Manntagen angesetzt werden.

Und nun die Vergleichsberechnung bezogen auf unser 10er-Netzwerk:

Installation der Softwaresysteme auf Einzel-PC's	=	100 Manntage
Installation der Softwaresysteme auf dem Server	=	-30 Manntage
zusätzliche Netzwerkbetreuung	=	-10 Manntage
Ersparnis:		60 Manntage

Unter Berücksichtigung unserer im letzten Abschnitt aufgestellten Übersichtstabellen entspricht dies einer Einsparung von ca. einer Drittel Personalstelle im Bereich der Betreuung.
Als Ersparnisbetrag ergibt sich bei diesem kleinen Netz mit 5 verschiedenen Funktionen und damit bei einem unteren Gehaltsansatz (siehe Tabelle) eine Kostenersparnis von ca. 30.000,- DM.

Es läßt sich über diese Zahlen und Ansätze sicherlich streiten und diskutieren, die grundsätzliche Tendenz findet man jedoch in allen Betrieben, Firmen und Behörden und bei allen Installationen wieder.

Achtung: Bei dieser Gegenüberstellung wurde der funktionelle und qualitative Unterschied zwischen einer Netzwerkinstallation und einer mehrfachen lokalen Installation noch nicht berücksichtigt und bewertet.

So wird z.B. ein einmal gefundener Fehler, eine einmal entschiedene Umstellung oder ein zusätzlich installierter Druckertreiber bei der vernetzten Lösung für alle Anwender und für alle PC's identisch angepaßt.

Desweiteren "entfernen" sich bei einer Einzelbetreuung erfahrungsgemäß die verschiedenen Installationen immer mehr voneinander, da die gleichzeitige und gleichartige Modifikation und Anpassung der verschiedenen Anwendungssysteme auf 10 PC's (oder mehr) kaum realisierbar ist. Das gilt besonders dann, wenn verschiedene Personen die Software installieren und betreuen.
Bei einer Netzwerkinstallation ist demgegenüber sichergestellt, daß an allen Arbeitsplätzen die gleiche Installation nach dem gleichen Schema aufrufbar ist und identisch abläuft.

Ähnlich wie bei der Betrachtung der Bereitstellung der Softwarelizenzen soll auch in der folgenden Tabelle eine Übersicht gegeben werden, wie sich die

Größe des Netzwerkes (Anzahl der PC's) und die Funktionalität (Anzahl der Anwendungs- und Nutzungsfunktionen) auf den Betreuungsaufwand auswirkt.

In der folgenden Tabelle wird der Aufwand je Anwendungspaket nochmals danach unterschieden, wie viele PC's diese Funktionen nutzen sollen. Bei einer größeren Anzahl von

Einzel-PC's mit lokalen Anwendungsinstallationen

entsteht hierbei ein Synergieeffekt, da z.B. ein Betreuer die gleiche Software auf mehreren PC's installiert und vielfach auch mehrere Benutzer anwendungsmäßig betreut. Hierdurch reduziert sich der Aufwand je System von den vorher angesetzten 2-3 Tagen auf 1-2 Tage.

Bei einem **vernetzten System** wird ein Anwendungspaket zwar in der Regel nur einmal auf dem Server installiert, doch je mehr Benutzer dieses System einsetzen, desto umfangreicher wird der Aufwand je Softwaresystem aufgrund der vielschichtigeren Benutzeranforderungen und ggf. Nutzungsvarianten.

Aus diesem Grund berücksichtigen wir bei größeren Netzwerken (>= 50 angeschlossene PC's) je Softwarepaket einen Betreuungsaufwand von 8 Tagen.

Wie bereits bei unserem 10er Beispielnetz ist auch der steigende Betreuungsaufwand für die Serveradministration und die Netzwerkbetreuung als Zusatzbedarf (Netz-Bedarf) in die Vergleichsberechnung einzubeziehen.
Ausgehend von einem Sockelbedarf wirkt sich die Netzwerkbetreuung und Serveradministration im wesentlichen linear bezogen auf die Anzahl der PC's und der Funktionen aus.

Bitte denken Sie bei der **Funktionalität eines Netzwerkes** daran, daß es sich hier um einen Durchschnittswert handelt, da es Benutzer gibt, die z.B. nur drei Funktionen nutzen, während andere Netzteilnehmern mit vielschichtigen Aufgaben durchaus 10 oder mehr Funktionen bzw. Anwendungen alternativ aufrufen und nutzen.
Bei einem angenommenen Durchschnittswert von 10 handelt es sich bereits um ein hochgradig multifunktionales Netzwerk, hier sind offensichtlich bereits sehr viele allgemein interessierende Anwendungen integriert.

		Einzel-PC's		Vernetzte PC's				Ersparnisse	
ange. schl. PC's	Anzahl Funk- tionen	Tage/ Fkt.	Anzahl Tage	Tage/ Fkt.	Anz. Tage	Netz-/ Server- Bedarf	Summe	in Tagen	in Stel- len
10	5	2	100	6	30	10	40	60	0,33
10	10	2	200	6	60	15	75	125	0,70
10	15	2	300	6	90	20	110	190	1,06
20	5	2	200	6	30	20	50	150	0,84
20	10	2	400	6	60	25	85	315	1,75
20	15	2	600	6	90	30	120	480	2,67
50	5	1,5	375	8	40	40	80	295	1,64
50	10	1,5	750	8	80	50	130	620	3,45
50	15	1,5	1.125	8	120	60	180	945	5,25
100	5	1	500	8	40	60	100	400	2,22
100	10	1	1.000	8	80	70	150	850	4,72
100	15	1	1.500	8	120	80	200	1.300	7,22
200	5	1	1.000	8	40	70	110	890	4,94
200	10	1	2.000	8	80	80	160	1.840	10,22
200	15	1	3.000	8	120	90	210	2.790	15.50

Abbildung 1-15: *Betreuungskosten/Ersparnisse bei vernetzten PC's*

Betrachten wir in dieser Tabelle z.B. ein Netzwerk mit 50 angeschlossenen PC's und einer Funktionalität von durchschnittlich 5 verschiedenen Anwendungen, dann ergibt sich gegenüber einer Einzelversorgung eine personelle Ersparnis von 295 Tagen, das entspricht 1,64 Personalstellen und damit einer

Brutto-Kostenersparnis von mindestens 140.000,- DM pro Jahr!

Zur besseren Übersicht wollen wir nachfolgend noch die hier ermittelten Betreuungsersparnisse in einer weiteren Tabelle mit den zuvor dargelegten drei Stufungen der Monats-Bruttokosten je Personalstelle zusammenfassen.

Erst hierdurch werden eigentlich die tatsächlichen Unterschiede deutlich, die tendenzmäßig zwischen einer grundsätzlich lokalen und einer serverorientierten Installation von Software besteht.

Selbstverständlich sind die nachfolgenden Zahlen wiederum diskutierbar, doch erkennbar sind die auch in diesem Bereich enthaltenen extrem hohen Einsparungsmöglichkeiten durch Konzentration des Betreuungsaufwandes bei einer zentralen Softwareinstallation.

ange. schl. PC's	Anzahl Funk- tionen	Betreuungs-Ersparnisse pro Jahr in Tagen	in Stellen	in DM bei monatlichen Gesamtkosten je Personalstelle von 7.000	in DM 10.000	in DM 12.500
10	5	60	0,33	27.720	39.600	-.---
10	10	125	0,70	58.800	84.000	-.---
10	15	190	1,06	89.040	128.400	-.---
20	5	150	0,84	70.560	100.800	-.---
20	10	315	1,75	147.000	210.000	-.---
20	15	480	2,67	224.280	320.400	-.---
50	5	295	1,64	137.760	196.800	-.---
50	10	620	3,45	289.800	414.000	-.---
50	15	945	5,25	441.000	630.000	-.---
100	**5**	**400**	**2,22**	186.480	**266.400**	-.---
100	10	850	4,72	396.480	566.400	-.---
100	15	1.300	7,22	606.480	866.400	1.083.000
200	5	890	4,94	414.960	592.800	-.---
200	10	1.840	10,22	858.480	1.226.400	1.533.000
200	15	2.790	15.50	-.---	1.860.000	2.325.000

Abbildung 1-16: *Gestaffelte Betreuungs-Ersparnisse*

Bei einem mittleren Netzwerk mit 100 angeschlossenen PC's diskutieren wir also bereits über Größenordnungen von 200.000,- DM bis hin zu mehr als 500.000,- DM, die je nach Funktionalität des Netzes und jeweiliger Gehaltsstruktur nur im Betreuungsbereich eingespart werden können.

Gesamtbetrachtung:

Zum Vergleich und zur Entscheidung eines Netzwerkaufbaus muß sowohl die Betrachtung der Lizenzersparnisse als auch die Betreuungsersparnis herangezogen werden.
Bei der Planung eines heute durchaus üblichen PC-Netzes mit 100 angeschlossenen PC's und einer unteren Durchschnittsfunktionalität von 5 Anwendungen ergeben sich danach die folgenden Betragswerte:

einmalige Lizenzersparnis:	ca. 380.000,- DM
jährliche Betreuungsersparnis:	ca. 266.000,- DM
(=400 Arbeitstage = 2,22 Stellen)	
Gesamtersparnis	ca. 646.000,- DM

Sobald sich die Anzahl der angeschlossenen PC's oder besonders die Funktionalität auch nur geringfügig erhöht, verändern sich diese Werte erheblich.

1.8 Daten im Netzwerk und Datenredundanz

In vielen Fällen führen gerade die auf den Einzel-PC's entstehenden unterschiedlichen Datenbestände zu der Einsicht, daß die PC's miteinander vernetzt werden müssen. Trotzdem ist dann gerade dieser Schritt, nämlich der Aufbau von zentral auf dem Server verfügbaren Datenbeständen äußerst problematisch und bringt vielfach einen gewissen Stillstand bei der Netzintegration mit sich.

Verblüffenderweise werden an die Datenhaltung im Netzwerk äußerst euphorische Erwartungen geknüpft. Probleme der Datenhaltung, die seit Jahren weder auf dem Großrechner noch auf der Einzel-PC-Ebene je geschlossen gelöst werden konnten, sollen mit Bereitstellung der PC-Vernetzung plötzlich automatisch mit erledigt werden.

Dieser Denkansatz und diese Erwartungshaltung ist natürlich falsch, denn die Probleme einer einheitlichen Datenverwaltung mit beliebigen und flexiblen Abfragemöglichkeiten werden durch die Vernetzung zwar technisch realisierbarer, die eigentliche Organisations-, Analyse- und Programmierproblematik bleibt jedoch im gleichen Umfang bestehen.

Da diese Überlegungen und Weichenstellungen in der Regel nicht im Vorfeld der technischen Vernetzung erfolgen, sondern erst nach Installation des Netzes erkannt und begonnen werden, erfolgt häufig eine deutliche Enttäuschung und Resignation bei der dann notwendigen zeitlichen Umsetzung und dem Aufbau der Datenhaltung im Netz.

Zur näheren Betrachtung dieses Problems muß man zuerst ein wenig analysieren, was man eigentlich mit "Daten im Netzwerk" meint und welche Daten man hier zuordnet.

a) Die betriebswirtschaftlich orientierten Daten wie

- Artikelverwaltung
- Fakturierung
- Kundenverwaltung
- Einkauf/Verkauf
- Lohn und Gehalt

werden in mittleren und größeren Firmen üblicherweise auf anderen vorhandenen Rechnersystemen bearbeitet und abgewickelt und diese lauffähigen Anwendungssysteme sollten beim ersten Vernetzungsschritt in der Regel nicht verändert werden.

Hier ist es zweckmäßig, eine netzorientierte Gateway-Verbindung zum vorhandenen Zentralrechner (sei es eine IBM-3270 oder AS/400, ein Siemens BS-2000 oder ein Unix-Rechner) aufzubauen, über die in einem ersten Schritt für jeden PC-Anwender der technische Zugriff ermöglicht werden kann.

b) allgemeine Daten

Die anderen in einem Netzwerk interessierenden Daten können von sehr unterschiedlicher Natur sein, denn der Begriff der Daten muß nach unserer Einschätzung in einem Netzwerk wesentlich umfangreicher und umfassender gesehen werden.
Im PC-Bereich ist es üblich, die unterschiedlichsten Datenarten und Datenbestände zu bearbeiten:

- einfache oder nur sehr kurzfristig relevante Daten wie Entwurfsschreiben, Vergleichstabellen, Schnellauswertungen oder Kurzübersichten
- vielschichtige und z.T. auch umfangreiche Daten für Aufgaben wie Dokumentationsprobleme, eigene Marketinganalysen, Korrespondenzaufgaben, technische Anwendungen, Entwicklungsentwürfe und Planungsdaten

Anders als bei Zentralrechnerdaten gehören also auch "rein" entscheidungsrelevante oder abwicklungsorientierte Daten und Informationen dezentraler Art zum Datenbedarf, die in betriebswirtschaftlicher Hinsicht ansonsten keine Rolle spielen. Hier können auch "Fremddaten" (z.B. CD-ROM's) mit reinem Informationscharakter hinzugezählt werden, die als Basis von Fach- und Sachentscheidungen dienen.

Die PC-bezogene und durchaus dezentrale Bearbeitung solcher Daten bietet sich vielfach geradezu an, da entsprechende Softwaresysteme relativ preiswert als fertige Applikationen auf dem Markt verfügbar sind oder aber diese Daten sogar mit Standardsoftwarepaketen bearbeitbar sind.

Wie in den vorherigen Abschnitten erkennbar wurde, wirken sich die betriebswirtschaftlichen Vorteile einer Vernetzung im Bereich der zentralen Softwarebereitstellung (Lizenzen und Betreuung) recht schnell in Form von konkreten Kostenersparnissen aus.

> **Im Bereich der Datenhaltung/Datenverwaltung bedarf es jedoch erheblicher Vorüberlegungen und zusätzlich der konsequenten Integration von netzwerkfähigen Anwendungssystemen in die betriebliche Organisation, bevor konkrete Kostenvorteile erkennbar und belegbar sind.**

Selbstverständlich wäre es kostenmäßig optimal, alle betrieblichen Daten und DV-Verfahren im Netzwerk zu integrieren und möglichst noch miteinander zu verzahnen, so daß alle erforderlichen und gewünschten Daten redundanzfrei und jederzeit und in jeder notwendigen und denkbaren Korrelation abrufbar sind.

Die Realisierung dieser Zielvorstellung ist jedoch mit erheblichem Aufwand und leider ebenfalls wieder mit Personalaufwand verbunden, denn wer soll die Umsetzung dieser Ziele planen, definieren, vorbereiten und durchführen??

Hier können Sie in aller Regel keine fertigen Lösungen kaufen und einsetzen, da in erheblichem Umfang betriebsspezifische Abläufe, Verantwortlichkeiten, eingesetzte Geräte und (DV-)Verfahren zu berücksichtigen sind.

Doch wie läßt sich nun möglichst pragmatisch die hohe Erwartungshaltung der Anwender bezüglich der Daten im Netz befriedigen und in welchen Schritten sollte man vorgehen?

1.8.1 Datenhaltung fängt im kleinen an

a) Netz-Integration und Nutzung vorhandener Daten

Wie bereits ausgeführt, existieren im PC-Bereich in den meisten Betrieben und Verwaltungen zahlreiche kleine, unterschiedliche Datendateien zu den verschiedensten Bereichen.
Manche dieser Dateien bestehen offiziell und werden in ihrer Gesamtheit oder als Extrakt ausgedruckt, vervielfältigt und verteilt, vielfach wurden sie jedoch ohne Wissen der Zentrale bzw. der Geschäftsführung erstellt, um sich die Arbeit im jeweiligen Sachgebiet zu erleichtern.
So werden z.B. in vielen Abteilungen Dateien auf Basis von

dBASE, Lotus, Excel, Word oder anderer Standardsoftwarepakete

gepflegt und zur Auswertung und Information herangezogen.

Verschaffen Sie sich zuerst einen Überblick über diese offiziellen und nicht-offiziellen Datenbestände und analysieren Sie sie nach ihrem allgemeinen Interesse und ihrer Verwertbarkeit. Häufig ist die Qualität dieser Daten hervorragend, allerdings besteht in der Regel vorerst keine Möglichkeit, sie über ein netzwerkfähiges Anwendungsprogramm im Lese- und Schreibmodus verfügbar zu machen.
Fast in jeder Firma gibt es z.B. irgendeine PC-Datei, die

- das Telefonverzeichnis,
- eine Adreßliste für wichtige Kontakte,
- die Firmenstruktur mit Abteilungsübersicht,
- ein Raumverzeichnis oder
- eine Übersicht der wichtigsten Messen,

beinhaltet. Selbst wenn es nur eine Datei aus einem Textprogramm ist, kann sie als allgemeine Netz-Informationsdatei genutzt werden, indem sie über ein simples LIST-Programm aufrufbar gemacht wird.

Die Pflege dieser Dateien (erfassen, ändern, löschen von Datensätzen) kann jedoch weiterhin (nur!) von den gleichen Verantwortlichen erfolgen wie bisher, hierdurch benötigt man dann keine speziellen Zugriffsprogramme.

Achtung:

Es ist nicht zwingend erforderlich, für jeden Datenbestand komplizierte Zugriffsverfahren mit Record-Locking, Zugriffsrechten, usw. zu erarbeiten.
Viele Datenbestände kommen mit sehr einfachen Verfahren aus, da sie nur von einer Person (und der Vertretung) gepflegt und aktualisiert werden (müssen). Trotzdem kann die Information im Rahmen von reinen Lesezugriffen im Original oder in einem in gewissen Abständen zu aktualisierenden Duplikat im Netzwerk für jeden Interessierten zur Verfügung gestellt werden.

Je nach Firmengröße und Struktur gilt diese Aussage z.B. für

- interne Telefondaten
- dezentrale Adreß- und Kommunikationsdaten
- Raumdateien
- einfache Planungsdaten
- Terminübersichten
- Ergebnisprotokolle
- Organigramme
- Produktübersichten

Es handelt sich bei allen diesen Datenbeständen zwar nur um einfache Daten, trotzdem steigt mit der allgemeinen Bereitstellung dieser Informationen die Akzeptanz im Netzwerk erheblich, zudem spart man in vielen Fällen noch den Ausdruck und die Vervielfältigung zahlreicher Seiten Papier.

Der Zugriff und die Nutzbarkeit dieser Daten sollte zu Beginn nicht von einem komfortablen Anwendungsprogramm abhängig gemacht werden. Entweder greift man auf die bereits erwähnten einfachen LIST-Programme zurück oder man stellt die Daten mit dem gleichen Anwendungssystem zur Verfügung, mit dem sie erfaßt wurden.

So können Sie z.B. dBASE-bezogene Daten durchaus ohne ein spezielles "Bedienungsprogramm" nur über dBASE verfügbar machen, dabei darf der Zugriff für die anderen Benutzer aus Novell-Sicht natürlich nur in "lesender Form" erfolgen. Hierdurch ist der Zugriff zu Beginn zwar auf weniger Benutzer eingeschränkt, trotzdem steigt die netzwerkweite Verfügbarkeit dieser Daten erheblich, da in der Regel mehrere Personen solche Standardsysteme bedienen können oder es dann zumindestens lernen.

Bei Konzentration auf wenige solcher Standardsysteme beschleunigt sich dieser Lernprozeß zusätzlich, ansonsten ist es bereits ein Gewinn, wenn z.B. je Abteilung oder Gruppe wenigstens eine Person solche Daten abrufen kann.

Neben diesen häufig schon vorhandenen PC-orientierten Daten bietet sich jedoch auch die Bereitstellung einiger HOST-Daten in eventuell selektierter oder aufbereiteter Form an. Das gilt besonders dann, wenn nicht alle Benutzer auf die vollständigen HOST-Daten zugreifen können oder dürfen.
Hier können z.B. Artikelübersichten, Kundenadressen oder auch Preislisten zusätzlich im PC-Netz verfügbar gemacht werden.

b) Datenredundanz und Verantwortlichkeit

Bei dem unter a) aufgeführten "Minimalverfahren zur Datenbereitstellung im Netz" wird neben der reinen Verfügbarmachung bei dieser Vorgehensweise übrigens ein eminenter Schritt vollzogen:

> **Sie werden feststellen, ob bzw. daß zahlreiche dieser Daten und Informationen bisher mehrfach erfaßt und gepflegt wurden.**

In größeren Firmen passiert es durchaus häufiger, daß in mehreren Abteilungen die gleichen Daten, z.B. das interne Telefonverzeichnis oder Adreßdaten auf einem PC erfaßt werden, wenn diese Informationen ansonsten nur als "Papierinformation" zur Verfügung stehen.
Aufgrund einer Bereitstellung dieser Daten im Netzwerk besteht für eine andere Abteilung dann kaum noch ein Bedarf, die gleichen Daten nochmals DV-technisch zu erfassen (vorausgesetzt, die regelmäßige und korrekte Pflege dieser Daten wird verantwortlich festgelegt und durchgeführt).
Dabei muß natürlich die Möglichkeit vorgesehen werden, daß andere Abteilungen durch entsprechende "Hinweise" an den Verantwortlichen konkreten Einfluß auf die Dateninhalte nehmen können.

> **Dieser Prozeß der Festlegung der Verantwortlichkeiten ist übrigens wesentlich wichtiger (und vielfach leider auch bedeutend schwieriger), als Sie zu Beginn dieser Aufgabe denken oder ahnen!!!**

Nach zahlreichen Erfahrungen machen die rein "DV-technischen" Probleme vielfach nur den geringeren Prozentsatz der Gesamtschwierigkeiten aus.

Es passiert häufiger, daß durch die notwendige Abbildung der Betriebsstruktur in die Daten-Netzwerkstruktur (wir beschäftigen uns im Teil II dieses Buches noch ausführlich mit dieser Thematik) falsche oder inkonsistente Organisationsabläufe aufgedeckt und bewußt werden, die zuerst eine Änderung der Organisationsstruktur bzw. Verantwortlichkeit erfordern.

Das heißt, Sie haben die technische Lösung eigentlich fertig bzw. verfügbar, müssen mit der Umsetzung bzw. Netzintegration jedoch warten, bis "jemand" die organisatorischen Entscheidungen getroffen hat (wer darf z.B. welche Daten lesen, welche Abteilung muß welche Daten pflegen, welche Daten sollen wie mit welchen anderen Informationen verknüpft werden).

c) einfache Datenbestände sind Basis für programmierte Anwendungen

Die unter a) aufgeführten einfachen jedoch auch pragmatischen Verfahren zur schnellen Integration von Daten in das Netzwerk stellen eigentlich die Vorstufe für spätere, ausgefeiltere Anwendungs- und Bearbeitungsverfahren dar.

Hierbei sind zwei Wege zu unterscheiden:

Zum einen können Sie eigene Verfahren entwickeln, bei denen jedoch die Nutzungsanforderungen nur mit gewissen Prioritäten umgesetzt werden sollten.

Wenn Sie z.B. eine 100-prozentige Lösung für alle Abfragen, Alternativen, und noch so selten vorkommenden Funktionen entwickeln wollen, ist der Entwicklungs- und Programmieraufwand erheblich.
Erstellen Sie eine Analyse der wichtigsten und am meisten vorkommenden Probleme und notwendigen Funktionen und Alternativen, dann werden Sie feststellen, daß Sie mit einem 30-50 prozentigen Programmieraufwand 90 Prozent Ihrer Daten- und Informationsbedürfnisse erledigen können.

> **Hüten Sie sich gerade im Bereich der "allgemeinen Daten" vor den Perfektionisten, die anhand weniger Ausnahmefälle die globale Anforderung definieren. Stellen Sie zuerst die Ausnahmefälle in Frage, prüfen deren Reduzierung auf Standardeintragungen bzw. nehmen lieber eine geringfügige Datenredundanz in Kauf, bevor der Analyse- und Programmieraufwand sich durch 2 Prozent Sonderfälle verdoppelt oder verdreifacht.**

Bei der aufgeführten Vorgehensweise können die programmiertechnisch nicht erfaßten Funktionen und Bereiche dann nach wie vor in einem direkten Bedienungsmodus der Standardsoftware (wie z.B. dBASE, Lotus 1-2-3, o.a.) erfragt oder gefiltert und ausgewertet werden.
Da es sich hier nur um einen geringen Anteil der Gesamtbedürfnisse handelt, genügt auch eine Einschränkung der Personen, die hierzu in der Lage sind.

Wachsend mit den Anwenderforderungen können und sollten dann auch Ihre Applikationen zunehmend funktionaler, bedienungsfreundlicher und umfassender werden, aber der steigende Aufwand (Kosten) steht dann im direkten Verhältnis zur steigenden Nutzung!
Das bedingt natürlich eine längerfristige und stufenweise Zielfixierung, damit anfängliche Realisierungen nicht später völlig modifiziert werden müssen.
Der zweite mögliche Weg ist der Einsatz von Fertigprogrammen, die auf den vorhandenen Datenstamm zugreifen können.

Nehmen Sie hierzu als typisches Beispiel einen Adreß-Datenbestand. Die Datenstruktur einer von Ihnen über dBASE gepflegten Adreß-Datenbank kann so angelegt oder angepaßt werden (auch nachträglich), daß ein beliebiges, auf dem

Markt erhältliches und z.B. auf DBF-Dateien basierendes Adreßprogramm Ihre Daten lesen, verwerten und verfügbar machen kann.

1.8.2 Informationen sind auch Daten

Wie bereits mehrfach in vorangegangenen Abschnitten erwähnt, ist die Informationsverarbeitung ein sehr wesentliches Kriterium innerhalb der Vernetzungstechnik und bei den Vernetzungszielen.

Bei genauerer Betrachtung dieser Informationsverarbeitung stellt man jedoch fest, daß es sich eigentlich doch wieder um Daten handelt.
Dabei kann es sich um die unterschiedlichsten Datenbestände und Datenherkünfte handeln, denn insgesamt sollen diese Informationen dazu dienen, das Wissen der Benutzer über bestimmte Vorgänge, Zusammenhänge, mögliche Problem- oder Konfliktsituationen, usw. zu verbessern, damit sie ihre Aufgaben schneller und besser erfüllen können.
Ob diese Informationen nun als firmeninterne Daten vorliegen oder über im lokalen Netzwerk verfügbare Daten-CD's oder über Datenbankrecherchen von Fremdrechnern oder aus Fremdnetzen bereitgestellt werden, ist für das Ergebnis belanglos.

Schauen wir uns nun einige "Informations-Quellen" an, die man im Rahmen einer Vernetzung besonders gut zur Verfügung stellen kann. Es beginnt z.B. mit einfachen Möglichkeiten wie

- Fahrplanauskunft der Deutschen Bundesbahn
- Gesetzestexte/Vorschriften über Frei-Text-Recherchesysteme
- Postleitzahlen über Recherche-Makros
- Hotelführer
- komprimierte Firmendaten (ev. vom Host)
- Konkurrenzinformationen (Auswertungen, Produkte, Vergleiche)

Eine weitere recht effiziente Möglichkeit besteht in der Bereitstellung von

Daten-CD's über CD-ROM-Server.

In den letzten ein bis drei Jahren hat sich diese Technologie sowohl inhaltlich als auch von der Netzwerktechnik her sehr weit und sehr schnell entwickelt, so daß man heute mit relativ geringem finanziellen Aufwand ein solches Medium im Netzwerk bereitstellen kann.
Technisch gesehen können dabei mehrere verschiedene CD's gleichzeitig über Mehrfachlaufwerke oder auch alternativ (Juke-Boxen) im Netz bereitgestellt werden. Die inzwischen auf CD's verfügbare Themenvielfalt ist erheblich und Sie können auf die verschiedenartigsten Informationen zugreifen:

- Verzeichnis der lieferbaren Bücher (VLB)
- ISIS-Software Report (Unix-, PC- oder CAD-orientiert)

- Wer liefert Was?
- Firmenprofile
- Übersetzungshandbücher in verschiedenen Sprachen (Dictionary)
- grafische Stadtpläne mit Straßensuche (City-Falk-Pläne)
- Übersicht der DIN-Normen (Perinorm)
- neue Postleitzahlen

Neben diesen extern zusammengestellten CD-Informationen, die von Ihnen einmalig oder mit regelmäßigem Update-Service beschafft werden müssen und deren Preis sich u.a. an der Anzahl der Update's und an der Anzahl der über das Netz gleichzeitig aufrufenden Benutzer richtet, können Sie auch eigene Datenbestände auf CD's bringen und Ihren Netzwerknutzern verfügbar machen.

Das bietet sich z.B. dann besonders an, wenn Sie umfangreiche Datenbestände einerseits archivieren müssen, bei Bedarf jedoch wiederum jederzeit und flexibel auf diese Daten zugreifen können müssen.
Wenn Sie z.B. für ein abgeschlossenes Projekt eine umfangreiche Dokumentation erstellt haben und bei Kundennachfragen jederzeit auf Ihre damaligen Spezifikationen zugreifen können möchten, bietet sich die Erstellung und Bereitstellung eigener Daten-CD's an.

Der nächste technische Schritt zur Informationsbereitstellung ist die "Weitverkehrskommunikation", also die Nutzung von Verbindungsdiensten, wie sie in der Regel von der Telekom bereitgestellt werden. Hierunter fallen Verbindungsmöglichkeiten wie

- Modemverbindung (Telefonmodem) zu anderen Rechnern
- Datex-P
- Datex-J (BTX)
- ISDN

Die Grenzen zwischen Information und Kommunikation sind dabei relativ fließend, in diesem Abschnitt geht es jedoch überwiegend um die reine Datenbereitstellung und nicht um die Kommunikation mit anderen Personen.

Über die verschiedenen technischen Verbindungen (siehe oben) lassen sich von verschiedenen Rechnern in Deutschland oder anderen Ländern Informationen, also Daten, zu einer äußerst breit gefächerten Thematik abrufen.

Das umfaßt u.a.

- Patent-, Rechts-, Medizin- und Chemierecherchen
- Firmenprofile, Statistikinformationen, Branchen-Kenndaten
- technische Informationen jeglicher Art
- betriebswirtschaftliche Daten
- wissenschaftliche Daten

Weltweit stehen Daten in mehreren tausend Datenbanken auf zahlreichen Host-Rechnern zur Verfügung, für die ein Benutzer in der Regel ein Paßwort und Nutzungsrechte benötigt. Die Abrechnung erfolgt dann auf der Basis der abgerufenen Informationen und kann für eine Recherche durchaus mehrere Hundert Mark betragen, bei einer schlechten Abfragesystematik des "Rechercheurs" auch wesentlich mehr.

Auch wenn diese Preise auf den ersten Blick nicht ganz niedrig erscheinen, muß im Vergleich die tage- und wochenlange Suche gleichwertiger Informationen in Bibliotheken, Zeitschriften, usw. gesehen werden, die aufgrund des hohen Personalanteils deutlich teurer ist.

1.9 Kommunikation im Netzwerk

Im Gegensatz zur reinen Information handelt es sich bei der Kommunikation überwiegend um eine Verbindung zwischen Personen, auch wenn sie rechnerorientiert und vorwiegend zeitversetzt abläuft.

Kommunikation ist Kontakt, Austausch, Information und Motivation

Die bisherigen technischen Kommunikationsverfahren beschränken sich im wesentlichen auf Telefon, Telex und Telefax. Während das erste Verfahren somit rein mündlicher Natur ist und alle gehörten Informationen erst wieder als Daten geschrieben und abgelegt werden müssen, erzeugen die beiden anderen Verfahren zwar Papierergebnisse, ihre unmittelbare Weiterbearbeitung ist jedoch nicht möglich.
Unter Kommunikation versteht man nun wesentlich weitergehende Möglichkeiten, die unter anderem die Bereiche

- Datenaustausch
- Informationsaustausch (z.B. "ich komme morgen später")
- Weiterverarbeitung
- Projektkoordination

umfaßt und sowohl "haus- bzw. betriebsintern" als auch mit externen Partnern erfolgen kann.
Während die "interne" Kommunikation in der Regel mit einfachen Verfahren bereitgestellt werden kann, sind die technischen Leitungs- und Verbindungsprobleme, die zu beachtenden Schnittstellen, Protokolle und Übertragungsverfahren bei der sogenannten Weitverkehrskommunikation wesentlich aufwendiger und sensibler.

Vor diesem Hintergrund ist deshalb auch die Forderung zu sehen, daß die Weitverkehrskommunikation grundsätzlich zentral abgewickelt werden sollte, da nur so die technischen und verfahrensmäßigen Probleme bewältigt werden können und die Kosten im Überblick bleiben.

Teil II

Probleme und Lösungskonzepte bei der Organisation eines Netzwerkes

2 Struktureller Aufbau der Serverorganisation

Zu Beginn eines Netzwerkaufbaus und einer Serverinstallation klingt diese Überschrift überzogen und wird von vielen Betreuern, Betreibern und Netzverantwortlichen manchmal eher belächelt.

> **"Was soll dieser Aufwand?**
> Nach Installation des Netzwerk-Betriebssystems (z.B. Novell NetWare) können die Arbeitsplatz-PC's doch zugreifen und alles funktioniert und ist in Ordnung!"

Diesen und ähnlichen Argumenten sieht man sich immer wieder gegenübergestellt und genau diese Denk- und auch Handlungsweise beeinträchtigt die konsequente, effiziente, funktionierende und benutzerakzeptierte Integration eines Netzwerkes in die betriebliche Ablauforganisation.

Das im ersten Augenblick harmlos wirkende Thema einer "Strukturierten Serverorganisation" und die damit verbundenen Überlegungen, Techniken und Verfahren sind für den späteren organisatorischen und administrativen Aufwand bei der Netz- bzw. Serverbetreuung jedoch äußerst entscheidend.
So kann z.B. durch geschickte und den zu erwartenden Benutzerbedürfnissen und Anwendungen angepaßte Platteneinteilungen u.a. die spätere Eintragung von Benutzern und die Vergabe von Rechten einfach gemacht oder im anderen Fall auch sehr kompliziert und aufwendig werden.

Vielfach entscheidet sich nämlich bereits zu Beginn einer Serverinstallation, wie hoch der spätere Arbeits- und Administrationsaufwand wird, wenn zahlreiche Anwendungen installiert und zahlreiche Benutzer eingetragen sind und der typische "Tagesbetrieb" mit Änderungen, Updates, Backups, Zugriffsrechten, usw. beginnt.

So können wir z.B. aus eigener (z.T. mühe- und leidvoller) Erfahrung berichten, daß wir heute bei mehr als 200 eingetragenen Benutzern einen deutlich geringeren Administrationsaufwand betreiben müssen als zu Beginn des Netzwerkaufbaus mit ca. 20-40 Benutzern.
Neben diesen administrativen Auswirkungen beeinflußt die gute oder schlechte Serverorganisation auch die späteren Probleme der Datenverwaltung, der Da-

tensicherheit und des Datenschutzes, ja sogar erste Weichenstellungen für die Virengefährdung bzw. den präventiven Virenschutz erfolgen hier.
Klare und überschaubare Serverstrukturen ermöglichen eindeutige Rechtestrukturen und bilden somit die Basis für die später in Kapitel 4 aufgeführten Sicherheitsstrategien.

In den nachfolgenden Abschnitten finden Sie darum viele grundlegende Betrachtungen, Informationen und Tips zu den elementaren Strukturen, mit deren Beachtung und Einrichtung die Weichen für die spätere Effizienz der Netzwerkbetreuung gestellt werden.

2.1 Plattenorganisation ist das A und O

Wenn ich hier von Plattenorganisation spreche, meine ich nicht die technische Seite, ob und wie man Platten duplizieren oder spiegeln sollte, ob Sie Plattensubsysteme einsetzen sollten oder ob wenige große SCSI-Platten ausfallsicherer sind als mehrere kleine. (Zu dieser Thematik finden Sie konkretere Hinweise und Beispiele in der allgemeinen Literatur zu dieser Thematik, u.a. in den Novell Arbeitsbüchern dieses Verlages.)

Ein Server in einem PC-Netzwerk hat zwar eine andere, jedoch ähnlich bedeutende Funktion wie ein Zentralrechner; daher gelten auch ähnliche Regeln und Verfahren für seine Installation und die Aufteilung der Platten.

So gibt es bei jedem Rechnersystem vom Host über Minicomputer über PC-Server bis hin zu den Arbeitsplatzcomputern die funktional unterschiedlich zu behandelnden Bereiche

- Systemsoftware,
- Anwendungssoftware und
- Daten.

Bereits bei dieser groben Einteilung gelten stark unterschiedliche Verfahren und Bedürfnisse hinsichtlich der Zugriffsrechte, der Sicherheitsbedürfnisse, der Backup-Verfahren und des Update-Bedarfs.

2.1.1 Plattenbereiche

Wenn man sich die Zuordnung und Eingruppierung der Software bzw. der Informationen und Daten auf den Plattensystemen und die damit verbundenen Konsequenzen nun im Detail ansieht, lassen sich folgende Gesetzmäßigkeiten erkennen:

2.1.1.1 Systemsoftware

Es gibt immer einen systemorientierten Bereich, dem z.B. das (Netzwerk-) Betriebssystem, ergänzende Systemtools, grundlegende Benutzerinformationen/Rechte, zusätzliche und ergänzende Systemprozesse, ev. auch DOS- oder andere Betriebssystem-Versionen für die Arbeitsplatz-PC's zugeordnet werden müssen.

Dieser Bereich macht üblicherweise nur den kleineren Teil des gesamten Plattenbedarfs des Serversystems aus. Er ist gekennzeichnet durch relativ geringen und zudem nicht kontinuierlich anfallenden Änderungsaufwand, bzw. nur wenige Daten wie z.B. die Bindery bei NetWare sind davon betroffen.
Desweiteren dürfen die Systemdaten/-Programme von den "Normalnutzern" nur genutzt (gelesen), in der Regel jedoch nicht geändert oder sogar gelöscht werden.

Das heißt also, daß für diesen gesamten Systembereich (unter NetWare also z.B. der Bereich SYS) einerseits seltener ein Gesamt-Backup erfolgen muß und andererseits die Zugriffsrechte eingeschränkt vergeben werden können bzw. müssen (z.B. kein WRITE-, CREATE-, ERASE- oder MODIFY-Recht).

2.1.1.2 Anwendungssoftware

Dieser zweite Bereich beinhaltet die eigentlichen Softwarepakete (Standardsoftware, Anwendungen, Applikationen), die bei Netzwerkbetriebssystemen in der Regel von Fremdanbietern kommen oder gegebenenfalls auch betriebliche Eigenentwicklungen sind.

Dieser Bereich läßt sich anwendungsorientiert sehr sauber in hierarchisch strukturierte Unterabschnitte (Kataloge, Directories) einteilen, bei denen möglichst streng darauf geachtet werden muß, daß keine Vermischung mit den eigentlichen Daten stattfindet. So gehört z.B. das Adreß-Verwaltungsprogramm typischerweise in diesen Bereich, die eigentlichen Adreß-Daten jedoch nicht.

Diese Einteilung und Zuordnung bewirkt, daß auch hier nur geringfügige Backup-Bedürfnisse bestehen, da nur bei Änderung einer bestehenden Softwareinstallation (Update, Treiberergänzung, usw.) oder bei Installation eines neuen Softwarepaketes eine Sicherung dieses (Teil-) Bereiches erforderlich wird.
Desweiteren dürfte bei Softwareanwendungen grundsätzlich kein Bedarf bestehen, einem "normalen" Benutzer für diesen Plattenbereich ein WRITE-, CREATE-, MODIFY- oder gar ERASE-Recht zu geben. Leider halten sich nicht alle Softwareanbieter an diese (Teilungs-)Systematik und Anforderung, wie in Kapitel 3 noch ausführlicher dargestellt wird.

Bei dieser Art der Plattenspeichereinteilung und Zuordnung lassen sich dann mit wenigen, hierarchisch angeordneten User- bzw. Gruppenrechten die Zugriffe auf die verschiedenen Anwendungssysteme ermöglichen bzw. regeln.
Durch diese Einteilungssystematik erhalten Sie zudem trotz der einfacheren Rechtezuordnung eine deutlich höhere Sicherheit der Anwendungen, da kein Benutzer die von Ihnen vorgenommen Installationen verändern oder zerstören kann und die Gefahr fehlerhafter Rechtedefinitionen äußerst gering ist.

2.1.1.3 Datenbereich

Der dritte Bereich beinhaltet die eigentlichen betrieblichen Daten zentraler oder dezentraler Natur. Hier stehen also die Artikeldaten, die Adressen, die Fakturierungsdaten, Personalinformationen, usw. sauber eingeteilt in Kataloge und Unterkataloge.
In diesem Bereich besteht natürlich ein sehr hoher Backup-Bedarf, da sich diese Daten täglich ändern, für die Firma eine immens hohe Bedeutung haben und ihre Wiedergewinnung bei einem ev. Verlust in der Regel äußerst zeit- und kostenintensiv ist.

Desweiteren besteht hier der Zwang zu äußerst detailliert, z.T. sogar zu akribisch vergebenen Benutzerrechten. Hier muß benutzerbezogen sehr exakt, manchmal sogar bis zur Dateiebene, ein WRITE-, CREATE- oder ERASE-Recht vergeben werden und auch die READ- bzw. FILE SCAN-Rechte sind sorgfältig zu überlegen und einzusetzen.
Bei diesen Rechtevergaben ist auch die exakte Konsistenz zwischen den paßwortgeschützten Zugriffsrechten innerhalb der Anwendungsprogramme und den separat zu vergebenden Zugriffsrechten auf der Ebene des Netzwerk-Betriebssystems sicherzustellen.

Der aufgeführte und insgesamt zu betrachtende Datenbereich teilt sich genaugenommen wiederum in drei funktionale und unterschiedlich abzulegende und abzusichernde Bereiche auf:

- Zentraler Datenbereich
- Dezentrale Datenbereiche
- Personenbezogene Datenbereiche (Benutzer-Arbeitsbereich)

Während im **Zentralen Datenbereich** die abteilungs- und organisationsübergreifend zu bearbeitenden (oder interessierenden) Daten abgelegt sind, sind die **Dezentralen Daten** im reinen Zuständigkeitsbereich einer Abteilung oder Organisationseinheit.
Hier gibt es vielfach Irritationen, da z.T. fließende Grenzen existieren und es durchaus Daten gibt, die zwar dezentral von und für eine Abteilung erfaßt und gepflegt werden, die aber trotzdem ein so hohes Allgemeininteresse haben, daß sie zentral verfügbar sein sollten.

Der hier definierte dritte **(personenbezogene) Datenbereich** wird zwar vielfach nicht gesondert ausgewiesen oder berücksichtigt, sollte nach den bei uns gemachten Erfahrungen aufgrund seiner deutlich anderen Funktion und den damit verbundenen Konsequenzen jedoch unbedingt als eigenständiger Bereich gesehen und behandelt werden.
Auch die hier u.a. notwendigen Strukturierungen, Rechteverteilungen und Größendefinitionen unterliegen anderen Ordnungskriterien und müssen andere Bedürfnisse berücksichtigen.

Es handelt sich bei diesen sogenannten Benutzer-Arbeitsbereichen (vielfach auch **HOME-Directories** genannt) um einen von Usern neben ihrem vorhandenen lokalen Disketten- oder Festplattenlaufwerk benötigten Speicherbereich. Hier werden Daten abgelegt, die z.B. aus Textsystemen entstehen, über das Netzwerk verfügbar sein sollen, jedoch keinen zentralen und allgemein interessierenden oder verfügbaren Charakter haben.

Hierüber läßt sich z.B. sehr einfach und übersichtlich die Zusammenarbeit in den einzelnen Abteilungen aufbauen und die jederzeitige gegenseitige Informationsbereitstellung bezüglich der zu bearbeiteten Aufgaben sicherstellen (näheres hierzu in den nachfolgenden Abschnitten und Beispielen).

2.1.1.4 PC's mit oder ohne Plattenspeicher

In diesem Zusammenhang gibt es häufig tiefgehende Diskussionen hinsichtlich des grundsätzliches Bedarfs von lokalen Speichermedien wie Disketten, Festplatten und Streamern für "normale" PC's an den Arbeitsplätzen.

Ohne in diesem Zusammenhang eine grundlegende Betrachtung vorzunehmen, ist für die meisten betrieblichen Anwendungen und besonders hinsichtlich der multifunktionalen Nutzung der PC's aus unserer Erfahrung und Beobachtung der Einsatz von plattenspeicherlosen PC's nur in sehr wenigen Fällen sinnvoll und praktikabel einsetzbar und darum empfehlenswert.

Die immer wieder aufgeführten Nachteile hinsichtlich

- "Datenveruntreuung",
- mangelnde Kontrolle hinsichtlich von Daten und Software,
- unkontrollierbarer DOS-Einsatz,
- Virengefahr, usw.

sind in der Praxis besser beherrschbar als häufig befürchtet, und verursachen zudem weniger Probleme als die "Degenerierung" der PC's zu reinen intelligenten Terminals ohne Speichermedien.

Sowohl in diesem als auch im dritten und vierten Kapitel finden Sie gerade zu dieser Thematik immer wieder Hinweise und Anregungen, um mit Hilfe einer klaren Serverorganisation dafür zu sorgen, daß auch der Einsatz von PC's mit Platten und Disketten keine gravierenden Sicherheitsprobleme verursacht.

2.1.1.5 Platteneinteilung in Volumes

Aus den oben aufgeführten Gründen bestehen also unterschiedliche Speicher- bzw. Organsationsbedürfnisse für die folgenden vier globalen Bereiche

- Betriebssystem und Systemfunktionen
- Bereitstellung von Anwendungssoftware
- Datenverwaltung
- Benutzer-Arbeitsbereiche

Schaut man sich nun die zur Verfügung stehenden NetWare-Instrumentarien für eine solche Aufteilung an, so kristallisiert sich eine Aufteilung in

VOLUMES

als die effektivste Einteilung heraus. Hiermit ist eine feste Größeneinteilung einer Platte möglich, ohne daß hierfür besondere Prüfmechanismen des Betriebssystems aktiviert werden müssen.
Teilt man die aufgeführten Bereiche nur in Kataloge ein, so hat man den Nachteil, daß die Kontrolle einer gewissen Größen- bzw. Umfangsbeschränkung dieser Kataloge nur über zusätzliche Definitionen und Systemkontrollen erfolgen kann. Hierzu müßten also Accounting-Aktivitäten definiert und gestartet werden, die wiederum deutliche Systemressourcen des Servers wie z.B. Rechenzeit benötigen.

Führt man keine Größenbegrenzung bzw. keine Größenkontrolle ein, kann es sehr schnell passieren, daß Netzwerkbenutzer aufgrund der Schreibrechte in ihren Verzeichnissen ihre Kataloge unkrontrolliert "aufblähen", so daß in den wichtigen Systembereichen kein Platz mehr bleibt und selbst der Supervisor keine Schreibmöglichkeit mehr hat, bevor er nicht andere Daten/Informationen löscht.

Hinweise zu Volumes

Nähere und weitere Informationen hinsichtlich dieser von uns empfohlenen Basiseinteilung der Festplatten in Volumes finden Sie wiederum in der allgemeinen Novell Literatur. Ausführliche und insbesondere NetWare-spezifische Befehls-Informationen können Sie auch den Novell Arbeitsbüchern 3.11, Band I und II entnehmen, die im gleichen Verlag erschienen sind.

In den folgenden Abschnitten betrachten wir die aufgezeigten vier Teilbereiche nun anhand von einigen konkreten Beispielen etwas genauer.

2.1.2 Betriebssystem und Systemfunktionen

Die Gründe für die separate Bereitstellung dieses Bereiches wurden oben aufgeführt. Bereits bei der Installation von NetWare wird standardmäßig das Volume SYS: mit seinen Katalogen

SYSTEM
PUBLIC
LOGIN
MAIL

eingerichtet. Bei der "Standardinstallation" möchte das Volume SYS: dabei sogar die gesamte Platte für sich beanspruchen.

Es ist nun nicht empfehlenswert, eigene Systemdaten, Programme, Systemtools u.ä. in diese von NetWare eingerichteten Kataloge zu integrieren. Einerseits geht sehr leicht der Überblick verloren, welches dieser Programme nun tatsächlich zum Lieferumfang von Novell gehört und somit ein Bestandteil von NetWare ist, andererseits ist bei Systemupdates oder bei Sicherungskopien immer eindeutig, welche Bereiche jeweils davon betroffen sind.

Für diesen Plattenbereich SYS: gibt es also **zusätzliche Speicherbedürfnisse** für Aufgaben und Funktionen wie:

- eigene oder gekaufte Administrationstools wie Backup-Programme, ev. Gateway-NLM's, usw.
- ergänzende Systemtools wie Anti-Virenprogramme, Norton-Utilities, usw.
- Programme und Dateien zur Ablaufsteuerung und Bedienerführung, Bedienungs-Menü, Batch-Steuerungen, usw.
- Ablage und Aufruf von DOS-Betriebssystemen, MS-DOS 5.0, OS/2, usw.

für die eigenständige Kataloge in diesem VOLUME angelegt werden sollten.

So ist z.B. für spätere Arbeitserleichterungen bei der Einrichtung und Pflege Ihrer (DOS-) Arbeitsstationen u.a. die Integration vollständiger DOS-Verzeichnisse (oder auch anderer Systeme) auf den Serverplatten eine sehr sinnvolle Maßnahme, dabei können dann auch unterschiedliche DOS-Versionen berücksichtigt werden.
Wie man diese auf dem Server abgelegten DOS-Versionen dann bei der Netzwerkintegration der PC's sinnvoll nutzen kann und die damit zusammenhängenden Möglichkeiten der automatischen Zuordnung des richtigen DOS-Verzeichnisses beim Mapping einsetzt, finden Sie im Kapitel 3.

Insgesamt könnte Ihr **Volume SYS:** unter Berücksichtigung der aufgezeigten zusätzlichen Anforderungen dann so aussehen, wie in Abbildung 2-1 dargestellt.

Für die dabei beispielhaft aufgeführten weiteren parallelen Kataloge wie DOS, MENUE, oder TOOLS im Volume SYS gelten prinzipiell die gleichen Rechte-, Sicherheits- und Backup-Kriterien wie für die NetWare-orientierten Systemprogramme und Systemdaten.

Katalog	Unterkataloge		Bemerkungen
SYSTEM			durch Novell angelegt
PUBLIC			durch Novell angelegt
LOGIN	....		durch Novell angelegt
MAIL	....		durch Novell angelegt
MENUE	MENUE-PRO		Menü-"Programme"
	TEXTE		Texte fürs Menü
	BATCHES		Batchaufrufe
DOS	DOS31		Version 3.1
	DOS33		
	DOS50		
	DOS60		
TOOLS	PCTOOLS	......	
	XTREE	......	
	VIREN	ANTIVIR	
		MCAFEE	
		....	

Abbildung 2-1: *Katalogstrukturen im Volume SYS:*

Zwar läßt sich darüber diskutieren, ob ein Tool wie z.B. Norton-Utilities zu den System- oder zu den Anwendungsprogrammen gehört, bei späteren Arbeitsaufteilungen hinsichtlich Systemadministration und Anwendungsverwaltung erweist sich diese Einstufung allerdings als praktisch.
Unabhängig davon ändert sich auch bei einer anderen Verfahrensweise an der grundsätzlichen Notwendigkeit der funktionalen Trennung in verschiedene Plattenspeicherbereiche nichts.

2.1.3 Bereitstellung von Anwendungssoftware

Die Intensität der Strukturierung dieses Verzeichnisses (Volumes) richtet sich natürlich nach der Anzahl der verschiedenen Softwaresysteme, die zur Zeit oder absehbar bei Ihrem System eingesetzt werden sollen.

Je nach Einsatzart, betrieblicher Orientierung und Umfang der angestrebten Netzwerk-Funktionalität kommen Softwareanwendungen wie

Standardapplikationen
(Text-, Kalkulations-, Grafik-, Datenbanksysteme),

allgemeine betriebliche Anwendungspakete
(Fakturierung, Einkauf/Verkauf, Lagerhaltung, usw.),

branchenspezifische Anwendungen
(Verlage, Zahntechnik, Börsengeschäfte, Speditionswesen, usw.)

"Informations"-Anwendungen
(CD-ROM's, Datenbankrecherchen, BTX, usw.)

Kommunikationsdienste
(Mailing, Terminalemulationen wie TCP, 3270, usw., FAX, usw.)

Programmiersoftware
(Programmiersprachen, Entwicklungs-Tools, Debugger, CASE-Tools)

in Frage, die möglichst sauber entsprechenden Katalogen bzw. Unterkatalogen zugeordnet werden sollten.
Neben den einfacheren Rechtezuordnungen ist auch für die sonstige Arbeit eine solche Zuordnung und "Strukturierung" der Softwarepakete äußerst vorteilhaft. Zum einen kann für alle nachvollziehbar eine Software immer im "richtigen" Bereich abgelegt bzw. gefunden werden (bei einem sehr multifunktionalen Softwareangebot ist das nicht immer ganz einfach), desweiteren bedingt gerade die Netzwerkverwaltung mit mehreren Administratoren eine solche "saubere" Einteilung, damit alle nach den gleichen Richtlinien und Prinzipien vorgehen.

Das folgende Beispiel ist aufgrund seiner geringen Funktionalität sehr übersichtlich und beinhaltet durch die hierarchische Struktur gleichzeitig die Möglichkeit, die Zugangsrechte für die Benutzer im Prinzip über wenige Gruppen-Definitionen festzulegen.

Katalog	Unterkataloge	Bemerkungen
SPRACHEN	PASCAL	
	C	
	BASIC	
PAKETE	WORD55	Textsystem Word 5.5
	WORD60	Textsystem Word 6.0
	DBASE4	DB-System dBASE IV
	LOTUS	Kalkulationssystem
ANWENDUNG	LAGER	
	ADRESSEN	
	KUNDEN	
	WERBUNG	
	TEL-NR	
	ARTIKEL	

Abbildung 2-2: *Einfache Strukturierung des Volume SOFTWARE:*

Wenn die Anwendungssoftware über eigene Paßwörter geschützt ist und keine Bedenken bestehen, für die Kataloge SPRACHEN und PAKETE den Zugang relativ freizügig zuzulassen, ließe sich der Novell-orientierte Zugriff bereits nur durch die Rechte auf das Volume SOFTWARE festlegen. Ansonsten müssen für die drei Verzeichnisse SPRACHEN, PAKETE und ANWENDUNGEN jeweils eigene Rechte definiert werden.

Näheres zum Thema Rechtevergabe finden Sie im Abschnitt 2.2.

Bei der Integration vieler Softwareprodukte auf einem Server und damit dem Aufbau einer hohen Funktionalität entstehen natürlich wesentlich umfangreichere Verzeichnisstrukturen. Eine komplexere Variante der Strukturierung des **Volumes SOFTWARE** könnte z.B. so aussehen:

Katalog	**Unterkataloge**			**Bemerkungen**
SPRACHEN	PASCAL	TURBOPAS31		Turbo Pascal 3.1
		TURBOPAS50		
	C	TURBOC		
		TURBOCPLUS		Turbo C++
	COBOL	MS-COBOL	SYSTEM	
			TUTOR	
TEXT	WORD	WORD55	WORD55	
			TREIBER	
			TUTOR	
		WINWORD		
	WP	WP40		WordPerfect 4.0
		WP51		
DATENBANK	DBASE	DB3		dBASE 3 Plus
		DB4		dBASE IV
	INFORMIX	INF25		
ANWENDUNG	LAGER			
	EINKAUF			
	ADRESSEN			
	TEL-NR			Telefonverz.
KOMMUNIKA	MAIL	RETIX	KAT-1	Kommunikation
		OCP	MHS	Mailingsystem
			GATEWAY	Mail-Gateway
	FAX	GATEWAY		
	BTX	MBP	DBT03	
			ISDN	
			GATEWAY	
	DATEXP	ASYN	PARTNER1	
			PARTNER2	
		SDLC		
	TCPIP	TELNET		
		FTP		
SCHULUNG	DOS	DOS50		
	WORD	WORD55		
		WINWORD		
	UNIX	SCO		

Abbildung 2-3: *Komplexere Strukturierung des Volume SOFTWARE:*

Die etwas "gewürfelt" wirkende Softwarezusammenstellung soll die Art der Strukturierung verdeutlichen, selbstverständlich müssen Sie für Ihre Verhältnisse eigene, sinnvolle Verzeichnisbäume entwickeln und definieren. Um auch hier einfache Verfahren der Rechtevergabe für die Gruppen und User realisieren zu können, sind möglichst saubere Verzeichnisbäume wichtig, die z.B. von vornherein Produktgruppen und damit vielfach Nutzerzielgruppen berücksichtigen.

Für die Erstellung einer solchen hierarchisch-komplexen Katalogstruktur muß - nicht nur aus Gründen der späteren Rechtezuordnung - jeweils ein Mittelweg zwischen der Tiefe und der Breite der Verzeichnisbäume gefunden werden, um weitestgehend die Übersicht zu erhalten. Werden **alle** Softwaresysteme in parallelen Katalogen abgelegt, geht diese Übersicht natürlich verloren.

Wie eigentlich bei jedem Plattendateisystem (z.B. bei Ihrem eigenen PC zu Hause) sollte eine Verzeichnisstruktur nie mehr als eine (bis maximal drei) Bildschirmseite umfassen. Das heißt, daß alle Unterkataloge eines Verzeichnisses auf einer Seite im Überblick sind.
Damit ist natürlich nicht gemeint, daß Sie die vorhandenen 50, 100 oder 250 Einzeldateien eines bestimmten Softwarepaketes jetzt mit aller Gewalt in kleine Portionen "hacken" und auf verschiedene Kataloge verteilen!

Unter Berücksichtigung der aufgeführten Vorgaben haben Sie jetzt einen gewissen Anhaltspunkt, wann und wie Sie eine solche Aufteilung der Software in Kataloge und Unterkataloge unter Zugrundelegung Ihrer Anwendungen vornehmen können.

2.1.4 Daten und "HOME-Directorys"

Wie bereits dargestellt, umfaßt der Datenbereich eigentlich drei verschiedenen Bedürfnisse:

zentrale Daten
dezentrale und
Benutzerdaten (persönliche).

Auch die Gliederung und Strukturierung dieser Bereiche ist nicht pauschal definierbar, sondern hängt natürlich ebenfalls von den jeweiligen betrieblichen Verhältnissen und funktionalen Anforderungen ab und kann darum nur ansatzweise verallgemeinert werden.

Der Bereich der **Zentraldaten** ist dabei noch am einfachsten zu strukturieren, da im Prinzip jede Anwendung die entsprechenden Daten in einem eigenständigen Katalog abzulegen hat.

Sobald wir uns mit den **dezentralen Daten** beschäftigen, müssen wir die betrieblichen Organisationsstrukturen berücksichtigen und abbilden. So ist es z.B. naheliegend, daß die Abteilungen wie Lager, Rechenzentrum, Verwaltung, usw. oder eine Unterabteilung wie die Personalabteilung jeweils eigene Katalogbereiche erhalten, um jeweils die von ihnen "erzeugten" Daten ablegen zu können. Damit sind jetzt allerdings nur die wirklich dezentralen, gruppenorientierten Daten gemeint, die also nur für diese Abteilung relevant sind und nur dort wieder benötigt werden.

Neben diesen abteilungsorientierten Daten gehören die **Benutzerdaten** ebenfalls in eigene Kataloge (auch HOME-Directorys bezeichnet), die dann jedoch auch wieder entsprechend der betrieblichen Organisationsstruktur zu ordnen bzw. zusammenzufassen sind. Diese Zusammenfassung der Mitarbeiterverzeichnisse einer Abteilung beinhaltet wesentliche Vorteile bzw. ist in vielen Fällen ein zwingendes Muß.

Werden nämlich unter einem abteilungsorientierten MITARBEITER-Verzeichnis die HOME-Kataloge zusammengefaßt, kann durch sehr einfache Strukturierung der späteren Gruppen- und Userrechte dafür gesorgt werden, daß jeder Mitarbeiter einer Abteilung die Daten, Aufzeichnungen oder Textentwürfe seiner unmittelbaren Kollegen lesen, jedoch nicht ändern kann.
Das häufig vorgebrachte Argument, diese oder jene Texte, Schreiben, Datensätze oder Entwürfe darf mein Kollege oder Vorgesetzter nicht einsehen, ist in der Regel unsinnig.
Innerhalb einer Gruppe oder kleineren Abteilung muß hinsichtlich der dienstlichen Obliegenheiten (und nur über solche Daten diskutieren wir hier) alleine aus Gründen der Vertretungsmöglichkeit bei Krankheit, dienstlicher Abwesenheit und Urlaub ein hochgradiger Informationszugriff möglich sein. Der Zugriff auf die entsprechenden Akten oder Zentraldaten ist in der Regel sowieso gegeben und wird durchaus als nötig und sinnvoll angesehen.

Nun gibt es **zwei verschiedene Möglichkeiten der katalogmäßigen Abbildung** der Organisationsstruktur. Beide Verfahren haben Vor- und Nachteile, zur besseren Übersicht sollen beide Varianten kurz dargestellt werden.

a) Die dezentralen Daten und die Benutzer-Kataloge werden unter dem gemeinsamen Dach der Abteilung bzw. Organisationseinheit eingeordnet.

b) Es wird eine separate Gliederung einschließlich der organisatorischen Abbildung für die Bereiche "Dezentrale Daten" und "Benutzerdaten" aufgebaut.

1. Variante

- Abteilung-1
  - Daten
    - Daten-1
    - Daten-2
    - usw.
  - Mitarbeiter
    - Mitarbeiter-1
    - Mitarbeiter-2
    - usw.
- Abteilung-2
  - Unterabteilung-1
    - Daten
      - ......
    - Mitarbeiter
      - ....
  - Unterabteilung-2
    - ....
- Abteilung-3
  - ......

Hieran ist sofort erkennbar, daß es je Abteilung bzw. je Unterabteilung einerseits den für diesen betrieblichen Bereich eigenständigen Datenkatalog gibt und andererseits die "persönlichen" Daten der in diesem Bereich beschäftigten Mitarbeiter in jeweils eigenen Katalogen abgelegt sind.
Bei diesem Organsiationsprinzip muß die "Abbildung" der betrieblichen Organisationsstruktur also nur einmal erfolgen. Auch die Vergabe der gruppenorientierten Zugriffsrechte wird damit einfacher und Änderungen der Organisation müssen nicht redundant durchgeführt werden.

2. Variante

- Dezentrale-Daten
  - Abteilung-1
    - Daten-1
    - Daten-2
    - usw.
  - Abteilung-2
    - Unterabteilung-1
      - ....
    - ......
- Mitarbeiter-Daten
  - Abteilung-1
    - Mitarbeiter-1
    - Mitarbeiter-2
    - usw.
  - Abteilung-2
    - Unterabteilung-1
      - ......
    - ......

Bei dieser 2. Variante gibt es demgegenüber die beiden Hauptkataloge "Dezentrale Daten" und "Mitarbeiter-Daten", die jeweils die gleiche Abbildung der betrieblichen Organisationsstruktur enthalten.

Obwohl im ersten Augenblick die Zusammenfassung aller HOME-Kataloge (Mitarbeiter-Daten) aller Benutzer in einem gemeinsamen Verzeichnis vernünftig erscheint, erweist sich bei der praktischen Realisierung die erste Variante als zweckmäßiger.

Dafür gibt es verschiedene Gründe:

Zum einen beinhaltet die doppelte Abbildung der betrieblichen Struktur bei Änderungen dieser Organisationszusammenhänge auch einen doppelten Änderungsbedarf und damit die Gefahr von Fehlern und Inkonsistenzen. Wenn z.B. eine Unterabteilung aufgelöst oder einer anderen Abteilung zugeordnet wird, muß diese Änderung in beiden Katalogen (im Daten- und im HOME-Verzeichnis) identisch vorgenommen werden.
Zum anderen birgt die gemeinsame Einordnung der Bereiche (DATEN und HOME) den gravierenden Vorteil, daß bei der Rechtevergabe für einen Benutzer bzw. eine Benutzergruppe die Basisrechte wie Read und FileScan in der Re-

gel bereits ab dem Abteilungskatalog gegeben werden können (näheres hierzu im nächsten Abschnitt).

Schauen wir uns nun eine konkrete (aber immer noch unvollständige) Platten- bzw. **Volume-Struktur für den Datenbereich** an. Dabei wird deutlich, daß hier in gewissen Grenzen tatsächlich eine Abbildung der betrieblichen Organisations- und damit der Verantwortungsstrukturen erfolgt.

Katalog	**Unterkataloge**		
ZENTRAL	ADRESSEN		
	TELEFON		
	ARTIKEL		
	RAEUME		
	....		
FERTIGUNG	DATEN	PLANZAHLEN	
		STEUERUNG	
	MITARBEITER	MEIER	
		ALBERS	
		FINKE	
		....	
VERWALTUNG	DATEN	TEXT-BAUSTEINE	
		FORMULARE	
		TERMINE	
		INVENTAR	
	PERSONAL	DATEN	STELLEN
			ADRESSEN
			....
		MITARBEITER	MUELLER
			HERMANN
	EINKAUF	DATEN	LIEFERANTEN
			PREISE
			AUFTRAEGE
			....
		MITARBEITER	KUNZE
			LINKE
			....
	VERKAUF	DATEN	KUNDEN
			PREISE
			RABATTE
			......
		MITARBEITER	BIERMANN
			RAHNER
EDV-RZ	DATEN	GERAETE	
		ETHERNET-NR	
		LIZENZEN	
	MITARBEITER	BEHRENDS	
		POHLMANN	
		....	
LAGER	DATEN	AUSGANG	
		....	
	MITARBEITER	BERDORF	

Abbildung 2-4: *Beispielstruktur für das Volume DATEN:*

Lassen Sie uns die aufgeführte Plattenstruktur für den Datenbereich etwas näher betrachten.

Der Katalog **ZENTRAL** ist eindeutig und belegt die zentrale Funktion der dort enthaltenen Datenbestände sehr deutlich, eine Zuordnung zu einer bestimmten Abteilung ist nicht erkennbar. Die Pflege der dort enthaltenen Daten wird entsprechend der organisatorischen Verantwortung individuell festgelegt.

Für diesen Zentralbereich gibt es konsequenterweise keine Mitarbeiter-Kataloge, die aufgeführten Unterkataloge könnten jedoch auch weiter gegliedert sein, z.B. wäre eine Unterteilung des Adreß-Verzeichnisses in

- Kundenadressen
- Lieferantenadressen
- Mitarbeiteradressen
- Werbeadressen
- Kontaktadressen (bitte keine falschen Annahmen)

oder in weitere Unterkataloge denkbar.

Die Verzeichnisse **FERTIGUNG, VERWALTUNG, EDV-RZ und LAGER** spiegeln die Organisationseinheiten wieder und können bzw. müssen ggf. erheblich erweitert werden. Nur der Bereich Verwaltung ist in diesem Beispiel in die Unterabteilungen PERSONAL, EINKAUF und VERKAUF gegliedert, die dann ebenfalls wiederum die Verzeichnisse

für DATEN
und für MITARBEITER ausweisen können bzw. müssen.

Beachten Sie die Besonderheit, daß der Hauptkatalog VERWALTUNG einen eigenständigen DATEN-Bereich aufweist, in dem wiederum die für alle Unterabteilungen relevanten Daten (für den Verwaltungsbereich also zentral) zur Verfügung stehen. Hier könnten z.B. die für alle Unterabteilungen der Verwaltung gültigen Textbausteine, Formulare, Adreßdaten, usw. abgelegt werden. Trotzdem haben andere Abteilungen (außerhalb der Verwaltung) hierauf in der Regel keinen Zugriff.

2.1.5 Plattenbedarf

Bei Untersuchung der erforderlichen Plattenkapazitäten muß man die Bereiche:

- System
- Software
- Daten und
- HOME-Kataloge

separat betrachten und findet dabei folgende Zusammenhänge:

Beim **Systembereich** ist von einer gut vorhersehbaren Größenordnung von 20 bis 50 MegaByte auszugehen, dabei ist allerdings zu berücksichtigen, daß die in ihrem Platzbedarf nur schwer kalkulierbaren Anwendungen wie Mailing, Spooling, usw. möglichst nicht in diesem Bereich abgelegt bzw. bearbeitet werden sollten.

Der Plattenbedarf beim **Softwarebereich** ist grundsätzlich erstmal von der vorgesehenen bzw. realisierten Funktionalität abhängig, erfährt sein Wachstum dann jedoch durch zwei verschiedene Aktivitäten:

- durch den z.T. schnellen Ausbau der Funktionalität (mehr Programme, größere Plattenspeicherbedürfnisse!)
- durch den Umfang und die Art der Softwareaktualisierung (neue Programm-Releases)

Wird z.B. fast jedes Software-Update beschafft und eingespielt, wächst der Speicherbedarf erheblich, da die meisten neuen Programmreleases in der Regel einen um 20 bis 70 Prozent höheren Speicherbedarf als ihre Vorgängerversionen haben.
Erschwerend kommt dabei hinzu, daß Sie z.B. bei Standardsoftwarepaketen (wie WordPerfect, dBASE, HarvardGraphics, usw.) nicht mit Installation der neuen Software automatisch die alten Versionen löschen können.
Erstens benötigen Sie Test- und Umstellzeiten, zweitens läßt sich eine sofortige Umstellung aus Daten- oder Bedienungsinkompatibilitäten häufig nicht sofort durchführen.
Auch die eventuelle Nachschulung der Benutzer muß berücksichtigt werden, so daß in der Praxis zu Standardsoftwarepaketen oder auch Programmiersprachen häufiger zwei oder manchmal sogar drei Versionen gleichzeitig im Netz bzw. auf den Plattenträgern vorrätig gehalten werden müssen.

Der **Datenbereich** muß überschlägig auf seine vorhandenen und geplanten Bestände und Erweiterungen untersucht werden. So läßt sich z.B. für eine Adreß- oder Artikeldatei relativ einfach ein einigermaßen realistisches Bedarfsprofil errechnen, indem

- der Umfang eines Datensatzes
- die Anzahl der Datensätze und
- der notwendige Überhang für Index- und sonstige Administrationsdateien

festgestellt wird.
So besteht bei einer Datensatzlänge von 250 Byte und einer vorhandenen Datenmenge von 8000 Datensätzen bereits ein unmittelbarer direkter Speicherbedarf von

ca. 2 MByte.

Wird mit einer 50-prozentigen Erhöhung des Datenbestandes gerechnet, müßte man von 3 MByte direkten Daten ausgehen, allerdings ist hierbei der Anteil für die Index- und Reportdateien, ev. Formatdateien und auch die Bedürfnisse für Hilfsdateien noch nicht berücksichtigt. Auch die unmittelbare Sicherung z.B. einer "Basisversion" dieser Datei ist dabei nicht enthalten.

Darum sollten Sie grundsätzlich davon ausgehen, daß der wirklich erforderliche Plattenspeicherbedarf mindestens doppelt so hoch wie die errechnete Speichergröße ist.

Zusammenfassend läßt sich sagen: aufgrund der Erfahrung ist das Wachstum dieser Bereiche anwendungsbezogen definierbar und man kommt schrittweise zu konkreten Aussagen zum Plattenbedarf.

Der Bereich der **HOME-Kataloge** (die personenbezogenen Datenbereiche) ist am schwierigsten zu kalkulieren, da hierüber jeder Benutzer relativ frei verfügen können muß.
Einerseits kann jeder Benutzer beliebige Dateien erzeugen, kopieren, usw., andererseits entsteht alleine durch die Anzahl der Benutzer und den damit verbundenen umfangreichen und unkontrollierbaren Speicherbedürfnissen eine ständige Gefahr, daß der Datenbereich der Gruppe bzw. das Volume "voll" ist.
Stellen wir uns nur einmal vor, daß in einem Netzwerk mit 100 angeschlossenen PC's bei 120 eingetragenen Benutzern jeder User 40 MByte in seinem HOME-Katalog ablegen möchte (das ist nur ein geringer Teilbereich der heute angeblich ständig benötigten Festplattenbedürfnisse am lokalen PC).
Damit geraten Sie in den Zwang, nur für diesen Bereich mindestens 4,8 Giga-Byte Plattenspeicher bereitzustellen, von den anderen Plattenbereichen einmal ganz abgesehen.

Der notwendige Gesamtumfang des Datenbereiches ist ganz erheblich von der in Ihrem Netzwerk realisierten

Nutzungsphilosophie

abhängig.

- Dürfen Ihre Benutzer weitestgehend selbständig auch auf DOS oder Windows zugreifen und sie erhalten die "Freiheit", Aufgaben eigenständig mit Standardsoftwarepaketen zu bearbeiten, so ist der Speicherbedarf deutlich höher als bei der reinen Nutzung fertiger Anwendungssysteme.

- Verfügen die lokalen PC's aus Sicherheitskriterien oder sonstigen Gründen über keinerlei Plattenspeicher, ist der zentral am Server vorzusehende Plattenbedarf natürlich entsprechend hoch, da keine Aufteilung in permanent im Netzwerk benötigte Benutzerdaten und lokal abgelegte Daten erfolgen kann.

Die Rahmenbedingungen für diese von uns als "Nutzungsphilosophie" bezeichnete Art der Netzwerkrealisierung müssen, das werden Sie später auch bei weiteren Themenkomplexen wie Nutzungsakzeptanz, Bedienerführung oder Benutzerausbildung feststellen, sehr früh bedacht und grundsätzlich festgelegt werden.

Ausbau-, Reserve-, Test-, temporäre Backup- und Datenpufferbereiche

Neben den oben aufgeführten vier Plattenspeicherbereichen sind ausreichende Kapazitäten für diese Datenbereiche bzw. Anwendungsbedürfnisse vorzusehen. So ist es beispielsweise immer wieder erforderlich, kurzzeitig eigenständige Katalogbereiche für Testinstallationen bereitzustellen. Dabei kann es bei größeren Anwendungen (z.B. Test eines Fakturierungssystems oder einer CAD-Applikation) durchaus zu zusätzlichen Speicherbedürfnissen von 20, 50 oder auch 100 MegaByte kommen.

Auch die Bedürfnisse im kurzfristigen Backup-Bereich, wenn z.B. im Tagesbetrieb ein neues Softwarerelease eingespielt werden soll und die installierte vorhandene Version und die Daten sollen schnell "gerettet" werden, sind nicht unerheblich.

Auf die insgesamt errechnete Kapazität sollte aus diesen verschiedenen Gründen je nach Netzwerkstruktur und Planung ein "Aufschlag" von mindestens 30 bis 50 Prozent hinzugerechnet werden, um nicht bereits nach kurzer Zeit in Speicherengpässe zu geraten.

2.1.6 Speicherbegrenzung

Obwohl durch die bisherige Einteilung der Platten in funktionsbezogene Volumes ein erheblicher Schritt hinsichtlich fester Bereichsgrößen erfolgte, ist damit das "Vollschreiben" eines Volumes oder Kataloges nicht ausreichend abgesichert. Von den aufgeführten vier Speicherbereichen ist dabei der User-Datenbereich am problematischsten und darum ist es am zweckmäßigsten, hier mit entsprechenden Größenbegrenzungen zu beginnen.

Beim Vergleich verschiedener Alternativen zur Lösung dieses Problems, hat sich als optimalste Lösung mit dem geringsten Ressourcenverbrauch des Servers herausgestellt, die HOME-Kataloge der Benutzer in ihrer Größe zu begrenzen.
Über das NetWare-Utility DSPACE läßt sich sowohl eine Eingrenzung der Speicherkapazität eines Users in einem VOLUME, als auch die Begrenzung eines Directorys auf einen beliebigen Maximalwert wie 1 oder 4 MB festlegen.

Wird die Speichermöglichkeit eines Benutzers selber oder in einem gesamten VOLUME eingeschränkt, kann dies dazu führen, daß er zu einem bestimmten Zeitpunkt auch keine Daten mehr in eine gruppenorientierte Datei schreiben kann, für deren Pflege er z.B. zuständig ist. Da diese möglichen Verquickungen sich z.T. erst viel später ergeben können, sollten Sie von dieser Variante keinen Gebrauch machen.

Wir haben z.B. sehr gute Erfahrungen mit einer "zweigeteilten" Datenstruktur für die User gemacht.
Zum einen verfügt der Benutzer über ein eigenes Netzwerk-Laufwerk, daß in seiner Größe eng begrenzt ist (je nach Nutzerprofil 1 bis 5 MegaByte). Zusätzlich kann jeder Nutzer auf seiner "persönlichen" lokalen Festplatte Daten, Sicherungskopien, zu archivierende persönliche Dateien, usw. speichern.

Hierdurch entsteht für den Bereich der HOME-Kataloge bezogen auf unser obiges Beispiel der überschaubare und realisierbare Plattenbedarf von z.B.

120 User * 3 MB (im Mittel) = 360 MB

Durch die Größenbeschränkung seines Netzwerkkataloges sorgt der Benutzer automatisch für eine gewisse "Reinhaltung" seines Kataloges, indem er alte oder sonstige nicht mehr benötigte Dateien löscht oder lokal transferiert, wenn er seine Speicherobergrenze erreicht hat.
Diese durchaus "erzieherische" Komponente hat für die zentrale Gesamtadministration erhebliche Vorteile und wird bei entsprechender offener Begründung auch akzeptiert.

2.2 Benutzerverwaltung und Rechtestrukturen

2.2.1 Benutzer und Gruppen

Einer der Grundfehler bei der Eintragung von Benutzern ist der, daß man tatsächlich mit der Definition von Benutzern beginnt, anstatt mit der Definition von Gruppen.
Bei einem funktional ausgebautem Netzwerk kommt es sehr schnell dazu, daß für einen Benutzer 20 bis 30 Rechte eingetragen werden müssen. Bei näherer Betrachtung der Rechtestrukturen für die Netzwerk-User stellt man jedoch fest, daß es sehr viele Parallelen gibt, die man als Administrator nur in verschiedenen Gruppen zusammenfassen muß.

Die Gliederung der Netzwerknutzer in Gruppen führt dazu, daß sich durch Zuordnung eines Users zu verschiedenen Gruppen bereits ein erheblicher Anteil der erforderlichen Rechtedefinitionen erledigt.

Diese modulare Einteilung der Benutzer in Gruppen erfolgt in erster Linie entsprechend der betrieblichen Zugehörigkeit zu einer Organisationseinheit, einer Abteilung oder einer Gruppe. Für manche Aufgaben und Anwendungen kann bzw. muß die Gruppeneinteilung allerdings auch unabhängig von der betrieblichen Organisationsstruktur, nämlich entsprechend der funktionalen Aufgaben erfolgen, die häufig organisationsübergreifend sind und sich nur nach den funktionalen Zugehörigkeitsmerkmalen richten.

Demnach können sich die Gesamtrechte eines Benutzers z.B. aus den folgenden **organisatorischen Gruppen** wie:

- Abteilung (z.B. Verwaltung, Rechenzentrum, Fertigung, usw.)
- Unterabteilung (z.B. Buchhaltung, Einkauf, Organisation, usw.)
- Gruppe (z.B. Lohn/Gehalt, PC-Betreuung, usw., ...)

und/oder einigen der **funktionalen Gruppen** wie:

- Arbeitsgruppe (z.B. Datenschutz, Personalvertretung, usw.)
- Benutzergruppe (Teilnehmer am Mailing, BTX-Nutzer, FAX-Nutzer, Berechtigte für Datenbankrecherchen, usw.)

zusammensetzen.

Neunzig Prozent (und mehr) der notwendigen Benutzerrechte erledigen sich in der Regel durch diese modular aufgebauten Gruppenrechte. Damit verringert sich der Umfang der speziell für einen User einzutragenden Rechte erheblich und der Überblick über die Rechte-Situation im Netzwerk wird wesentlich vereinfacht.
Dabei kann man sich als Faustregel merken, daß in der Regel keine Schreib- oder Löschrechte an Gruppen vergeben werden sollten. Diese Zuweisung sollte grundsätzlich personenorientiert erfolgen.

Hinzu kommen dann natürlich noch die

persönlichen Spezialrechte,

die sich aufgrund dieser aufgezeigten Systematik jetzt deutlich reduzieren und bei den meisten Benutzern nur noch für den persönlichen Datenkatalog (also für das sogenannte HOME-Directory) erforderlich sind.
Nur die Benutzer, die z.B. spezielle Aufgaben der Datenverwaltung (erfassen, ändern, löschen, reorganisieren, usw.) vorzunehmen haben, müssen hierfür zusätzliche, persönliche Rechte zugewiesen bekommen.

Bei Eintragung eines neuen Users wird nur noch seine Zugehörigkeit zu den verschiedenen NetWare-Gruppen bestimmt und zusätzlich die nur für seine Person geltenden Rechte nachgetragen.

Ein weiterer gravierender Vorteil dieser Vorgehensweise ist, daß bei sich ändernden Bedürfnissen bzw. bei bestimmten Installationsänderungen jeweils nur bei der entsprechenden Gruppe eine Änderung der Rechtestruktur eingetragen werden muß und sich hierdurch die Administration wesentlich vereinfacht und die Fehlerwahrscheinlichkeit sinkt.

2.2.2 Basisrechte und Gruppenrechte

In jeder Firma/Behörde gibt es "untere" Basisrechte, die jeder Netzwerkbenutzer zugebilligt bekommt, da er sonst keinerlei Aktivitäten im Netz starten könnte. Diese Rechte lassen sich z.B. der von Novell vordefinierten Gruppe EVERYONE zuordnen. Hiermit kann z.B. der Zugriff auf das Netzwerk-Bedienungsmenü, auf spezielle NetWare-Befehle wie MAP oder SEND oder auf Informationsdateien allgemeiner Art geregelt werden.

Desweiteren bestehen in Abhängigkeit der jeweiligen Organisationseinheit wiederum Rechte, um bestimmte Informationen im Netz zu lesen, Softwarepakete zu nutzen oder um bestimmte Datenbereiche lesen zu können.
Völlig analog zu unseren Überlegungen bei der Platteneinteilung im Datenbereich sind die betrieblichen Abteilungen dann wiederum in Unterabteilungen, Sachgebiete, Gruppen, usw. eingeteilt, mit deren Zugehörigkeit weitere Netzwerkrechte verbunden sind.

Das folgende (unvollständige) Beispiel soll diese modulare Hierarchiestruktur verdeutlichen:

Gruppe	Abteilung, Unterabteilung, Sachgebiet
EVERYONE	(jeder Netzteilnehmer)
VERWALTUNG	Verwaltung
EINKAUF	Einkauf
VERKAUF	Verkauf
PERSONAL	Personalabteilung
LOHN	Lohnabteilung
GEHALT	Gehaltsabteilung
FERTIGUNG	Fertigung
DREHEREI	Dreherei
LAGER	Lager
DV	Datenverarbeitung
RZ	Rechenzentrum
ORG	Organisationsabteilung
SYSTEM	Systemgruppe
FAX	alle Teilnehmer am FAX-Dienst
X25	alle Datex-P Teilnehmer
MAIL	alle Teilnehmer am Maildienst

Abbildung 2-5: *Gruppenstruktur im Netzwerk*

Diese Gruppeneinteilung stellt im Prinzip nichts anderes dar, als die bereits im letzten Kapitel vorgenommene weitestgehende Abbildung der firmeninternen Organisationsstruktur in der Katalogsystematik.

Dabei ist die Organisationshierarchie bei der Einteilung der Rechtegruppen nicht direkt abbildbar und damit auch nicht mehr erkennbar, sondern muß vom Administrator berücksichtigt werden. So gibt es z.B. die von den Rechten her völlig eigenständigen und gleichwertigen Gruppen

- LOHN
- VERWALTUNG
- PERSONAL,

obwohl deren gleichzeitige Zuordnung zu einem Benutzer die hierarchische Struktur bzw. Zuordnung beinhaltet, daß der Mitarbeiter zur Abteilung VERWALTUNG, dort zur Unterabteilung PERSONAL und dort zum Sachgebiet LOHN gehört.
Jeder Gruppe sind eigenständige Rechteprofile zuzuordnen, das heißt z.B., daß der Gruppe Verwaltung u.a. das Leserecht im Katalog DATEN des Verzeichnisses VERWALTUNG zugewiesen wird (siehe Abschnitt 2.1.4).
Bei diesen Rechtezuweisungen für bestimmte Daten und/oder Programme ist natürlich darauf zu achten, daß neben den Leserechten für bestimmte Daten auch die hierzu erforderlichen Anwendungsprogramme für den Benutzer bzw. diese Benutzergruppe verfügbar gemacht werden und die Programme damit im Zugriff sind.

Diese Gruppeneinteilung bei der Rechtezuordnung macht natürlich nur dann einen Sinn, wenn sie parallel auch bei der Plattenorganisation berücksichtigt wurde, da nur eine entsprechende Verzahnung der Rechte mit den Verzeichnissen zu der gewünschten Effektivität der Administration und Reduzierung der Rechteeintragungen führt.

Die Rechte eines Benutzers könnten sich also nun alternativ aus den Rechten der Gruppen

EVERYONE, VERWALTUNG, VERKAUF, FAX oder aus

EVERYONE, DV, ORG, BTX, MAIL oder aus

EVERYONE, FERTIGUNG, DREHEREI zusammensetzen.

Hinzu kommen natürlich seine (nicht zwingend vorhandenen) persönlichen Netzwerkrechte, wie z.B. das Schreibrecht in seinem HOME-Katalog oder das Schreibrecht im Telefondatenverzeichnis, wenn er für die Aktualisierung dieses Datenbestandes zuständig ist.

2.2.3 Rechteprofile

Die Vergabe von Zugriffsrechten an Netzwerk- bzw. Serverbenutzer ist bei weitem kein rein technisches Problem, sondern auch hier handelt es sich z.T. um die bereits erwähnte

Nutzungsphilosophie.

Hier bestehen regelrechte Glaubenskriege, denn vielfach baut man auf der einen Seite ein sehr leistungsfähiges, hochgradig multifunktionales Netzwerk auf und verteilt demgegenüber die Nutzungsrechte nach äußerst engen und manchmal schon engstirnigen Gesichtspunkten (als würde man unkontrolliert Bargeld verteilen).

Es gibt Firmen, in denen jeder Softwarezugriff für jeden Benutzer einzeln festgelegt und zugewiesen wird. Man hat vielfach extreme Bedenken, daß z.B. eine Sekretärin statt des vorgesehenen Textprogramms ein anderes im Netz verfügbares System einfach mal zum Test vergleichsweise nutzen möchte.
Oder daß ein Sachbearbeiter eigenständig ein Kalkulationsprogramm nutzen will, ohne explizit hierfür autorisiert worden zu sein.

Entgegen früherer Praxis soll ein Netzwerk dem Benutzer ja gerade mehr Alternativen und Verfahren für die Lösung seiner Probleme durch Bereitstellung von mehr Funktionen bieten.
Zusätzlich muß aufgrund der bereits in Kapitel 1 dargestellten höheren Einzelverantwortung den Sachbearbeitern und sonstigen Netzwerkbenutzern eindeutig auch mehr Eigenentscheidung und Kompetenz hinsichtlich der Nutzung von Softwaresystemen oder anderer Netzfunktionen gegeben werden.

Neben diesen inhaltlich/funktionalen Bedürfnissen spricht ein weiteres gravierendes Argument für eine relativ freie bzw. globalere Vergabe der Zugriffsrechte, nämlich der damit zusammenhängende Betreuungs- und Administrationsaufwand!
Je einschränkender und einzelfallorientierter Sie die Zugriffsrechte vergeben, umso größer wird der userbezogene Administrationsaufwand für die Eintragungen und besonders für die ständig erforderlichen Änderungen und Anpassungen.

Als Hauptentscheidungskriterien hinsichtlich der Zubilligung oder Verweigerung von (Lese- bzw. Benutzungs-) Zugriffsrechten sollten überwiegend nur die folgenden Punkte herangezogen werden:

- **können Daten, Programme oder Informationen verändert werden? (versehentlich oder mit Vorsatz)**
- **entstehen zusätzliche, unkontrollierte Kosten wie Fernmeldekosten, Recherchekosten, Nutzungsgebühren, usw.?**
- **handelt es sich um besonders sensible Daten wie Produktentwicklungen, Forschungsdaten, Gewinn-/Umsatzzahlen, konkurrenzkritische Informationen, usw.?**
- **handelt es sich um personenbezogene Daten (Datenschutzgesetz!!) wie z.B. Geburts-, Krankheits- oder Gehaltsdaten?**

Desweiteren sollten einige grundsätzliche Handhabungskriterien beachtet werden, die ebenfalls zur Vereinfachung der Administration, einer Minimierung der

Eintragungen und zur Vermeidung von Redundanzen und damit auch von Fehleintragungen führen:

- Zugriffsrechte sollten gruppen- bzw. userorientiert vergeben werden (eine Lösung über Dateiattribute ist möglichst zu vermeiden)
- Zugriffsrechte sollten weitestgehend katalogorientiert erfolgen (und nur ausnahmsweise dateiorientiert)
- WRITE-, CREATE-, ERASE-, MODIFY-Rechte sollten nicht an Gruppen, sondern i.d.R. nur an Einzeluser vergeben werden.
- ACCESS CONTROL-Recht nur an Einzeluser (bei äußerster Vorsicht!)
- SUPERVISORY-Recht max. nur an zwei oder drei ausgebildete User im Netz

ACHTUNG: Bei der Rechtevergabe ist immer zu berücksichtigen, daß eine für einen Katalog definierte Rechtestruktur ebenfalls für alle Unterkataloge (und deren Unterkataloge) gilt, solange keine erweiternden oder einschränkenden Definitionen vorgenommen werden.

Nachdem im letzten Abschnitt verschiedene mögliche Gruppenzugehörigkeiten vorgestellt wurden, die für die in der Regel katalogorientierten Rechtezuweisungen in Frage kommen, muß jetzt für jede dieser Gruppen festgelegt werden, welche Software und welche Daten für diese Gruppe wie nutzbar sein soll, es muß also das jeweilige Rechteprofil definiert werden.

Während bei einigen speziellen Nutzergruppen eventuell nur ein FileScan- und Read-Recht für einen einzigen Katalog (z.B. für den Aufruf der BTX-Software) eingetragen werden muß, kann das Gruppen-Rechteprofil für eine betriebliche Abteilung wesentlich komplexer und umfangreicher aussehen.

Haben Sie nur ein kleines Netzwerk mit wenigen Funktionen (Softwarepaketen) zu verwalten, könnten Sie mit nur einer Zuweisung alle Softwarepakete für jeden Benutzer zum Aufruf freigeben, indem Sie z.B. das F- und das R-Recht für den Katalog bzw. das Volume SOFTWARE: vergeben.

Damit wäre jedes auch in einem Unterkatalog befindliche Softwarepaket aufrufbar, die tatsächliche Nutzung ist dann ggf. noch von der Kenntnis eines Paßwortes für die Anwendungssoftware abhängig.

Die folgenden beiden Abbildungen zeigen mögliche Rechteprofile für die Gruppe EVERYONE und für eine Gruppe BTX.

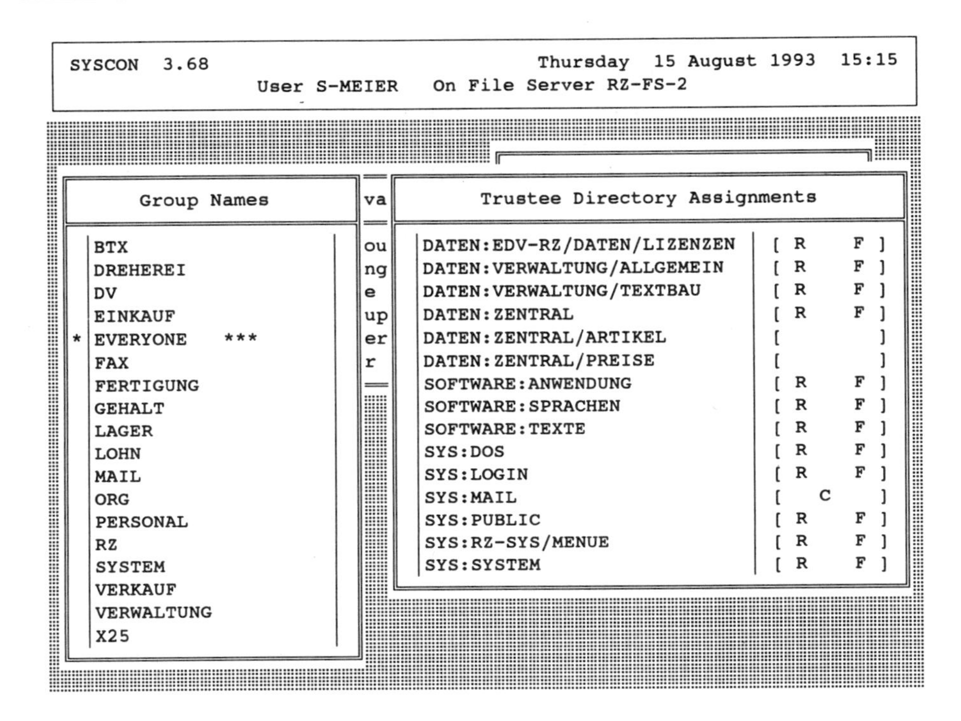

Abbildung 2-6: *Rechteprofil der Gruppe EVERYONE*

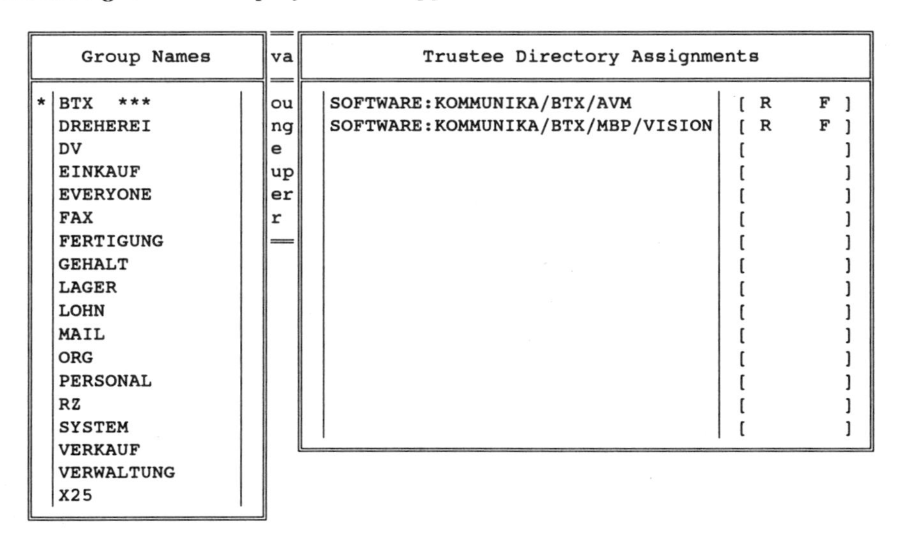

Abbildung 2-7: *Rechteprofil der Gruppe BTX*

Ändern sich jetzt z.B. die Rechtebedürfnisse für diese Software oder soll eine weitere oder andere Software für die Gruppe BTX aufrufbar sein, muß nur noch an dieser Stelle die Rechtekorrektur erfolgen!

ACHTUNG: Bei einer tiefgeschachtelten Katalogstruktur ist es vielfach erheblich günstiger, in einem Volume oder einem sonstigen übergeordneten Katalog zuerst ein sehr pauschales Read- und FileScan-Recht an eine gesamte Gruppe zu verteilen, und dieses Recht dann später in einem tiefer gelegenen Unterkatalog gegebenenfalls zu widerrufen, als die Rechte für mehrere Unterkataloge oder sogar noch an mehrere Untergruppen einzeln zu verteilen.

Beispiel: In unserem Volume SOFTWARE existieren die folgenden Unterkataloge, auf die bis auf das Verzeichnis BTX alle Benutzer einen (lesenden) Nutzungszugriff erhalten sollen.

Volume	Katalog	Unterkatalog
SOFTWARE:	TEXT	WORD55
		WORDPERFECT
	DBASE	DBASE4
	EXCEL	
	BTX	
	TELEFON	
	MAIL	
	....	

Durch Zuweisung der folgenden globalen Rechte an die Gruppen EVERYONE und BTX ließe sich dieses Problem lösen:

Gruppe	Volume/Katalog	Rechte
EVERYONE	SOFTWARE:	[R F]
	SOFTWARE:BTX	[ ]
BTX	SOFTWARE:BTX	[R F]

Alternativ müßten für alle Kataloge unter dem Volume SOFTWARE der Gruppe EVERYONE einzeln die Rechte zugewiesen werden:

Gruppe	Volume/Katalog	Rechte
EVERYONE:	SOFTWARE:TEXT	[R F]
	SOFTWARE:DBASE	[R F]
	SOFTWARE:EXCEL	[R F]
	SOFTWARE:TELEFON	[R F]
	SOFTWARE:MAIL	[R F]

und zusätzlich wiederum die Rechtezuordnung

BTX	SOFTWARE:BTX	[R F]

Bereits bei dieser nur geringfügig gestaffelten Katalogstruktur sind die Vorteile dieser Vorgehensweise klar erkennbar.

ACHTUNG:

- Es hat sich in der Praxis als nicht sinnvoll erwiesen, Erfordernisse der Datensicherheit oder des Datenschutzes durch eine Regelung über die Dateiattribute zu administrieren. Diese Zuweisungen sind einfach zu pauschal und verhindern zudem den Überblick, welche Personen bzw. NetWare-Gruppen eigentlich welche Software und welche Daten wie nutzen können.
- Neben der Vergabe von Gruppenrechten und einer entsprechenden Userzuordnung gibt es bei Novell NetWare auch die Möglichkeit, Rechte über sogenannte User-Equivalence zu vergeben. Hiervon wird abgeraten, da hierdurch besonders bei Änderungen sehr leicht "Seiteneffekte" entstehen, die zu Fehlersituationen führen können.

2.2.4 Rechte auf Dateiebene

In unseren bisherigen Beispielen wurden alle Gruppen- oder Userrechte immer auf die Verzeichnisebene bezogen. Diese Vorgehensweise reduziert den Administrations- und Änderungsaufwand erheblich und sollte standardmäßig eingesetzt werden.

Trotzdem gibt es Fälle, in denen es sehr sinnvoll sein kann, die Rechtevergabe noch weiter zu detaillieren. Hier bietet sich besonders in sensiblen Bereichen des Zugriffsschutzes (z.B. personenbezogener Datenschutz) eine Rechtevergabe bezogen auf genau spezifizierte Einzeldateien eines Kataloges an. Der Benutzer oder die Gruppe erhält dann also nicht mehr das Recht für ein ganzes Verzeichnis oder einen Unterkatalog, sondern nur auf einzelne Dateien dieser Kataloge.

Neben der expliziten Rechtezuordnung für einzelne Dateien können in bestimmten Situationen für einzelne Dateien auch weniger Rechte vergeben werden, also pauschal vergebene Katalogrechte für einzelne Dateien wieder eingeschränkt werden.

Beispiel:

Gruppe	Volume/Katalog	Rechte
EVERYONE:	SOFTWARE:TEXT	[R F]
	SOFTWARE:DBASE	[R F]
	SOFTWARE:DBASE\COMPANY.DBF	[ ]
	DATEN:TELEFON\TEL.DBF	[R F]

In diesem Beispiel wurde die Datei COMPANY.DBF im Katalog DBASE für die Gruppe EVERYONE wieder gesperrt, indem die katalogorientierten Rechte R und F für diese Datei wieder entzogen wurden.

Demgegenüber wurden die Rechte für die Telefondatei TEL.DBF im Verzeichnis TELEFON nur für diese Datei erteilt, alle anderen Dateien des Katalogs sind für die Gruppe EVERYONE nicht verfügbar. Das führt allerdings dann zu Problemen, wenn über das Anwendungsprogramm z.B. auch auf in diesem Katalog enthaltene Index- oder Reportdateien zugegriffen werden soll. Hier sind dann gegebenenfalls weitere Dateien für den Zugriff freizugeben.

ACHTUNG:

- Diese user- bzw. gruppenbezogene Rechtevergabe auf Dateiebene ist nicht zu verwechseln mit der Vergabe von Dateiattributen, die dann für alle Benutzer gelten, unabhängig von ihren persönlichen Rechten.
- Eine Rechtevergabe auf Dateiebene sollte eher in Ausnahmefällen erteilt werden, da in der Regel der Zugriff auf eine Software oder auf eine Datenbank zahlreiche verschiedene Dateien umfaßt, um eine funktionsfähige Nutzung zu ermöglichen.
  Hierdurch entsteht also üblicherweise je Anwendung bzw. je Katalog eine Vielzahl von Rechtedefinitionen.
- In der Regel genügt eine katalogorientierte Rechtevergabe. Sollte ein gewünschtes, differenziertes Rechteprofil auf diese Weise nicht realisierbar sein, ist es eher ein Hinweis, daß die entsprechenden Katalogstrukturen nicht sauber genug definiert wurden!!

2.2.5 Dokumentation der User- / Gruppenzuordnung

Die Verwaltung aller Rechteprofile können Sie selbstverständlich mit den NetWare-Tools SYSCON und FILER vornehmen, allerdings können Sie sich nicht für einen User alle Rechte auf einmal anzeigen lassen, denn beim User sehen Sie nur noch seine ergänzenden "Spezialrechte".

Die ihm implizit durch Zugehörigkeit zu den verschiedenen Gruppen zugewiesenen Rechte können Sie nur über die Gruppenrechte ermitteln und müssen daraus dann die "Summe" aller Rechte bilden.

Über SYSCON stehen Ihnen die Informationen

- welchen Gruppen ist ein User zugeordnet und
- welche Gruppe hat welche Rechte

zur Verfügung, aber auch

- welche User gehören zu einer Gruppe.

Es hat sich für die praktische Handhabung bewährt, einerseits das Rechteprofil für jede Gruppe abzulegen und zudem eine Übersicht der User mit ihren Gruppenzugehörigkeiten zu pflegen. Das läßt sich z.B. mit der folgenden Tabelle recht komprimiert erledigen.

	Gruppe															
	1	2	3	4	5	6	7	8	9	10	11	12	13	14	15	16
Username	SUPERVISOR		EVERYONE		VERWALTUNG	PERSONAL	EINKAUF	VERKAUF		DV-RZ		FERTIGUNG	MAILING	BTX	FAX	CDROM
S-Meier	x															
Meier			x							x			x			
Abels			x							x			x	x	x	x
Burschad			x							x			x			x
Holper			x		x			x							x	
Wullert			x		x			x					x			
Kardorf			x		x			x					x	x		x
Hempel			x		x			x								
Zamper			x		x			x					x			
Nadolf			x		x		x						x	x		
Baraban			x		x		x						x			
Just			x		x		x						x			x
Marder			x		x	x							x			
Kalibra			x		x	x							x			
Gopfel			x		x	x										x
Meiering			x									x	x			
Abers			x									x	x			
Kurschid			x									x				
Biber			x									x	x			
Hilger			x									x	x	x		x
Millert			x									x				
Birdorf			x									x				
Pampel			x									x	x			
Lampert			x									x				
Nidorfing			x									x	x		x	x
Karawan			x										x			x
Justus			x										x	x		
Dording			x										x		x	x
Kalipso			x													
....																

Abbildung 2-8: *Tabelle der User/Gruppen-Zuordnung*

Zur leichteren Übersicht bei der Einteilung, bei Änderungen und auch bei Rückfragen von Usern hinsichtlich ihrer Rechte oder bei Fehlersituationen ist diese Gruppenzuordnung sehr empfehlenswert und kann über entsprechend vorgefertigte Formulare schnell und einfach eingetragen werden.

Beachten Sie bei dieser Liste noch den kleinen Tip, daß der Systemadministrator als Supervisor erstens gesondert eingetragen werden sollte und zusätzlich nur mit seinem Namen und den hierauf bezogenen Rechten.
Der Benutzer "Meier" erscheint darum in unserer Liste noch als "S-Meier" und sollte diesen Login-Namen unbedingt auch nur dann nutzen, wenn er tatsächlich Supervisoraufgaben bearbeitet. Ansonsten passiert es während "normaler" Arbeiten recht leicht, daß er als **User "Meier"** nicht daran denkt, daß er zur Zeit hochgradig mit Supervisor-Rechten "bewaffnet" ist und hierdurch unbeabsichtigt Fehler verursacht.

2.2.6 Prinzipien der Rechtevergabe

Auf den ersten Blick erkennt man bei dieser Thematik vielleicht gar keine Probleme, da wir ja vorher festgestellt haben, daß sich über die klar definierten Gruppenrechte und mit den zusätzlich zu bestimmenden User-Spezialrechten saubere Rechtestrukturen bestimmen lassen.

Diese Aussage ist jedoch nur bedingt richtig, insbesondere bei funktional sehr ausgebauten und flexibel nutzbaren Netzen kann es hierbei trotzdem zu Risiken kommen.

Grundsätzlich lassen sich zwei völlig verschiedene Verfahren der Rechtevergabe ausmachen:

2.2.6.1 Gruppen- und personenorientierte Rechtevergabe

Bei diesem Verfahren werden alle (!!) Rechte im Netzwerk personen- und gruppenbezogen gesehen, verwaltet und zugewiesen. Das bedeutet, daß ein Benutzer alle Rechte, die ihm aufgrund seiner Gruppenzugehörigkeit(en) zustehen oder die er persönlich hat, auf "einen Schlag" beim Einloggen zugewiesen bekommt.

Dieses Verfahren ist von der Administration her einfach und übersichtlich, beinhaltet jedoch auch die oben bereits erwähnten Risiken.
So erhält ein Benutzer z.B. das Zugriffsrecht W(rite) auf einen Datenkatalog, der von ihm über ein Anwendungsprogramm zu pflegen ist. Gleichzeitig erhält er die Lese- und Nutzungsrechte für die verschiedensten Softwaresysteme und Anwendungsprogramme.

Solange der Benutzer nun gezielt über das vorgesehene (und geprüfte) Anwendungsprogramm auf die ihm zum Schreiben zugänglichen Daten zugreift, kann "nichts" passieren.
Sobald er jedoch das **Anwendungsprogramm umgeht** und z.B. über ein Programmier- oder ein anderes Anwendungssystem wie z.B. Pascal, C, dBASE, einen Debugger oder ähnliche Tools direkt die zugänglichen Daten manipuliert,

fehlt jegliche Kontrolle und jegliches im Programm installierte Sicherheits-, Prüf-, Plausibilitäts- oder Protokollverfahren ist außer Gefecht gesetzt!

Auf diese Art und Weise kann ein Benutzer dann z.B. auch auf Datenbereiche (Felder) einer Datei zugreifen, die ihm vom Anwendungsprogramm her nicht zugänglich gemacht würden, obwohl er unter Novell für diese Datei ein "pauschaliertes" Schreibrecht zur Verfügung hat.

Gerade Anwender, die ein etwas tieferes DV-Wissen haben, neigen zu solchen Aktionen, da sie "sich ja auskennen".
Ein typisches Beispiel hierzu ist die Direktnutzung einer dBASE-Datenbank unter Umgehung des z.B. mit Clipper erstellten Anwendungsprogramms, um Selektionen und Filterungen der Datenbank vorzunehmen, die vom Anwendungsprogramm nicht unterstützt werden, die für die momentane Aufgabensituation des Nutzers jedoch äußerst wichtig sind.

Diese Vorgehensweise ist auch durchaus sinnvoll und wird in vielen Betrieben sogar absichtlich zugelassen, um nicht für wenige und z.T. nicht vorhersehbare Sonderauswertungen umfangreiche Auswerteprogramme erstellen zu müssen. Allerdings dürfte für diese Maßnahme nur ein lesender Zugriff erlaubt sein!
Solange der Benutzer Disziplin hält und tatsächlich nur Auswertungen und keine Modifikationen vornimmt, passiert auch nichts. Vielfach kommt es dann jedoch im "Eifer des Gefechts" oder aus Versehen doch zu einer Manipulation, deren Entstehung sich hinterher auch kaum noch erklären läßt (das Anwendungsprogramm verhindert den Fehler ja).

2.2.6.2 Anwendungsbezogene Rechtevergabe

Beim zweiten möglichen Verfahren findet der Einlogg-Vorgang bzw. die Rechtevergabe nicht gruppen- und personenbezogen, sondern anwendungsorientiert statt. Will also z.B. jemand das Textsystem WORD benutzen, erhält er nur den Zugriff auf WORD, alle anderen Kataloge bleiben solange für ihn verschlossen, bis er eine andere Software auswählt bzw. sich entsprechend neu anmeldet.

Möchte ein Benutzer Daten im Telefonverzeichnis eintragen oder ändern, so muß er sich über ein spezielles Login für diese Aufgabe anmelden und erhält dann auch nur die Lesezugriffe auf dieses Anwendungsprogramm und die Schreibberechtigung für den zugehörigen Datenkatalog oder die zu ändernden Dateien. Bei diesem Verfahren sind also die oben beschriebenen "Seiteneinstiege" unterbunden.

Allerdings gibt es bei diesem Verfahren auch mehrere Nachteile zu berücksichtigen:

- Zum einen erfordert dieses Verfahren einen erheblich höheren organisatorischen und administrativen Aufwand, da insbesondere die Verwaltung der zahlreichen LOGIN's und Paßwörter viele Absprachen, Rücksprachen und Eintragungsarbeit beinhaltet.

- Desweiteren muß der Benutzer sich jeweils neu identifizieren, wenn er andere Netzwerkfunktionen (Anwendungen) nutzen möchte. Eine dynamische Zuordnung und Verwaltung von Rechten nachdem ein Benutzer sich einmal angemeldet hat, ist unter Novell NetWare nicht vorgesehen und auch nicht "künstlich" realisierbar.
- Ein weiterer und sogar erheblicher Nachteil ist die (durchaus sinnvolle und erwünschte) gleichzeitige Nutzung mehrerer Netzwerkfunktionen. So ist es z.B. äußerst sinnvoll, während der Textbearbeitung Adreßdaten aus dem entsprechenden Datenverzeichnis herausholen und integrieren zu können und das gesamte Arbeitsergebnis dann in seinem Home-Directory speichern zu können. Hierzu sind dann jedoch schon die Zugriffsrechte auf drei bzw. vier verschiedene Verzeichnisse notwendig.

  Diese Bedürfnisse gelten insbesondere beim Arbeiten mit Windows, da der Benutzer ja gerade verschiedene Fenster für verschiedene Applikationen aufmachen will, um seine Aufgaben effizienter und umfassender bearbeiten zu können.

Als praktikabler Mittelweg haben sich Verfahren gezeigt, die beide Verfahren berücksichtigen, indem bei reinen Softwarenutzungen das erste Verfahren angewendet wird und bei der Bearbeitung von kritischen Daten (Dateien erzeugen, Daten erfassen oder ändern) ggf. das zweite Verfahren zum Einsatz kommt.

Wir selbst praktizieren die anwendungsbezogene Rechtevergabe nur bei einigen besonders sensiblen Anwendungen und hochkomplexen Datenbereichen, um den Netzwerk-Verwaltungsaufwand in Grenzen zu halten.

So ist die Anwendung des zweiten Verfahrens z.B. bei der Pflege der hausinternen Telefondatei, die in der Regel nur von einer Person verändert werden kann, sicherlich überzogen und nicht notwendig.
Wenn jedoch z.B. mehrere Personen ständig Fakturierungsdaten eingeben, halte ich den Einsatz des aufwendigeren zweiten Verfahrens für zwingend notwendig, da einerseits die Inkonsistenz oder der Verlust dieser Daten zu extremen Problemen führen kann und andererseits kein ständiger Aufgabenwechsel und damit eine jeweilige Neuidentifikation erfolgt.

2.3 Probleme und Strategien beim Mapping

Über das Mapping werden einem Netzwerkbenutzer die zusätzlichen physikalischen oder logischen Laufwerke des bzw. der Server verfügbar gemacht. Hierdurch stehen neben den lokalen Disketten- und Festplattenlaufwerken weitere Plattenbereiche entsprechend den Benutzungsberechtigungen zur Verfügung.

Während unter DOS standardmäßig nur physikalische Laufwerke eine Laufwerksbezeichnung wie C>: erhalten, erfolgt bei Novell NetWare eine solche unmittelbare Verknüpfung eines physikalischen Laufwerks mit einem Laufwerksbuchstaben nur ausnahmsweise.

In der Regel handelt es sich hier um logische Zuordnungen, das heißt, daß eigentlich nur Plattenbereiche, also Volumes, Kataloge und Unterverzeichnisse eine solche Buchstabenzuordnung zugewiesen bekommen.

Der Befehl

```
map g:=software:text\ms-word
```

ordnet also keine Platte, sondern nur den Katalog MS-WORD dem logischen Laufwerksbuchstaben G: zu.

2.3.1 Kein Mapping-Konzept

In der Praxis findet man häufig Netzwerke, die keine festen oder klaren Konzepte für die Zuordnung der logischen Netzwerk-Laufwerke haben. In solchen Netzwerken liegt es dann in der Verantwortung der Benutzer, die von ihnen jeweils gewünschte Software oder den entsprechenden Datenbestand einem Laufwerk über einen MAP-Befehl zuzuordnen, um sie dann nutzen zu können.

Diese Verfahrensweise setzt deutliche Novell-Kenntnisse und insbesondere einen guten Überblick über die Katalogstrukturen der Serverplatten bei den Benutzern voraus und erschwert den Überblick über die verfügbaren Netzwerkfunktionen erheblich.

Wie bereits an den im Abschnitt 2.1 dargestellten Plattenstrukturierungen erkennbar wurde, kann bei der Bereitstellung einer Vielzahl von Softwarepaketen und Applikationen die Directory-Struktur einer Server-Platte recht kompliziert, tief verschachtelt und damit für den Benutzer unüberschaubar werden. Bei hochfunktionalen Netzwerkinstallationen kann es durchaus zu einer Verzeichnistiefe von 5, 6 oder sogar 7 Ebenen kommen.

Nach meiner Erfahrung und Einschätzung ist eine solche Vorgehensweise, nämlich der Verzicht auf ein Mapping-Konzept für die Administration und besonders für die Akzeptanz eines Netzwerkes äußerst nachteilig, wie weitergehender auch im Kapitel zur "Nutzung und Akzeptanz eines Netzwerkes" ausgeführt wird.

2.3.2 Aufbau eines Mapping-Konzepts

Zu Beginn eines Netzwerkaufbaus sind am Server in der Regel nur wenige Applikationen und Datenbestände installiert, so daß man als Netzwerkverwalter

versucht ist, über die scheinbar zahlreichen zusätzlichen Laufwerke (z.B. Laufwerk E bzw. F bis Laufwerk Z) alle Softwaredienste direkt über Laufwerksbuchstaben verfügbar zu machen.
So erhält dann das Textprogramm eine spezielle Laufwerkszuordnung, das Datenbanksystem, die Telefondatei, usw., usw..

Bereits nach kurzer Zeit, nämlich dann, wenn die Funktions- und Softwarevielfalt im Netzwerk wächst, sind solche starren Zuordnungen nicht mehr tauglich.

Da wie oben ausgeführt die automatische Zuordnung von Laufwerken ein gravierendes Argument für die Benutzerakzeptanz ist, muß also ein dynamisches Konzept für eine solche Zuordnungsvergabe entwickelt werden.
Hierbei müssen die Laufwerke nach ihrer Funktion eingeteilt und zugeordnet werden, da eine zufällige Verteilung (z.B. das nächste freie Laufwerk) für den Benutzer nicht lernbar ist und die Gesamtbetreuung erheblich erschwert würde. So müßte der Netzwerkadministrator z.B. genau wissen, um welche Funktion bzw. Art von Plattenzugriff es sich handelt, wenn der Benutzer einen Fehler bezogen auf ein bestimmtes Laufwerk meldet.

Die dynamische Laufwerkszuordnung sollte dabei so systematisch und unabhängig sein, daß die Rechteprofile der Benutzer und die verschiedenen Gerätetypen und Ausstattungsklassen keinen Einfluß darauf haben.

Schauen wir uns ein entsprechendes Beispiel an:

A und **B**	lokale Laufwerke z.B. 3,5" und 5,25" Disketten
C und **D**	lokale Laufwerke z.B. Festplatten
E	lokales Laufwerk z.B. RAM-Disk

Diese Zuordnung der lokalen Laufwerke kann unabhängig davon erfolgen, ob jeder Arbeitsplatz-PC über diese Laufwerke verfügt oder nicht. Über den DOS-Befehl LASTDRIVE = E ist diese Voreinstellung festgelegbar.

Die Zuordnung der weiteren (Netzwerk-) Laufwerke könnte dann z.B. so aussehen:

F	Einlogg-Laufwerk	steht nach "Anbindung" an den Server zur Verfügung und wird fest vergeben
G	Arbeitslaufwerk	für aufgerufene Zentral-Software
H	Arbeitslaufwerk	für eingesetzte Zentral-Daten
I	Arbeitslaufwerk	Zuordnung zum HOME-Katalog
J	Arbeitslaufwerk	ggf. Zuordnung eines 2. HOME-Katalogs
K	Arbeitslaufwerk	für eingesetzte Gruppen-Software bzw. Applikationen, die Zentral-Software benötigen
L	Arbeitslaufwerk	für aufgerufene Gruppen-Daten

M	Arbeitslaufwerk	Bereitstellung des Netz-Menüs
N	Reservelaufwerk	
O	- "	
P	- "	
Q	Transferlaufwerk	"Austauschbereich" für User
R	Reservelaufwerk	
S	- "	
T	- "	

und einige Suchlaufwerke:

U	SEARCH6	....
V	SEARCH5	z.B. auf SYS:SICHER
W	SEARCH4	z.B. auf SYS:RZ-SYS/MS-DOS/V50
X	SEARCH3	z.B. auf SYS:LOGIN
Y	SEARCH2	z.B. auf SYS:RZ-SYS/MENUE
Z	SEARCH1	z.B. auf SYS:PUBLIC

Dieses Beispiel eines möglichen Mapping-Konzepts beinhaltet natürlich schon zahlreiche Annahmen hinsichtlich der in den vorherigen Abschnitten aufgezeigten Einteilung der Platten in Volume-, Verzeichnis- und Unterkatalogstrukturen und die entsprechende Verteilung von Software, Daten und Userdaten.

Desweiteren wird selbstverständlich von einer Bedienungsführung (Menü) ausgegangen, über die beim Aufruf einer Anwendung/Software entsprechende Pfade zu den logischen Laufwerken (Katalogen) gelegt werden, ansonsten ließe sich eine solche automatische Laufwerkszuordnung überhaupt nicht realisieren.

Lassen Sie uns jetzt die vorgesehenen Laufwerks-Funktionen näher betrachten:

Laufwerk F

Standardmäßig verwendet Novell das erste freie Laufwerk nach den lokalen Laufwerken für das LOGIN-Verzeichnis. Dieses Laufwerk wird nach Anbindung an den Server, also vor Durchführung des eigentlichen Login-Vorgangs zur Verfügung gestellt und befindet sich unter SYS:LOGIN.

Durch Definition von LASTDRIVE = E für alle PC's steht in unserem Beispiel grundsätzlich das Laufwerk F als Login/Logout-Laufwerk zur Verfügung. Ergänzend sollte ein Suchpfad auf dieses Login-Laufwerk gerichtet sein (z.B. X), um z.B. gewisse Grunddienste wie

- Einlogg-Maske
- Basis-Hilfstexte
- "Auslogg-Befehl"

in diesem Verzeichnis bereitstellen zu können, ohne daß bereits ein LOGIN stattgefunden haben muß.

In der Praxis erweist es sich als sehr sinnvoll, eine gezielte "Abmeldung" in Form eines "Logout" oder LOGOFF's in diesem Verzeichnis zur Verfügung zu stellen. Bei einem solchen "Auslogg-Befehl" kann es sich durchaus um eine einfache Batch-Datei handeln, hierdurch wird jedoch eine ordnungsgemäße Abmeldung vom System ermöglicht.
Im Rahmen dieser "Abmeldung" vom System können z.B. automatisiert speziell für die Netzwerknutzung gesetzte SET-Variablen gelöscht oder auf ihren ursprünglichen Wert gesetzt werden. Desweiteren ließe sich für den nächsten Netzwerkzugriff die "Einlogg"-Maske bereitstellen, die lokalen Suchpfade könnten wieder auf ihren alten Wert zurückgesetzt werden, usw.

Laufwerke G und H

Schauen wir uns nun die Laufwerke G und H an. Über unser angenommenes Netzwerk-Menü wird beim Aufruf einer beliebigen zentral verfügbaren Software automatisch (z.B. über eine kleine Batch-Datei) dafür gesorgt, daß der entsprechende Softwarekatalog dem Laufwerk G: zugeordnet wird.
Unabhängig davon, ob der Benutzer also Pascal, dBASE, WordPerfect oder die zentrale Adreßverwaltung aufruft, wird diese Software unter dem Laufwerk G: bereitgestellt und von dort aufgerufen.

Beispiel für eine solche einfache Batchdatei:

```
@echo off
cls
G:
cd SOFTWARE:DBASE\DBASE3P
DBASE
M:
MENUE
```

Nach Umschaltung auf das (beim Einloggen automatisch "gemapte") Laufwerk G: erfolgt über Change Directory die Zuordnung zum Volume SOFTWARE und zum Unterkatalog DBASE\DBASE3P.

Erst danach erfolgt der Aufruf der eigentlichen Software; nach Verlassen der Software wird bei dieser Batchdatei übrigens keine "Zurückschaltung" der Katalog-Zuordnung des Laufwerks G: durchgeführt, obwohl es natürlich ohne Probleme realisierbar wäre.
Anschließend erfolgt grundsätzlich eine Rückschaltung auf das Menü-Laufwerk M: und der Aufruf des Bedienungs-Menüs.

Statt G: und CD ... kann die Zuweisung des richtigen Verzeichnisses auch über den MAP-Befehl erfolgen, allerdings benötigt dieser Aufruf erheblich mehr Zeit!

Äußerst sinnvoll kann jedoch die Nutzung des Kommandos

```
MAP ROOT .........
```

sein, da hiermit mehrere Vorteile verbunden sind. Zum einen erscheint bei der Prompt-Anzeige nur der hiermit zugewiesene ROOT-Katalog, und nicht die eventuell umfangreiche Gesamtbezeichnung des Katalogs wie

```
SOFTWARE:TEXTSYS\WORDPERF.ECT\WORDP-51>
```

Desweiteren verhindert man hierdurch von vornherein jeglichen Zugriffsversuch der Software auf oberhalb liegende Verzeichnisse, wie es leider von etlichen Programmen versucht wird. Im Rahmen der "administrativen Netzwerkfähigkeit von Programmen" (Kapitel 3) befassen wir uns noch näher mit dieser Thematik.

Unsere oben aufgeführte Batchdatei könnte damit dann so aussehen:

```
@echo off
cls
map root G:=SOFTWARE:DBASE\DBASE3P
G:
DBASE
M:
MENUE
```

Will der Anwender nach dem Aufruf nun mit diesem Programm eigene Daten erzeugen, kann er z.B. sein persönliches Laufwerk I: oder eines seiner lokalen Laufwerke als Ziellaufwerk angeben.

Handelt es sich bei der aufgerufenen Software um eine Anwendung, die auf bestehende und fest definierte Daten am Server zugreift, so wird der entsprechend zu dieser Anwendung gehörende Datenkatalog automatisch dem Laufwerk H: zugeordnet, unabhängig davon, wo der Datenkatalog liegt.

Beispielsweise wird ein Anwendungsprogramm zur Telefondatenverwaltung

vom Laufwerk G: gestartet

und die zugehörigen

Telefondaten werden auf dem Laufwerk H:

verfügbar gemacht. Selbstverständlich muß das Programm diese Zuordnung berücksichtigen oder das Datenlaufwerk müßte beim Programmaufruf als Parameter übergebbar sein.

Da diese konzeptionelle Laufwerkszuordnung (nach unserer hier gezeigten Systematik) jedoch allgemeingültig als DATEN-Laufwerk H: erfolgen würde, kann jedes in diesem Netzwerk laufende Programm diese Definition berücksichtigen.

Laufwerk I (wie Individuell)

Das Laufwerk I: wurde als HOME-Katalog vorgesehen und wird bereits beim (persönlichen) USER-Login-Script über den Befehl MAP zugewiesen, z.B.

```
map I:=ABTEILUNG:EDV-RZ\MITARBEI\MEIER
```

Durch diese feste Zuordnung findet jeder User sein HOME-Verzeichnis immer unter dem Laufwerk I:, unabhängig vom genutzten PC und unabhängig von der gerade eingesetzten Software. Für das Laufwerk I verfügt der Benutzer über (fast) alle Rechte, so daß er dann auch Unterkataloge seinen Bedürfnissen entsprechend einrichten kann.

Diese feste Zuordnung erleichtert wiederum die Administration der persönlichen LOGIN-Scripte, da sie sich nur im einzutragenden Pfad für den HOME-Katalog unterscheiden, jedoch nicht in der Laufwerksbezeichnung. Nähere Informationen hierzu finden Sie im Abschnitt "Login-Scripte".

Laufwerk J

Dieses als 2. HOME-Katalog bezeichnete Laufwerk ist z.B. für Personen gedacht, die in oder für zwei verschiedene(n) Abteilungen arbeiten und somit auch zwei Benutzergruppen zuzuordnen sind. Damit sie dann in Abhängigkeit ihrer jeweiligen momentanen Aktivität die Daten "in den richtigen" Bereich speichern können, werden gleich zwei HOME-Kataloge zugewiesen.

Beispielsweise könnte unser User MEIER aus dem obigen Beispiel zur Hälfte zur Abteilung EDV-RZ und zur anderen Hälfte zur Entwicklungsabteilung gehören. Dann würde seine Katalog-Zuordnung folgendermaßen aussehen:

```
map I:=ABTEILUNG:EDV-RZ\MITARBEI\MEIER
map J:=ABTEILUNG:ENTWICK\MITARBEI\MEIER
```

Somit könnten seine Kollegen aus dem RZ seine Daten im Katalog I: bzw. genauer gesagt im Verzeichnis ABTEILUNG:EDV-RZ\MITARBEI\MEIER einsehen und die Kollegen aus der Entwicklung finden seine Daten im Verzeichnis ABTEILUNG:ENTWICK\MITARBEI\MEIER.

Die Zuordnungsmöglichkeit eines zweiten HOME-Katalogs ist übrigens auch für die Abwicklung von abteilungsübergreifenden Projektaufgaben äußerst praktisch, da hiermit allen Projektbeteiligten ein persönlicher Datenkatalog in einem gemeinsamen, jedoch nicht unmittelbar einer Abteilung zugeordneten Katalog zugewiesen werden kann. Das Projekt selber kann dann wie eine funktionale Gruppe (ist es ja auch) behandelt werden und alle Beteiligten werden entsprechend zugeordnet.

Laufwerke K und L

Die gleiche Systematik wie bei den Laufwerken G: und H: für den Einsatz zentraler Software wird bei der Bereitstellung gruppenspezifischer Software und

den eventuell zugehörigen Daten eingesetzt. Ein weiterer gravierender Grund für dieses zusätzliche "Software-Laufwerk" neben dem Laufwerk G: besteht jedoch darin, daß häufiger kleine Applikationen in einer Programmierumgebung wie Basic, dBASE, usw. geschrieben werden, die zur Durchführung das eigentliche Kernprogramm benötigen.
Hier kann man dann unter dem Laufwerk G: z.B. den dBASE-Katalog zuordnen, dBASE dann von dort aufrufen und ordnet dem Laufwerk K den Programmierkatalog zu, in dem das eigentliche Programm (z.B. telefon.prg) steht.

Die Zuordnung des Datenlaufwerks kann dann wieder auf Laufwerk L erfolgen.

Laufwerk M (wie Menü)

Wie bereits am Erläuterungstext "Bereitstellung des Netz-Menüs" erkennbar wird, sollte für die gesamte Bedienerführung und Benutzerunterstützung wie Bereitstellung eines Netzwerk-Menüs, Batch-Dateien für Programmaufrufe, Hilfetexte, usw. ein eigenes Laufwerk definiert und vorgehalten werden, damit der User genau weiß, daß er die gesamte Netzwerkunterstützung dort findet.

Dieser Katalog kann durchaus in weitere Unterkataloge verzweigt sein, so z.B. für

- die Programmumgebung zur Benutzerführung
- die Batch-Dateien zum Aufruf der Software
- Hilfs- und Textdateien

Auf das hier so bezeichnete Menü-Laufwerk sollte jedoch unbedingt ein eigener Suchpfad gerichtet sein, um aus jedem Katalog und von jedem Laufwerk sauber dorthin zurückfinden zu können!

Laufwerk Q

Hinter diesem Laufwerk verbirgt sich ein sogenanntes "Transfer-Laufwerk" bzw. ein Katalog, für das alle Benutzer oder bestimmte Benutzergruppen umfangreiche Zugriffsrechte erhalten, um bei Bedarf Daten bzw. Programme über das Netzwerk austauschen zu können. Hier sollen keine gemeinsamen Dateien gelagert, sondern nur temporär zum Austausch abgelegt werden.
Diese Maßnahme ist insbesondere in größeren Netzen und in Softwareentwicklungsumgebungen sinnvoll und notwendig, da es ansonsten ja keinerlei Plattenverzeichnisse gibt, auf die Personen unterschiedlicher Abteilungen gemeinsam Zugriff haben.

Selbstverständlich kann für die dort abgelegten Daten- oder Programmdateien keinerlei Zugriffsschutz gewährt werden, da alle berechtigten Benutzer die gleichen Zugriffsrechte benötigen und haben. Eine Speicherung oder Zwischenablage von sicherheitsrelevanten Dateien darf in diesem logischen Laufwerk also nicht erfolgen, da alle Zugriffsberechtigten diese Daten lesen, modifizieren oder löschen könnten.

Ob hinter diesem Laufwerk ein Katalog oder ein physikalisches Volume steht, ist nur insoweit von Bedeutung, als ein Katalog unbedingt in seiner Maximalgröße begrenzt werden muß, da ansonsten ein "Vollschreiben" des übergeordneten Volumes nicht auszuschließen ist.

In beiden Fällen ist jedoch sicherzustellen, daß nach irgendeinem Verfahren in regelmäßigen Abständen eine Löschung nicht mehr benötigter oder bereits seit mehreren Tagen dort gelagerter Dateien erfolgt. Ansonsten käme es unweigerlich zur ungeliebten Meldung "DISC full" und dann müßten Sie oder ein anderer Benutzer aktiv werden und Löschungen vornehmen.

2.3.3 Suchlaufwerke

Die sogenannten SEARCH-Pfade beinhalten Zuweisungen für Laufwerke, die immer dann nach einem aufgerufenen Programm durchsucht werden, wenn im aktuellen Laufwerk kein Programm dieses Namens zu finden ist. Die Wirkung ist also völlig identisch zum PATH-Befehl unter DOS.

Diese Pfade werden automatisch "rückwärts" ab dem Laufwerksbuchstaben Z: vergeben und müssen darum ebenfalls sehr sorgfältig überlegt und zugewiesen werden. Insbesondere beeinflußt die Reihenfolge der Suchlaufwerke auch die Suchfolge in den verschiedenen Katalogen und dies wirkt sich natürlich auf die Bearbeitungsgeschwindigkeit aus.

Allerdings ist es nicht nur ein Problem der Geschwindigkeit, sondern hat auch Konsequenzen für die Eindeutigkeit eines Aufrufes bzw. eines Programm- oder Befehlsnamens. Gibt es z.B. Befehle/Programme gleichen Namens im Katalog PUBLIC und in LOGIN, würde jetzt der in PUBLIC-Befehl enthaltene Befehl zuerst gefunden und ausgeführt.
Bei Mehrdeutigkeiten durch zufällig oder vorsätzlich gleich gewählte Dateinamen kann es hier zu erheblichen und vielfach äußerst schwer zu lokalisierenden Fehlern kommen.

Die bereits im Rahmen des Mapping-Konzepts beispielhaft aufgeführten Suchlaufwerke beinhalteten die folgenden Zuweisungen:

V	SEARCH5	z.B. auf SYS:SICHER
W	SEARCH4	z.B. auf SYS:RZ-SYS/MS-DOS/V50
X	SEARCH3	z.B. auf SYS:LOGIN
Y	SEARCH2	z.B. auf SYS:RZ-SYS/MENUE
Z	SEARCH1	z.B. auf SYS:PUBLIC

Würden diese Laufwerke nicht über SEARCH-Definitionen (map S1:= ......), sondern über einen normalen MAP-Befehl zugewiesen, könnten dort befindliche

Dateien nur dann gefunden werden, wenn dieses Laufwerk gerade aktiv ist (M:>) oder wenn es explizit angewählt würde (z.B. M:datei1).

Schauen wir nun diese von uns als sinnvoll und notwendig erachteten Suchlaufwerke etwas genauer an.

SYS:PUBLIC

Dieser durch NetWare automatisch erzeugte Katalog beinhaltet standardmäßig alle NetWare-Befehle und ist normalerweise für alle Benutzer im Zugriff. Hier befinden sich z.B. Befehle wie MAP, SEND, SYSCON, VOLINFO, usw.

Praktische Erfahrung zeigen, daß es in der Regel nicht sinnvoll und ratsam ist, alle durch NetWare in diesem Katalog abgelegten Befehle und Dateien tatsächlich allen Benutzern zugänglich zu machen!

Vor diesem Hintergrund kann es sinnvoll sein, z.B. eine

"Dreiteilung" der NetWare-Befehle

auf drei verschiedene Kataloge vorzunehmen, für die dann unterschiedliche, gruppenorientierte Zugriffsrechte vergeben werden.

SYS:PUBLIC	Reduzierung auf zwingend notwendige NetWare-Befehle (z.B. MAP)
SYS:SICHER	NetWare-Befehle für "besser ausgebildete" Benutzer
SYS:SICHER1	Kritische NetWare-Befehle für Administratoren usw.

Das heißt, die Gruppe EVERYONE erhält z.B. den unmittelbaren Lese- und Nutzungszugriff auf den "befehlsreduzierten" Katalog PUBLIC, eine oder einige Gruppen erhalten den Zugriff auf den Katalog SICHER und nur die Administratoren oder Netzwerkbeauftragten erhalten den Zugriff auf den Katalog SICHER1. Im Verzeichnis SICHER1 sind dann alle ursprünglich in PUBLIC enthaltenen Befehle zusammengefaßt.

Je nach Anwendungsfall genügt häufig auch eine Zweiteilung der PUBLIC-Befehle.

SYS:RZ-SYS/MENUE

Bereits an der Namensgebung ist die Funktion dieses Laufwerks erkennbar, eine Beschreibung erfolgte im letzten Abschnitt.

SYS:LOGIN

Dieses Laufwerk beinhaltet in den gezeigten Beispielen die grundlegenden Befehle zum Ein- und Ausloggen eines Benutzers und sollten darum aus jeder Situation aufrufbar sein. Die funktionale Beschreibung erfolgte bereits zum Laufwerk F:.

SYS:RZ-SYS/MS-DOS/V50

Über dieses Suchlaufwerk stehen dem Benutzer jederzeit und von jedem PC aus die für ihn bzw. seinen PC relevanten DOS-Befehle in einem eigenen Netzwerk-Laufwerk zur Verfügung. Die Zuordnung zur "richtigen", nämlich der tatsächlich auf seinem PC installierten DOS-Version muß natürlich automatisiert erfolgen.

SYS:SICHER

Dieses Laufwerk wurde oben beschrieben und stellt für den "gebildeteren" Netzwerkbenutzer die zweite Stufe der NetWare-Befehle zur Verfügung. Selbstverständlich kann in Ihrem Bereich anstatt der oben beschriebenen Dreiteilung auch eine geringere oder höhere Stufung der NetWare-Befehle sinnvoll sein.
Dann sind die Rechtezuordnungen und die Suchlaufwerke natürlich entsprechend anzupassen.

2.3.4 Konsequenzen und Probleme beim Mapping

Wie bereits im Abschnitt "Prinzipien der Rechtevergabe" dargestellt wurde, beinhaltet die gleichzeitige Vergabe aller für einen Benutzer vorgesehenen Rechte gewisse Risiken bzw. Konsequenzen. Das gilt damit natürlich auch für die hier dargestellten Mapping-Strategien.

Sobald Benutzer relativ "frei" im Netzwerk arbeiten können (sollen), besteht die Möglichkeit, daß sie z.B. die von Ihnen sorgfältig eingeplanten MAP-Zuweisungen "verbiegen".
Hierdurch kann es dann passieren, daß geplante Zuweisungen, Pfadschaltungen, Zugriffe auf Programme oder Daten nicht mehr ordnungsgemäß funktionieren und der Benutzer hierdurch vorsätzlich oder versehentlich in der "Wildnis" landet und auch nicht mehr alleine "zurückfindet".
Dieses Problem soll u.a. durch die ebenfalls gesetzten Suchlaufwerke (SEARCH1, usw.) behoben bzw. zumindestens gemildert werden.
Sie können dem Benutzer das Zugriffsrecht z.B. auf den MAP-Befehl auch nicht wegnehmen, da ansonsten bereits im System- oder im User-Login-Script Fehler auftreten und kein Mapping mehr möglich ist.

Diese Probleme lassen sich also nicht völlig beseitigen oder kontrollieren, solange die weitestgehend freie Nutzung beibehalten werden soll. Die Erfahrung zeigt jedoch, daß die hierdurch entstehenden Schwierigkeiten in der Praxis weitaus geringer sind als zu befürchten ist, da die Benutzer i.d.R. sehr diszipliniert arbeiten, um von sich aus solche Irrweg-Situationen zu vermeiden.
Desweiteren sollten Sie berücksichtigen, daß hierdurch keine Sicherheitsrisiken entstehen, wenn Ihre sonstigen Rechtezuordnungen, Gruppenspezifikationen

und Programm- und Katalogstrukturen systematisch unter Berücksichtigung der Datensicherheit und der Anwendungsbedürfnisse aufgebaut und realisiert sind.

2.4 Login-Scripte

Sehr eng mit dem im letzten Abschnitt diskutierten Mapping-Problem ist die Frage der Login-Scripte verbunden. Gerade hier erfolgen u.a. die Weichenstellungen hinsichtlich der automatisch und benutzerbezogen zugewiesenen Laufwerke.

Sie werden immer wieder vor dem Problem stehen, welche Zuweisungen, Abfragen, Festlegungen u.ä. Sie bereits im System-Login-Script oder erst im User-Login-Script einsetzen wollen.
NetWare sieht kein gruppenspezifisches Login-Script vor, so daß Sie vielfach mit Hilfsmethoden und "Tricks" arbeiten müssen, um die redundante Eintragung einer Vielzahl von Zuweisungen, Funktionen und Abfragen für die verschiedenen Mitglieder einer Benutzergruppe zu vermeiden.

Wenn man sich die Hierarchie der Systemzuweisungen und eine integrierte Benutzerführung ansieht, ergibt sich folgendes Bild:

- System-Login-Script
- User-Login-Script
- ggf. Durchführung zusätzlicher Abfragen oder Einstellungen
- ggf. Aufruf der Bedienungsoberfläche
- Aufruf von Applikationen oder Standardsoftware

In dieser Reihenfolge werden die Definitions- und Steuerungsphasen durchlaufen und hier muß z.B. die Gesamtadministration für eine sinnvolle Bedienungsführung im Netzwerk aufsetzen.

Schon hieran wird deutlich, daß zwischen dem globalen System- und dem benutzerbezogenen Login-Script auf den ersten Blick eine Gruppenorientierung fehlt.
Desweiteren wird klar, daß Definitionen, so weit es irgend geht, im System-Login-Script erfolgen sollten, um notwendige Mehrfacheintragungen in den userbezogenen Scripts zu vermeiden.

2.4.1 Das System-Login-Script

Mit diesem zentralen und für alle User gültigen Login-Script werden die Hauptdefinitionen festgelegt. Hier erfolgen unter anderem die grundlegenden Mappings für "Jedermann" und alle zentralen Prüfungen, Zuweisungen, usw.

Bezogen auf unsere im letzten Abschnitt dargestellte Mapping-Systematik wären z.B. die folgenden Eintragungen im System-Login-Script sinnvoll:

Mappings für "Jedermann", z.B.

```
map f:= sys:login
map m:= sys:rz-sys\menue
map g:= m:
map h:= daten:zentral

map s1:=sys:public
map s2:=sys:rz-sys\menue
map s3:=sys:login
```

Auf dieser untersten Ebene würden also die Laufwerke F, M (Menü-Laufwerk), G (für spätere Softwareaufrufe) und H (späteres Datenlaufwerk) freigegeben und z.T. zugeordnet.
Dabei wird G nur vorläufig zugewiesen, indem es mit M gleichgesetzt wird, die tatsächlichen Zuordnungen finden später beim eigentlichen Softwareaufruf statt.

Bitte beachten Sie, daß diese Laufwerkszuordnung nicht die Zuweisung eines Zugriffsrechts für diesen Katalog beinhaltet!!! Ein solches Zugriffsrecht muß vom Supervisor völlig separat vergeben werden.

Die Zuordnung der aufgeführten **SEARCH-Pfade** entspricht ebenfalls den bereits besprochenen Notwendigkeiten.

Außer diesen Mappings kann es zweckmäßig sein, bestimmte NetWare **Identifier-Variablen** für spätere Abfragen und Prüfungen zu übernehmen, indem man sie z.B. einer **SET-Variablen** übergibt und sozusagen "rettet". Ansonsten stehen Ihnen diese Informationen später - nach Durchführung des System-Login-Scripts - nicht mehr ohne weiteres zur Verfügung.

Beispiele für Zuweisungen an SET-Variable

```
set user="%LOGIN_NAME"
set dos="%OS_VERSION"
set eth="%P_STATION"
set shell="%SHELL_TYPE"
```

Mit Hilfe dieser SET-Eintragungen kann man später z.B. auf den Usernamen, die DOS-Versionsnummer der Arbeitsstation, die Ethernetnummer und die Shell-Version der Arbeitsstation zugreifen, wenn in Aufrufen Zuweisungen oder Plausibilitätsprüfungen erfolgen sollen.

Als weitere Möglichkeiten kann im System-Login-Script auch eine **Abfrage** bestimmter Werte und in Abhängigkeit des Ergebnisses weitere Aktivitäten oder Definitionen erfolgen.
So ist es z.B. möglich, aus Datenschutzgründen einem bestimmten Benutzer nur von bestimmten Netzwerk-PC's, also in Abhängigkeit einer oder mehrerer definierter Netzwerknummern (z.B. Ethernetnummer) den Zugang zum Server zu ermöglichen.

```
if P_STATION="0000aa113456" and
    LOGIN_NAME <> "Meier" then LOGOUT
........
```

Desgleichen kann hiermit z.B. sichergestellt werden, daß "Funktions-User" wie Fax-Gateway, BTX-Gateway, 3270-Gateway oder ein CD-Server, bei denen die Software das Vorhandensein bzw. die Installation bestimmter PC-Zusatzkarten wie Gatewaykarten, Controller, Modem's, usw. voraussetzt, auch nur von den entsprechend ausgestatteten PC's aufgerufen werden kann.

Werden z.B. zwei BTX-Gateways eingesetzt und die entsprechende Software wurde sinnvollerweise (einmal) auf dem Server installiert, so kann verhindert werden, daß andere Benutzer sich entsprechend einloggen können.

Damit können Sie z.B. beim "User" BTX-GATE auf die Eingabe eines Paßwortes verzichten und somit einen automatischen Start dieses oder dieser Gateways über eine Zeitschaltuhr ermöglichen.

```
if LOGIN_NAME = "BTX-GATE" then
    if P_STATION <> "007baa110056" then
        if P_STATION <> "007baa110022" then LOGOUT
```

Obwohl Sie bei den IF-Bedingungsformulierungen im Login-Script die logischen Operatoren AND und OR mehrfach nutzen können, stoßen Sie in der Praxis sehr schnell an Grenzen, da die Befehlszeile zu lang wird!
Dann hilft nur noch die oben dargestellte geschachtelte IF-Abfrage, deren Wirkungsweise identisch ist, ihr Aufbau muß jedoch sorgfältig überlegt sein.

Die kürzere Abfrage

```
if P_STATION = "007baa110056" or P_STATION =
        "007baa110022" then
    if LOGIN_NAME <> "BTX-GATE" then LOGOUT
```

bewirkt nur auf den ersten Blick das gleiche Ergebnis, in Wirklichkeit kann sich ein User BTX-GATE trotzdem von einer anderen Netzwerkstation einloggen,

da die Abfrage auf den User BTX-GATE erst bei Identität einer der beiden fraglichen Netzwerknummern erfolgt.
Erfolgt der Einlogg-Vorgang von einer unzulässigen Stationsnummer, kommt es somit nicht mehr zur User-Abfrage.

Hier müßten die Abfragen natürlich anders gesetzt werden, um eine ordnungsgemäße Abprüfung sicherzustellen.

```
if P_STATION <> "007baa110056" and P_STATION <>
        "007baa110022" then
    if LOGIN_NAME = "BTX-GATE" then LOGOUT
```

Eine solche stationsbedingte Zulassungskontrolle kann z.B. auch dann sinnvoll bzw. notwendig werden, wenn andere technische Ergänzungen oder Ausstattungsmerkmale wie extreme Speichergrößen oder Hardware-Dongles beim Einsatz einer bestimmten Software (z.B. ein spezielles CAD-Paket) vorausgesetzt werden.

Im folgenden Beispiel gehen wir davon aus, daß die zur Gruppe AUTOCAD gehörenden Benutzer sich nur von PC's anmelden dürfen, die mit einem entsprechenden AUTOCAD-Hardware-Dongle ausgerüstet sind. Die Ethernet-Nummern dieser Geräte sind bekannt und werden entsprechend abgefragt.

```
if MEMBER OF GROUP "AUTOCAD" then
   if P_STATION<>"0000aa113456" and
         P_STATION<>"0011aa002222" then
      if P_STATION<>"0022bb003333" and
            P_STATION<>"0033cc004444" then
         if P_STATION<>"0044dd005555" and
               P_STATION<>"0055ee006666" then LOGOUT
```

Durch diese Abprüfung ist sichergestellt, daß ein zur Gruppe AUTOCAD gehörender Benutzer sich nur an einem der definierten 6 Arbeitsplätze einloggen kann.

Eine weitere sehr praktische und wichtige Möglichkeit bietet diese Abfragetechnik auch hinsichtlich der bereits beschriebenen Problematik, **gruppenspezifische Zuweisungen** in das System-Login-Script zu integrieren, um die mehrfache Eintragung dieser Definitionen in die einzelnen User-Login-Scripts zu vermeiden.

Diese Systematik könnte z.B. so aussehen:

```
.........
if MEMBER OF GROUP "Verwaltung" then
 map K:=SOFTWARE:VERW
 map L:=VERW:DATEN
 map S6:=SYS:SICHER
 ..............
if MEMBER OF GROUP "RZ" then
 map L:= RZ:DATEN
 map S6:=SYS:SICHER1
  .............
if MEMBER OF GROUP "Einkauf" then
 map L:= VERW:EINKAUF\DATEN
 ..........
if MEMBER OF GROUP "MAIL" then
 map .......
 .........
```

Durch dieses Prinzip können die den unterschiedlichen Gruppen zugehörigen Benutzer also bereits über das zentrale System-Login-Script gruppenspezifische Zuweisungen erhalten.

Beachten Sie hierbei bitte, daß es durchaus zu Mehrfachzuordnungen kommen kann. So würde in unserem Beispiel ein zur Gruppe **Verwaltung** und zur Gruppe **Einkauf** gehörender Benutzer zuerst die Laufwerkszuordnungen K und L aufgrund der ersten MAP-Zuweisung erhalten, anschließend würde die Zuordnung des Laufwerks L wieder geändert!
Aus diesem Grund kommt es auf die Reihenfolge der MEMBER-Abfragen an, wenn hierarchische Gruppeneinteilungen vorliegen.

Sind die für eine Gruppe notwendigen Eintragungen und Abprüfungen sehr umfangreich, könnten sie auch in einer separaten Datei gehalten werden und über den INCLUDE-Befehl integriert bzw. indirekt aufgerufen werden. Z.B.:

```
if MEMBER OF GROUP "Einkauf" then
     include SYS:RZ-SYS\SCRIPT\einkauf.scr
..............
```

Es gibt zahlreiche weitere Möglichkeiten, im System-Login-Script Abfragen, Hinweise, Funktionsaufrufe, usw. zu bearbeiten, die Sie jedoch bitte den Dokumentationen oder Handbüchern entnehmen.

Allerdings sollten Sie sich davor hüten, das System-Login-Script zu weitgehend für eine Art Bedienungsführung mit Tagesmeldungen, Gruppeninformationen, usw. auszuweiten, da sonst zu häufig Änderungen und Anpassungen vorgenommen werden müssen und damit wiederum leichter Fehler entstehen können.

Diese Art von Aufgaben sollte in Form einer Bedienungsführung oder/und Benutzerhilfen realisiert werden.

2.4.2 Das User-Login-Script

Wie bereits in den vorherigen Abschnitten dargelegt, sollten spezielle Zugriffsrechte nur userbezogen vergeben werden. Diese speziellen Rechte sind wiederum nur dann erforderlich, wenn der Benutzer

- auf seinen "eigenen" Katalog
- oder auf Datenbereiche, für deren Pflege er zuständig ist, zugreifen soll.

Für den eigenen (HOME-)Katalog ist ein spezielles Mapping erforderlich, da zwar i.d.R. alle Benutzer ihr eigenes Verzeichnis unter einem einheitlichen Laufwerksbuchstaben wie z.B. I: zugewiesen bekommen, jedoch muß dieses Laufwerk jeweils auf einen anderen physikalischen Katalog verweisen.

Für die vom Benutzer zu pflegenden Datenbereiche ist eine solche gesonderte Laufwerks-Zuweisung in der Regel nicht notwendig, da er meistens bereits als allgemeiner User oder als Mitglied einer bestimmten Gruppe diesen Datenkatalog zugewiesen bekommt (dies hat noch nichts mit den Rechten zu tun).
Nur die sogenannten schreibenden, erzeugenden, ändernden oder löschenden Zugriffsrechte werden direkt personenorientiert vergeben, haben jedoch wiederum nichts mit der Laufwerkszuweisung zu tun.

Aus diesen Gründen reduzieren sich die in den User-Login-Scripts vorzunehmenden Eintragungen erheblich.

Neben den aufgeführten Laufwerkszuweisungen können Sie natürlich auch alle im letzten Abschnitt aufgeführten Script-Befehle wie Zuweisungen, Abfrage, Schreibbefehle, usw. integrieren.

Bei einer gut aufgebauten Systematik darf es sich jedoch nur noch um wenige Befehle handeln, die Sie tatsächlich im User-Login-Script eintragen müssen. Wollen Sie den Benutzer automatisch zu einem Bedienungsmenü hinführen, müssen Sie als letzten Befehl des Scripts ein solches Menü oder aber eine andere Hilfsdatei aufrufen.

Beispielhaft könnte ein User-Login-Script folgendermaßen aussehen:

```
map I:=RZ:MITARBEI\BERGER
MENUE.BAT
```

Nähere Ausführungen zur nachfolgenden Bedienungsführung und in diesem Zusammenhang zu beachtende Maßnahmen finden Sie im Kapitel 5 (u.a. in Bedienungsoberflächen und Hilfen).

Lassen Sie uns jetzt einmal eine mögliche Kombination von System-Login-Script und User-Login-Script in seiner Gesamtheit betrachten. Dabei finden Sie in der nachfolgenden Zusammenstellung eine Mischung der in diesem und im letzten Abschnitt dargestellten Möglichkeiten.

```
*--------SYSTEM-LOGIN-SCRIPT--------------------------
*
*------- Setzen von SET-Variablen -------------------
set user="%LOGIN_NAME"
set dos="%OS_VERSION"
set eth="%P_STATION"
set shell="%SHELL_TYPE"
*
*-------- Sicherheitsabfragen -----------------------
if P_STATION="0000aa113456" and
   LOGIN_NAME<>"Meier" then LOGOFF
*
if LOGIN_NAME = "BTX-GATE" then
   if P_STATION <> "007baa110056" then
       if P_STATION <> "007baa110022" then LOGOFF
*
if MEMBER OF GROUP "AUTOCAD" then
   if P_STATION<>"0000aa113456" and
       P_STATION<>"0011aa002222" then
       if P_STATION<>"0022bb003333" and
           P_STATION<>"0033cc004444" then
           if P_STATION<>"0044dd005555" and
               P_STATION<>"0055ee006666" then LOGOFF
*
*------ globale Mappings für "Jedermann" ------------
map f:= sys:login
map m:= sys:rz-sys\menue
map g:= m:
map h:= daten:zentral
map s1:=sys:public
map s2:=sys:rz-sys\menue
map s3:=sys:login
*-------- spezielle Zuordnungen für Gruppen ---------
if MEMBER OF GROUP "Verwaltung" then
   map K:=SOFTWARE:VERW
   map L:=VERW:DATEN
   map S6:=SYS:SICHER
if MEMBER OF GROUP "RZ" then
   map L:= RZ:DATEN
   map S6:=SYS:SICHER1
if MEMBER OF GROUP "Einkauf" then
   map L:= VERW:EINKAUF\DATEN
```

```
*-------- USER-LOGIN-SCRIPT -------------------------
*
map I:=RZ:MITARBEI\BERGER
MENUE.BAT
```

Abbildung 2-9: *Beispiel eines System- und User-Login-Scripts*

In diesem Beispiel wurde anstatt des Novell-Befehls LOGOUT ein eigenständiger Batch-Befehl LOGOFF verwandt, um einen möglichen "Steuerungsbedarf" beim Ausloggen zu verdeutlichen.

An dieser Zusammenstellung der LOGIN-Scripte können Sie erkennen, daß der Aufbau des System-Login-Scripts von allergrößter Bedeutung ist und hierüber im Prinzip alle relevanten Aktionen und Prüfungen erfolgen.

Finden Sie in Ihrer eigenen Installation eine erheblich anders gelagerte Gewichtung hinsichtlich der User-Login-Scripte, sollten Sie die Installation aufmerksam prüfen. Dabei kann die Ursache in den verschiedensten Bereichen der Serverstruktur liegen, z.B. bei

- der Volume- und Katalogstruktur
- der Gruppen- und Usersystematik
- dem Mapping-Konzept oder
- dem Aufbau der Login-Scripte.

Abschließend muß gesagt werden, daß die Login-Scripte nur ein Teil der notwendigen Module und Elemente in der gesamten Nutzungsführung sind, allerdings müssen alle Elemente aufeinander abgestimmt sein und funktional korrekt miteinander verzahnt werden.

Weitere Schritte dieser Nutzungsführung bzw. Bedienungssteuerung finden Sie in den Kapiteln 3 und 5.

3 Softwarebereitstellung am Server

Wie bereits mehrfach angesprochen und in Kapitel 1 mit konkreten Zahlenwerten belegt, ist gerade die zentrale **Softwarebereitstellung** am Server eines der Effizienz- und Rationalisierungskriterien eines Netzwerkes, das sich am schnellsten und unmittelbarsten in tatsächliche finanzielle Ersparnisse umsetzen läßt.
Einerseits entstehen hierdurch erhebliche Synergieeffekte bei der Betreuung und andererseits ist nur hierdurch eine flexible und damit kostensparende "dynamische" Lizenzverteilung im Netzwerk möglich.

Mit Software ist dabei die gesamte Palette von

firmenunabhängigen Standardpaketen wie
Text-, Datenbank-, DTP-, Grafik-, Kalkulationssystemen u.a. über

firmen- oder anwendungsspezifischen Softwarepaketen wie
Fakturierung, Einkauf/Verkauf, Vertrieb, usw. bis hin zu

eigen- oder auftragsentwickelten Spezialanwendungen für
Projektabwicklung, Prozeßsteuerung über das Netz, usw.

gemeint.

Unabhängig von den grundsätzlichen Überlegungen und Feststellungen zur Softwarebereitstellung am Server entstehen bei der Realisierung jedoch eine Vielzahl von Fragen wie:

- ist die erforderliche Software eigentlich netzwerkfähig?
- darf man die vorhandenen Lizenzen im Netz einsetzen?
- worauf muß ich bei der Softwareinstallation auf dem Server achten?
- sind verschiedene Softwarearten unterschiedlich zu behandeln?
- wer wird für die Installation/Betreuung der Software verantwortlich?
- wer darf diese Software nutzen? (und wer bestimmt das?)

Zu Beginn dieses Buches habe ich besonders wir auf die

Überbewertung der Netzwerktechnologie

hingewiesen und Sie konnten bereits im letzten Kapitel sehen, das die in der Praxis entstehenden Probleme im Zusammenhang mit der Serveradministration

fast keinen Zusammenhang mehr mit den technischen Gesichtspunkten eines Netzwerkes haben.
Hinsichtlich der Softwareinstallation erkennen Sie am aufgeführten Fragenkatalog, daß auch die hier enthaltenen Probleme Bereiche betreffen, die mit der eigentlichen Netzwerktechnologie nichts mehr zu tun haben.

In den folgenden Abschnitten werden darum diese und weitere Fragen näher durchleuchtet, um Ihnen Hinweise und Anregungen hierzu zu geben.

3.1 Funktionale Netzwerkfähigkeit von Anwendungsprogrammen

Die Bezeichnung "netzwerkfähig" oder "netzwerkkompatibel" ist leider keine klare und eindeutige Definition, sondern kennzeichnet z.T. unterschiedliche Fähigkeiten und Bedürfnisse und wird auch von den Anbieterfirmen vielfach irreführend oder beschönigend verwendet.

Bei genauerer Betrachtung muß der Begriff **Netzwerkfähigkeit** in eine

- funktionale Netzwerkfähigkeit und eine
- administrative Netzwerkfähigkeit

unterteilt werden, da neben dem rein technischen "Funktionieren" auch die Administration, Organisation, Kontrolle, Sicherheit und Flexibilität für einen sinnvollen und realisierbaren Netzwerkeinsatz einer Software entscheidend ist. Dieser zweite, in der Regel vernachlässigte Aspekt der administrativen Netzwerkfähigkeit wird von uns im nachfolgenden Abschnitt 3.2 untersucht und detaillierter dargestellt.

Häufig wird eine Software schon dann als "netzwerkfähig" bezeichnet, wenn sie sich nur vom Server laden und auf dem Arbeitsplatz-PC starten läßt. In Wirklichkeit kann erst unter Kenntnis der jeweiligen Anwendungskriterien und Nutzungserfordernisse je nach Softwaretyp eine Aussage zur Netzwerkfähigkeit eines Programms gemacht werden.

3.1.1 Grundvoraussetzung

Ein Programm läßt sich vom Server laden und am Arbeitsplatz-PC durchführen. Hierbei gibt es erste Probleme, wenn die Programme zu umfangreich sind und der freie Arbeitsspeicher des User-PC's durch das Betriebssystem, die jeweilige Netzwerk-Shell oder speziell erforderliche Device-Treiber eingeschränkt wird.

Gerade die Größe der Netzwerk-Shell (je nach Netzwerk- und/oder Netzkartentyp) und die Möglichkeiten der Auslagerung in den Extended oder Expanded Memory beeinflussen dieses Problem erheblich.

Bei Einsatz

- ab 80386er-PC's,
- ab dem Betriebssystem DOS 5.0,
- eines guten Speichermanagers und
- einer Arbeitsspeichergröße von deutlich mehr als 1 MB

hat man jedoch an einem vernetzten PC nahezu die gleichen freien Speicherressourcen wie an einem nicht vernetzten Arbeitsplatz zur Verfügung. Hierdurch ist fast jedes auf einem Einzel-PC lauffähige Programm auch auf einem vernetzten PC ablauffähig und damit im untersten Sinne netzwerkfähig.

Ob ein Programm von verschiedenen Anwendern im Netzwerk (möglichst sogar gleichzeitig) aufgerufen und genutzt werden kann, ist eine ganz andere Fragestellung, die u.a. natürlich auch das Vorhandensein entsprechender Lizenzen voraussetzt (näheres hierzu finden Sie im Abschnitt 3.3).

3.1.2 Netzwerkmeldungen

Ein Programm "verträgt" Netzwerkmeldungen in der 25. Bildschirmzeile und läuft problemlos weiter, wenn der User die Meldung mit CTRL-RETURN quittiert. Gerade ältere, den Grafikmodus nutzende Programme machen hier häufiger Schwierigkeiten, da sie nach der Meldung nicht wieder korrekt in den Grafikmodus zurückschalten. Hierdurch kommt es dann zu Programmabstürzen.

Dieses Problem läßt sich entschärfen, indem vor Aufruf eines solchen Programms die Systemfunktion CASTOFF ALL (unter NetWare 3.11) aufgerufen wird, um jegliche Meldung während der Programmlaufzeit zu unterdrücken. Während "normale" Meldungen hiermit abgeblockt werden, kommen einige Systemmeldungen (z.B. VOLUME .... out of Diskspace) leider trotzdem durch.

Allerdings wird mit dem Einsatz von CASTOFF ALL auch eine gravierende Möglichkeit der Netz-Information und Kommunikation aufgehoben, so daß u.a. wichtige Informationen oder Meldungen den Anwender nicht mehr erreichen können.

3.1.3 File-Locking

Programme, die Datendateien im Netzwerk ver- oder bearbeiten, müssen zumindestens das sogenannte File-Locking aktiv und passiv unterstützen.
So muß u.a. ein Backup-System erkennen, berücksichtigen und protokollieren, wenn eine Datei durch ein anderes Programm aufgerufen (gesperrt) ist und somit nicht gesichert werden kann.

Aktiv heißt, daß z.B. ein Textsystem die zu bearbeitende Textdatei im Netz exklusiv öffnen muß, damit andere User während dieser Zeit keinen lesenden oder schreibenden Zugriff auf diese Datei bekommen.
Schon hier werden erste Handhabungsprobleme bei eventuell notwendigen oder gewünschten Mehrfachzugriffen erkennbar, da nicht alle Softwaresysteme eine Unterscheidung nach lesenden und schreibenden Zugriffen vornehmen. Wird eine Datei geöffnet, wird sie in der Regel zum Lesen und Schreiben angemeldet und steht somit während dieser Zeit keinem anderen Benutzer zur Verfügung, unabhängig von seinen Novell-Rechten für diese Datei.

Passiv heißt, die Software muß eine Systemmeldung des Servers mit Hinweis auf eine bereits geöffnete Datei ordnungsgemäß, z.B. mit einer entsprechenden Warnung an den Benutzer, ohne Absturz erkennen und verarbeiten können.

Auf dem Markt befindliche Systeme erfüllen diese Bedingungen fast immer, bei Eigen- oder Auftragsentwicklungen treten schon häufiger Probleme auf, insbesondere wenn es sich um bereits seit längerer Zeit auf Einzel-PC's eingesetzte Softwaresysteme handelt.

3.1.4 Record-Locking

Bei Anwendungen und Datenbanksystemen muß zusätzlich ein sogenanntes Record-Locking (datensatzorientiertes Sperren) unterstützt werden, damit mehrere Anwender gleichzeitig auf den gleichen Datenbestand bzw. die gleiche Datei zugreifen können.
Hierbei ist also jeweils nur der von einem der Anwender bearbeitete Datensatz gesperrt, während die anderen Datensätze weiter zur Verfügung stehen. Diese Forderung wirkt einleuchtend und ihre Realisierung erscheint im ersten Augenblick einfach, erweist sich jedoch schon bei einfachen Datenbankanwendungen als nicht ganz problemlos.

Man muß sich bei dieser Problematik bewußt machen, daß hier keine direkte Unterstützung des Netzwerkbetriebssystems erfolgen kann, sondern diese Zugriffs- und Prüfalgorithmen ganz allein durch die Anwendungsprogramme realisiert werden müssen.
NetWare (oder andere Netzwerkbetriebssysteme) kann standardmäßig nur bis zur Dateiebene kontrollieren, sperren, freigeben, usw.. Die satzorientierten Strukturen einer Anwendung sind dem Betriebssystem in der Regel unbekannt und daher nicht zugänglich.
Nehmen wir ein simples Beispiel, wie es bereits bei der Bearbeitung einer Adreßdatei mit Hilfe von dBASE oder einem anderen System zu Problemen kommen kann:

In einem PC-Netzwerk soll in einer Datenbank durch mehrere Benutzer die Möglichkeit der Datenbearbeitung im gleichen Datenbestand bestehen. Dazu muß diese Datei natürlich mit dem NetWare-Attribut "shareable" für mehrere Nutzer zur gleichen Zeit aufrufbar gemacht werden.

Erstens sollen dabei mehrere User diese Daten gleichzeitig lesen können, zweitens sollen Datensätze lesbar sein, wenn ein Benutzer einen Datensatz gerade bearbeitet und drittens dürfen nicht zwei Benutzer gleichzeitig einen Datensatz bearbeiten (ändern). Es ist also zwischen den Anforderungen

Lesen eines Datensatzes (READ)

Beschreiben eines Datensatzes (WRITE)

und genaugenommen der logischen Vermischung

Lesen mit der Absicht zum Schreiben (READ und WRITE = UPDATE)

zu unterscheiden.

Die ersten beiden Anforderungen sind vom Bedarf her eindeutig und in den meisten Systemen umsetzbar, die letzte Funktion wird nur in wenigen Programmiersystemen unmittelbar unterstützt, obwohl sie häufig vorkommt.

Zur Verdeutlichung dieser dritten Anforderung betrachten Sie beispielsweise einen normalen Telefonverkauf:

Hier erfolgen aufgrund von Kundenanfragen ständig Abprüfungen, in welcher bzw. ob ein Artikel in ausreichender Menge bzw. in gewünschter Art, Farbe, usw. am Lager verfügbar und somit direkt verkaufbar ist.

Mehrere Telefonverkäufer greifen dabei auf den gleichen Artikelbestand (Datenbank) zu und teilen ihren Kunden auf Anfrage mit, ob der gewünschte Artikel in der erforderlichen Stückzahl verfügbar ist.
Kommt es nun zu einem Bestellvorgang, so darf die Bestellmenge nicht einfach vom vorher erfragten IST-Bestand abgezogen und das Ergebnis als neuer IST-Stand gespeichert werden. Bereits vorher oder in der Zwischenzeit könnte nämlich ein anderer Verkäufer den gleichen Artikel (den gleichen Datensatz) abgefragt und vielleicht sofort einen Bestellvorgang ausgelöst haben, hierdurch würde das System dann von einem falschen IST-Bestand ausgehen.

Beide Verkäufer würden beispielsweise von einem IST-Bestand von 10 Teppichrollen ausgehen. Der erste verkauft 6 Stück und schreibt den IST-Bestand mit 4 Rollen in die Datei zurück, der zweite verkauft 3 Teppichrollen und speichert den Bestand mit 7 Rollen zurück.
Bei einem Bestand von 10 Rollen hätte man nun 9 verkauft und behält einen IST-Bestand von 7 Rollen übrig, das wäre betriebswirtschaftlich zwar optimal, aber leider absolut falsch.

Die Vorgänge - Lesen des IST-Bestandes
- Subtrahieren der Bestellmenge
- Abspeichern des neuen IST-Bestandes

gehören also zwingend zusammen, bei ihrer Durchführung dürfen keine anderen Aktionen (eines anderen Netzwerk-PC's) "dazwischenkommen".
Obwohl es genaugenommen also ein Lesevorgang ist, müßte ab Feststellung (READ) des IST-Zustandes der Bestand dieses Datensatzes "eingefroren" werden, ein anderer Verkäufer darf inzwischen keinen Verkauf tätigen.

Da die verschiedenen Bearbeitungsvorgänge (Prozesse) jedoch jeweils durch die Programme bzw. Applikationen in den Arbeitsplatz-PC's eingeleitet werden und es keine zentrale Koordination dieser Aktionen durch ein spezielles Programm am Server gibt, kann es dazu kommen, daß zwei oder mehrere Anwender (fast) gleichzeitig einen solchen Vorgang auslösen und es somit zu konkurrierenden und sich widersprechenden Zugriffen kommt.

Deshalb müssen die Programme also Möglichkeiten bereitstellen, um vom User-Arbeitsplatz aus einen Datensatz mit einem speziellen Befehl nur für sich zu reservieren und im Datenbestand bzw. in einer speziell hierfür vorgesehenen "Leit- oder Steuerdatei" muß für die anderen Benutzer diese Reservierung bzw. Sperre erkennbar sein.

Sind die oben aufgeführten unterschiedlichen Zugriffsbedürfnisse und deren Umsetzung nicht sauber aufeinander abgestimmt, kommt es sehr leicht zu Inkonsistenzen im Datenbestand und damit zu gravierenden Fehlern.

Textsysteme

Für Textsysteme gelten diese weitreichenden Anforderungen hinsichtlich eines Record-Locking in der Regel nicht, da ein Text nur selten in satzorientierter Form vorliegt bzw. bearbeitet wird und üblicherweise zudem nur von einem Benutzer zur Zeit bearbeitet wird.
Ein gleichzeitiger, mehrfacher Änderungszugriff ergibt keinen Sinn, da immer der "gewonnen" hätte, der seinen Text zuletzt zurückspeichert.

Seitens der Anwender kommen in dieser Hinsicht zwar immer wieder praxisfremde Anforderungen hinsichtlich gleichzeitiger Bearbeitungsmöglichkeit einer Dokumentation oder eines Projektes durch mehrere Benutzer, hier sollten jedoch die tatsächlichen Strukturen und Bearbeitungsmöglichkeiten einer Datenbank bzw. einer Textdatei beachtet und in die Überlegungen einbezogen werden.

Auch hinsichtlich der zunehmenden Software für Group-Anwendungen ist Vorsicht geboten, denn an den hier aufgezeigten Anforderungen und Grenzen kommen Sie nicht vorbei, da ein gleichzeitiger, mehrfacher Zugriff kein rein technisches, sondern ein Rechte-, Zugriffs- und Konsistenzproblem ist.

Datenbank- und Kalkulationsprogramme

Die auf dem Markt befindlichen Softwaresysteme wie Datenbank- und Kalkulationsprogramme bieten üblicherweise die Möglichkeiten des Record-Locking,

allerdings sind ihre Sicherheitsverfahren für den Einsatz im Netzwerk in dieser Hinsicht nicht immer ausreichend.
Das gilt besonders dann, wenn mehrere Datenbestände miteinander verknüpft sind, zugeordnete Indexdateien verwaltet werden müssen und mehrere schreibberechtigte Benutzer gleichzeitig den Datenbestand bearbeiten können (siehe Abschnitt 3.1.5 zur Transaktionsverarbeitung).

Aber auch beim direkten mehrfachen Netzwerkeinsatz einiger Standardsysteme wie z.B. dBASE sind die Record-Mechanismen nicht automatisch aktiviert, sondern müssen von den Anwendern explizit aufgerufen werden. Beispielsweise wird auf der direkten Dialogebene ein gleichzeitiger Schreibzugriff über EDIT oder BROWSE durch zwei Benutzer auf den gleichen Datensatz nicht verhindert. Die entsprechenden Folgen sind tatsächlich so verheerend, wie oben beschrieben.

3.1.5 Unterstützung der Transaktionsverarbeitung

Wie im letzten Abschnitt erkennbar wurde, genügen die Techniken des File- und Record-Locking bei umfangreicheren und komplexeren Datenanwendungen zur Sicherstellung der Datenintegrität häufig nicht mehr aus.
Insbesondere wenn ein Bearbeitungsvorgang Veränderungen in mehreren Dateien auslöst, kann mit den bisher aufgeführten Techniken nicht mehr sichergestellt werden, daß diese Aktionen auch wirklich **alle** realisiert werden.

Vereinfacht ausgedrückt wird dann von Transaktionsverarbeitung gesprochen, wenn mehrere Aktionen logisch zusammengehören und nur entweder insgesamt oder gar nicht durchgeführt werden dürfen.

So gehört z.B. die Eintragung eines neuen Kundensatzes und die Änderung der zugehörigen Indexdateien (z.B. eine nach dem Kundennamen, eine zweite nach der PLZ) zwingend zusammen. Wird nur eine dieser drei Aktionen durchgeführt, erhält man einen inkonsistenten Datenbestand und kann eventuell nicht mehr oder nur noch teilweise auf den neuen Datensatz zugreifen. Hier stellt die automatisierte Erstellung neuer Indexdateien bei jedem neuen Softwareaufruf nur eine Behelfslösung dar.

Hierzu einige typische Anwendungsbeispiele:

1. Beispiel: automatisch fortlaufende Kundennummern

Um eine eindeutige, jedoch fortlaufende Kundennummer bereitzustellen, soll ein Programm zur Kundenstammdatenverwaltung in einer gesonderten Datei die jeweils letzte Nummer automatisch erfragen bzw. ablegen.
Beim Eintragen eines neuen Kunden wird durch Überprüfung der letzten vergebenen Kunden-Nummer die neue Nummer errechnet und einerseits in die "Nummerndatei" zurückgeschrieben und andererseits im neuen Datensatz mit eingetragen.

Nun gibt es zwei Problemfälle:

- Beim Anfügen eines weiteren Kunden durch einen anderen Netzwerk- bzw. Programmbenutzer erfolgt der gleiche Bearbeitungsvorgang und jetzt kann es passieren, daß beide Bearbeiter (fast) zum gleichen Zeitpunkt die letzte eingetragene Kundennummer ermitteln und nun für ihren jeweils neuen Datensatz die gleiche Kundennummer errechnen, obwohl sie sich natürlich um 1 unterscheiden müßte.

- Das zweite Problem entsteht durch die Reihenfolge des Zurückschreibens in die beiden verschiedenen Dateien.
  Wird z.B. zuerst die neue (letzte) Kundennummer in die "Nummerndatei" eingetragen und stürzt das Anwendungsprogramm dann zufällig ab oder die Netzwerkverbindung fällt aus, wird zwar die letzte Kundennummer eingetragen, jedoch nicht der neue Datensatz mit dieser Kundennummer. Das heißt, daß der Kunde mit dieser Nummer nicht existiert.

  Wird zuerst der Kundendatensatz zurückgeschrieben und dann "stürzt" das System ab, bleibt die alte Kundennummer existent und beim Eintragen des nächsten Kundensatzes ergibt die Abfrage der "Nummerndatei" die gleiche Nummer wie für den bereits eingetragenen Kunden. Die Kundennummer existiert anschließend also zweifach!

Die Vorgänge
- Sperren der "Nummerndatei"
- Lesen der letzten Kundennummer aus der "Nummerndatei"
- Erhöhung der Kundennummer und Zurückschreiben in "Nummerndatei"
- Speichern des neuen Kundensatzes mit der erhöhten Nummer
- Freigabe der "Nummerndatei"

gehören also zwingend als ein gesamter Bearbeitungsvorgang zusammen, der entweder in seiner Gesamtheit oder gar nicht durchgeführt werden darf.

2. Beispiel: Eine nach Name, Postleitzahl und Ort indizierte Adreßdatei

Neben der eigentlichen Adreßdatenbank existieren hier also drei Indexdateien, die neben der eigentlichen Datenbank bei Neuerfassungen, Änderungen oder Löschungen ebenfalls aktualisiert werden müssen.

Wird eine neue Adresse mit allen erforderlichen Feldinhalten erfaßt, gehört zum Abschluß des gesamten Bearbeitungsvorganges die Abspeicherung der Daten. Um anschließend direkt oder über eine der vorgesehenen Indexdateien auf diesen neuen Datensatz zugreifen zu können, gehören die Vorgänge

- Abspeichern des Datensatzes
- Aktualisieren der Indexdatei NAME

- Aktualisieren der Indexdatei PLZ
- Aktualisieren der Indexdatei ORT

zwingend zusammen. Fehlt die Abspeicherung nur einer dieser in getrennten Dateien abgelegten Informationen, so kann anschließend nicht mehr oder nur noch eingeschränkt auf diesen Datensatz zugegriffen werden.

Stürzt der Anwender-PC zum Beispiel nach der Speicherung des Datensatzes und der ersten Indexdatei ab, werden die beiden anderen Indexdateien nicht mehr aktualisiert. Damit wäre bei einem nachfolgenden Zugriff über die Begriffe PLZ oder ORT der eingetragene Datensatz "scheinbar" nicht mehr vorhanden.

Selbstverständlich können Sie sagen, daß ein "normales" Anwendungssystem die Indexdateien vor dem Programmstart in jedem Fall aktualisiert. Das dann stimmt jedoch nur bei kleinen Datenbanken; bei umfangreichen Datensystemen mit mehreren Zehntausend Datensätzen würde diese Aktualisierung z.T. 5 bis 30 Minuten dauern und wird darum in der Praxis nicht durchgeführt.

3. Beispiel: Fakturierung

Bei einem typischen Bestellvorgang werden in einer Stammdatei und in mehreren Bewegungsdateien (unabhängig von weiteren Indexdateien) Eintragungen vorgenommen. So erfolgen z.B. in

- der Bestelldatei,
- der Rechnungsdatei,
- der Lieferscheindatei,
- im Kundendatensatz (kumulierter Umsatz)

Eintragungen, um den gesamten Bestellvorgang organisatorisch abzubilden und keine weiteren Aktivitäten mehr auslösen zu müssen.

In diesem Zusammenhang wird die zwingende Verflechtung dieser Vorgänge besonders deutlich, denn was nützt die schönste und dickste Bestellung, wenn anschließend keine Rechnung erstellt wird, weil die entsprechende Eintragung in dieser Datei fehlt.
Natürlich habe ich Ihnen die Erfordernisse und Zusammenhänge der Transaktionsverarbeitung hier an sehr trivialen und zudem vereinfachten Zusammenhängen dargestellt, die grundsätzliche Erfordernis dürfte jedoch deutlich geworden sein.

Bitte lassen Sie sich nicht davon irritieren, daß z.B. NetWare über eine Transaktionsverarbeitung verfügt. In der Grundeinstellung handelt es sich hier um eine rein interne, NetWare-spezifische Bearbeitung, allerdings können Anwendungen diese Möglichkeiten im obigen Sinne nutzen.

Neben diesen "funktionalen" Netzwerkerfordernissen, bei deren Fehlen man ein Softwareprodukt relativ eindeutig als "nicht-netzwerkfähig" einstufen kann, gibt es eine Reihe zusätzlicher Kriterien, die für die praktische Netzwerkfähigkeit zumindest gleich bedeutsam sind.

3.2 Administrative Netzwerkfähigkeit von Anwendungsprogrammen

In der Praxis erweisen sich neben den im letzten Abschnitt aufgeführten funktionalen Kriterien die zusätzlichen Merkmale der "Administrativen Netzwerkfähigkeit" als mindestens ähnlich relevant für die Beurteilung der Netzwerkfähigkeit eines Programms.
Dabei sind besonders die Probleme nachteilig, die Einschränkungen der Nutzungsflexibilität verursachen und/oder verhindern, daß Netzwerkarbeitsplätze multifunktional einsetzbar sind.

So sollen Sie manchmal z.B. Lizenzvereinbarungen unterschreiben, in denen Sie sich verpflichten, die gekaufte Software nur auf einem bestimmten Rechner einzusetzen, vielfach findet sogar eine Lizenzierung auf genau diesen Rechner statt. Wird dieser Rechner dann für andere Aufgaben eingesetzt oder er fällt aus technischen Gründen aus, können Sie die vorhandene Lizenz für diese Zeit nicht mehr nutzen. **Kann das richtig sein???**

3.2.1 Unterstützung unterschiedlicher Bildschirm-Modi

Einigen Programmen muß bei der Installation vorgegeben werden, welchen Bildschirm-Modus (CGA, VGA, EGA, S-VGA, Monochrom, Farbe) sie unterstützen sollen. Nun gibt es bei einem etwas größeren Netzwerk bzw. einem über mehrere Jahre angewachsenen PC-Bestand vielfach verschiedene Bildschirm-Adapterkarten, so daß ein im Netzwerk installiertes Programm verschiedene Bildschirm-Modi unterstützen können muß.

Wird bereits bei der Programminstallation der Bildschirm-Modus (z.B. VGA) fest definiert, müssen Sie dieses Programm **eventuell mehrfach im Netz bzw. auf dem Server installieren**, damit es auch für andere Bildschirm-Modi genutzt werden kann.

Intelligentere Programme prüfen beim Start deshalb entweder selbständig die Art des Bildschirm-Adapters oder sie sind wenigstens mit einem Parameter aufrufbar, über den der richtige Bildschirm-Modus selektiert wird.

Es bleibt allerdings das Problem zu lösen, daß ihr Programm zwar einen VGA-Adapter erkennt, der Anwender jedoch aufgrund seines Bildschirms und seines Controllers (z.B. 17", 1024*768 Auflösung) für seinen PC eine höhere Bildschirmauflösung definiert hat. Über das im Netz installierte Programm erhält er standardmäßig nun jedoch nur eine Auflösung von 640*480, so daß das Bild eventuell sogar nur einen Teil des Bildschirms ausfüllt.

3.2.2 Programm und Daten in verschiedenen Katalogen bzw. Volumes

Wie im zweiten Kapitel ausführlich erläutert und begründet, gibt es zahlreiche und zwingende Gründe für eine saubere speichermäßige Trennung zwischen einem Programm und den vom Programm erzeugten bzw. zu verwaltenden Daten.
In der Praxis ist es ein fast tägliches Problem, daß ein Programm genau diese Trennung standardmäßig nicht berücksichtigt bzw. überhaupt nicht realisieren kann, sondern zwingend die Daten im gleichen Katalog ablegt, der die eigentlichen Programmdateien enthält.

Genaugenommen müssen Sie bei netzwerkfähigen Programmen sogar (mindestens) drei verschiedene Speicherbereiche definieren können:

- Programme, Programm-Module, Druckertreiber
- benutzerspezifische Parameter- bzw. Definitionsdateien
- Daten-, Steuer- und Indexdateien

In diesem Abschnitt betrachten wir vorerst jedoch nur den ersten und dritten Anforderungspunkt. Kann für ein Programm eine separate Definition dieser Bereiche nicht vorgenommen werden, führt diese mangelhafte Administrationsfähigkeit der Programme u.a. zu folgenden Nachteilen:

- erheblicher zusätzlicher Aufwand bei der Vergabe der Zugriffsrechte, da die Rechte nicht mehr rein katalogorientiert definierbar sind, sondern in hohem Umfang dateiorientiert spezifiziert werden müssen.
- Durch die aufwendigeren und häufig erheblich unübersichtlicheren Zugriffsrechte entstehen sehr leicht Sicherheitslücken und damit Risiken für die Verfahrenssicherheit und den Datenschutz.
- Analyse-Probleme und z.T. unnötige Redundanzen bei der Backup-Systematik bzw. der Backup-Verwaltung. Entweder sichern Sie katalogorientiert und damit auch die Programmdateien regelmäßig mit und verbrauchen entsprechend Backup-Zeiten und teure Bänder, oder Sie müssen auch das Backup explizit für einzelne Dateien festlegen.
- Bei der separaten Datenerzeugung je Benutzer sind die Auswirkungen einer gemeinsamen Speicherung von Programm und Daten im gleichen Katalog erheblich und können sogar dazu führen, daß ein angeblich netzwerkfähiges Programm nicht von mehreren Benutzern aufgerufen und zur Erzeugung jeweils eigener Daten eingesetzt werden kann. Selbst Programme wie z.B. F&A haben solche Nachteile.
- Beim Einspielen neuer Softwareversionen kann nicht mehr durch einfache Pfadschaltung dafür gesorgt werden, daß das Software-Update die vorhande-

nen Daten nutzen kann. Diese Möglichkeit ist besonders während der Testphase eines Updates für eine schnelle Prüfung und gegebenenfalls einen Rückgriff auf das alte Release äußerst praktisch.

3.2.3 (Unkontrollierbares) Schreiben in Kataloge

Ein Programm schreibt beim Aufruf oder bei der späteren Nutzung zwingend in das Netzwerk zurück (keine Daten!) und schlimmstenfalls sogar in einen vom Supervisor nicht beeinflußbaren Katalog. Dies wird z.B. gemacht, um

- softwareeigene Lizenzzähler in der Root zu aktualisieren oder
- benutzerspezifische Merkdateien im Volume SYS oder
  im Softwarekatalog anzulegen oder
- zur Erzeugung temporärer Dateien.

Besonders kritisch ist diese Vorgehensweise dann, wenn nicht nur programmspezifische "Merkdaten" in eine bereits vorhandene Datei geschrieben werden, sondern für jeden Benutzer eigene temporäre Dateien ständig erzeugt und wieder gelöscht werden.
Dadurch müssen dem Anwender neben WRITE-Rechten sogar CREATE- und ERASE-Rechte, manchmal sogar MODIFY-Rechte in Plattenbereichen eingeräumt werden, in denen sie eigentlich nur READ- und FILE SCAN-Rechte haben sollen (z.B. im Volume SOFTWARE bzw. im speziellen Programm-Katalog).

Selbst einige der bekanntesten der am Markt vertretenen (angeblich netzwerkfähigen) Standardsoftwaresysteme haben genau diese Nachteile, die man nur mit erheblichen Tricks und Kopiervorgängen neutralisieren oder zumindestens entschärfen kann.

Natürlich läßt sich argumentieren, daß man mit Hilfe der umfangreichen NetWare-Rechtestrukturen diese Probleme lösen kann, allerdings bedeutet dies vielfach einen mehrfachen administrativen Aufwand und beinhaltet auch zahlreiche der im letzten Abschnitt aufgeführten weiteren Nachteile.

Bei einer optimalen Programminstallation dürfen im Rechteprofil für die Softwarekataloge eigentlich nur das FILE SCAN- und das READ-Recht erscheinen, jedes weitere notwendige Zugriffsrecht belegt eine fehlerhafte Installation oder ein nicht sauber netzwerkfähiges Programm!

Nehmen wir ein Beispiel:

Eine Textsoftware beinhaltet z.B. 70 oder mehr verschiedene Programm- und Treiberdateien, die in einem eigenen Katalog abgelegt sind. Zur Eintragung temporärer Druckerdefinitionen, Schriftsätze oder Dateireferenzen werden vom Programm automatisch userspezifische Dateien (also für jeden User!!!) im **gleichen Katalog** erzeugt.

Hierdurch ist es nicht mehr möglich, einer berechtigten Usergruppe pauschal nur das Recht FILE SCAN und READ für diesen Katalog zu geben, sondern es müssen zusätzlich die Rechte CREATE, WRITE und ERASE vergeben werden. Werden die von der Textsoftware automatisch erzeugten temporären Dateien eventuell noch auf "Hidden" gesetzt, müssen Sie zusätzlich auch noch das MODIFY-Recht vergeben.
Leider ist das immer noch nicht alles, sondern innerhalb des Katalogs müssen nun die katalogorientierten Rechte W, C und E und M für die 70 aufgeführten Programmdateien wieder entzogen werden, damit der Benutzer diese nicht löschen oder verändern kann!!!

Dieser Aufwand ließe sich ohne Probleme vermeiden, wenn man z.B. für diese Textsoftware einen zusätzlichen eigenen Katalog an beliebiger Stelle definieren könnte, der nur die verschiedenen temporären Dateien aufnimmt oder wenn man die userspezifischen Dateien direkt dem jeweiligen HOME-Verzeichnis des Benutzers zuweisen könnte.

3.2.4 (Unkontrollierbares) Erzeugen von parallelen Katalogen

Einige Softwaresysteme berücksichtigen die im letzten Abschnitt aufgestellten Anforderungen scheinbar, indem sie nicht in "ihr" eigenes Verzeichnis schreiben und Merkdaten ablegen, sondern parallel einen oder mehrere neue Kataloge anlegen.
Bei erster Betrachtung erscheint dieses Problem fast harmlos, die Konsequenzen sind jedoch wesentlich gravierender, da Sie dem Benutzer jetzt nicht nur Rechte im gleichen Katalog geben müssen, in dem die Software abgelegt ist, sondern Sie müssen im übergeordneten Katalog Rechte wie CREATE, WRITE, ERASE und/oder MODIFY zuteilen.

Schauen wir uns ein Beispiel entsprechend unserer in Kapitel 2 aufgezeigten Bedürfnisse an:

Volume	Kataloge	Userrechte
SOFTWARE	WORD55	[........]
	DBASE4	[........]
	PASCAL	[........]
	....	
	XYZ	**[.R....F.]**
	.....	
	MAIL	[........]

Wenn z.B. die Software XYZ dynamisch parallele Verzeichnisse einrichten will, um u.a. userspezifische Daten abzulegen, müssen Sie einem Benutzer von XYZ bei dieser Beispielstruktur im Volume SOFTWARE die Rechte CREATE, WRITE und ERASE und wahrscheinlich auch MODIFY zuteilen, ansonsten läuft die Applikation XYZ nicht.

Aufgrund der NetWare-Systematik gilt, das ein gegebenes Recht auch für alle Unterkataloge gültig ist, solange kein neues Rechteprofil definiert wird.
Hatten Sie z.B. bereits für das Volume SOFTWARE ein FILE SCAN- und ein READ-Recht vorgesehen, um in den sonstigen Verzeichnissen keine weiteren Definitionen tätigen zu müssen, erfordert diese neue Lage eine explizite Rechteeinschränkung für alle Kataloge der Ebene XYZ.

Desweiteren wird klar, daß ein Benutzer, auf sehr hoher Ebene und das sogar im Volume SOFTWARE, erhebliche Rechte erhält und damit auch selbständig weitere Verzeichnisse direkt im Volume erzeugen könnte.

Eine Software darf sinnvollerweise immer nur Unterkataloge im eigenen Verzeichnis erzeugen und beschreiben oder muß dem Supervisor die Möglichkeit einräumen, die Position des Katalogs in der gesamten Verzeichnishierarchie frei festzulegen.

Deutlich günstiger ist es zudem, wenn diese erforderlichen Zusatzkataloge und möglichst auch die dort zu erzeugenden Dateien bereits bei der Installation definiert werden können und anschließend nur noch schreibend verändert werden. Hierdurch lassen sich die kritischen Rechte wenigstens auf das W-Recht reduzieren.

3.2.5 Spezielle CONFIG.SYS oder AUTOEXEC.BAT Dateien

Problematisch für eine flexible Netzwerknutzung sind auch Programme, die sehr spezielle CONFIG.SYS-Definitionen benötigen, um überhaupt laufen zu können.
So führen z.B. spezielle DEVICE-Treiber (für Digitizer, Scanner, u.a.) häufig zu Problemen, da andere Programme genau diese Treiber nicht vertragen oder andere Definitionen benötigen und somit bereits beim Starten des PC's die spätere Nutzung/ Anwendung feststehen muß. Ähnliche Probleme können auch bei extremen Anforderungen an BUFFER-, FILES- oder STACKS-Definitionen entstehen, insbesondere wenn es damit zu Speichereinschränkungen kommt, durch die andere Programme dann gerade nicht mehr lauffähig sind.

Hierdurch kann es passieren, daß unabhängig von der Netzwerkanbindung eines PC's bereits verschiedene CONFIG-Dateien zur Verfügung gestellt werden

müssen und je nach beabsichtigter späterer Anwendung sogar der Kaltstart differenziert werden muß.
Damit ist insbesondere die geforderte und notwendige Multifunktionalität eines Arbeitsplatzes erheblich eingeschränkt, vom zusätzlichen Administrationsaufwand einmal ganz abgesehen.

Selbstverständlich läßt sich auch dieses Problem lösen, indem z.B. nach dem ersten Kaltstart zuerst ein lokales Auswahl-Menü bereitgestellt wird, aus dem der Benutzer dann entsprechend seiner später beabsichtigten Netzwerkapplikation einen Menü-Punkt anwählt.
Anschließend erfolgt je nach vorgenommener Auswahl automatisiert eine Umbenennung bzw. ein Kopieren der verschiedenen CONFIG- und ggf. AUTOEXEC-Dateien und ein anschließender automatischer Neustart des Systems mit Anbindung an das Netzwerk bzw. den oder die Server.

Beispiel für ein lokales "Vorab"-Menü:

```
allgemeine Netzwerk-Anwendungen   .....      <RETURN>
Nutzung der "Applikation-1"     .........    <1>
Nutzung der "Applikation-2"     .........    <2>
Nutzung der "Applikation-3"     .........    <3>
```

***Abbildung 3-1:** Beispiel für ein "Kalt-Start-Menü"*

Mit dieser Auswahl findet in der Regel noch kein Aufruf der gewählten Applikation statt, sondern es wird nur die für diese Anwendung notwendige CONFIG- oder AUTOEXEC-Datei ausgewählt, der Kaltstart wiederholt und die Serveranbindung durchgeführt.

Für Sie bedeutet das, daß Sie (in diesem Beispiel) vier verschiedene CONFIG- oder/und AUTOEXEC-Dateien bereithalten und pflegen müssen:

CONFIG.normal	AUTOEXEC.normal
CONFIG.appl-1	AUTOEXEC.appl-1
CONFIG.appl-2	AUTOEXEC.appl-2
CONFIG.appl-3	AUTOEXEC.appl-3

Sie starten den jeweiligen PC mit der "Normal-Version" der CONFIG- und AUTOEXEC-Datei.

Wählt der Anwender die "allgemeinen Netzwerk-Anwendungen", erfolgt eine unmittelbare Anbindung (ohne einen erneuten Kaltstart) an den Server und anschließend ist es aufgrund der zum Tragen gekommenen CONFIG-Datei nicht möglich, eine der anderen drei Applikationen aufzurufen.

Wählt der Anwender einen der drei anderen Menüpunkte, kopieren Sie die entsprechend zugehörigen Konfigurationsdateien in die CONFIG.SYS und die AUTOEXEC.BAT Dateien und führen dann automatisiert einen erneuten Kaltstart durch.
Die Auswahl einer dieser speziellen CONFIG-Dateien muß natürlich nicht bedeuten, daß andere Anwendungen jetzt nicht mehr lauffähig sind, sondern nur, daß die beiden nicht ausgewählten Applikationen mit dieser Geräte-Konfiguration nicht aufrufbar bzw. funktionsfähig sind.

Es ist sofort einsichtig, daß dieser erhebliche Aufwand, der eventuell für viele PC's und möglicherweise sogar für verschiedene Anwendungs-Kombinationen durchzuführen ist, unbedingt vermieden werden muß.

Neben der Einschränkung der Nutzungsflexibilität der Arbeitsplatzcomputer zeigt die Erfahrung, daß die Anwender mit dieser Aufruf- und Menü-Systematik vielfach Probleme haben und damit wiederum die Nutzungsakzeptanz sinkt.

Veränderungen der CONFIG- oder/und AUTOEXEC-Dateien

In diesem Zusammenhang müssen wir uns darüber im klaren sein, daß eigentlich jede anwendungsbedingte Änderung der Konfigurationsdateien erhebliche Konsequenzen für die Netzwerkadministration hat.

Selbstverständlich müssen Sie bereits von sich aus die CONFIG- und AUTOEXEC-Dateien Ihrer Netzwerk-PC's weitestgehend so global und allgemeingültig definieren, daß standardmäßig eine breite Palette von Anwendungen damit lauffähig ist. Die von DOS vorgesehenen Default-Werte für FILES, BUFFERS, STACKS usw. und auch z.B. die Größe der Ablaufumgebung (für die SET-Variablen, für Pfad-Definitionen, usw.) reichen für eine allgemeingültige, viele Anwendungen unterstützende PC-Installation in der Regel nicht aus.

Besonders problematisch ist in diesem Zusammenhang die Praxis einiger mitgelieferter Software-Installationsroutinen, selbständig (vielfach ohne Rückfrage und/oder ohne Rückmeldung) eine vorhandene CONFIG.SYS und/oder AUTOEXEC Datei zu ersetzen oder zu modifizieren.

Dieses Verfahren ist sicherlich gut gemeint und soll auch unerfahrenen Anwendern die Installation dieser Software ermöglichen, allerdings helfen Ihnen diese fürsorglichen Verfahren bei Netzwerkinstallationen überhaupt nichts, ganz im Gegenteil, hierdurch werden die für alle am Netzwerk angeschlossenen PC's notwendigen Modifikationen der Konfigurationsdateien eher verschleiert.

Bei Softwareinstallationen im Netzwerk entstehen hierdurch häufig Probleme, da die automatisch vorgenommenen Modifikationen der Konfigurationsdateien nicht bemerkt oder nicht in **exakter Form auf alle Netzwerk-PC's** übernommen werden.

Beim ersten Test entsteht zwar der Eindruck, daß die Software gut funktioniert, in Wirklichkeit funktioniert sie nur bei Aufruf von dem PC, von dem aus die Software installiert wurde und bei dem die Änderungen der Konfigurationsdateien vorgenommen wurde.

Bei einem Netzwerk mit beispielsweise 200 oder 300 PC's ist der Verwaltungsaufwand zur Anpassung der Konfigurationsdateien aller Arbeitsplätze ein enormer Aufwand und eine automatisierte Anpassung ist selbst bei Einsatz von Boot-PROM Systemen oder mit Hilfe anderer Down-Loading-Verfahren nicht gerade einfach.

3.2.6 Residente Programmteile verbleiben im RAM

Eine weitere Unsitte von Softwareprodukten ist das Laden residenter Programmteile, die nach Beendigung des Programms dann im Speicher verbleiben. Hierdurch kann es zu einer gravierenden Speichereinschränkung kommen, so daß anschließend selbst einfache und kleine Programme nicht mehr lauffähig sind und erst ein Kaltstart des Systems mit anschließender neuer Anbindung an den Server erfolgen muß.
Kommen mehrere derartige Programme zum Einsatz, entsteht sogar noch ein gewisser Lawineneffekt, da Ihr verfügbarer Arbeitsspeicher immer kleiner wird und irgendwann selbst kleinste Programme nicht mehr aufrufbar und funktionsfähig sind.

Einige Programme stellen die Möglichkeit des Entladens der residenten Programmteile nur als explizit aufzurufende Option zur Verfügung. Diese Option sollte vom Netzwerkadministrator unbedingt automatisiert bereitgestellt werden, da der einzelne Anwender hiermit in der Regel überfordert ist.
Durch Aufruf der Software über eine Batchdatei läßt sich diese Anforderung in der Regel leicht realisieren.

Auch dieses Problem läßt sich wiederum mit (käuflichen oder Public-Domain-) Zusatzprogrammen, die vor dem eigentlichen Anwendungsprogramm geladen werden und eine Entfernung nachfolgender Programme aus dem Arbeitsspeicher ermöglichen, entschärfen. Allerdings müssen Sie berücksichtigen, daß hierdurch weiterer Arbeitsspeicher verbraucht wird, denn dieses Hilfsprogramm muß natürlich resident geladen werden, und zusätzliche Unverträglichkeiten mit anderen Anwendungen entstehen können.

3.2.7 Automatische Änderung von Zugriffsrechten

Schon die Überschrift klingt unglaublich, aber es gibt Softwarepakete bzw. Installationsroutinen für angeblich netzwerkfähige Software, die eine Änderung von Zugriffsrechten eigenständig vornehmen.

Beispielsweise ändert ein Mailing-System (eines deutschen Herstellers) bei der Installation die Zugriffsrechte des NetWare-Users EVERYONE brachial und weitreichend.
Während Sie normalerweise versuchen, den User EVERYONE als Nutzer mit der untersten Rechteebene zu behandeln, werden per Programm ohne Eingriffsmöglichkeit des Supervisors für Kataloge im Bereich SYS oder SOFTWARE ausgerechnet dieser Gruppe solche Rechte zugewiesen.

Es kann Ihnen bei der Installation einer solchen Software also passieren, daß Ihre in monate- oder jahrelanger Arbeit aufgebauten, sauber und filigran strukturierten Volume-, Katalog-, Gruppen-, User-, Rechte- und Zugriffsstrukturen und Verzahnungen innerhalb von Sekunden zerstört bzw. ad Absurdum geführt werden.

Wenn ein System aufgrund spezieller, durchaus anerkannter Funktionsbedürfnisse vielfältige Rechte zur Herstellung der Ablauffähigkeit benötigt bzw. definieren oder verteilen muß, darf dies höchstens nur für eine in NetWare vom Supervisor zu spezifizierende Sondergruppe erfolgen.
Korrekterweise muß in der Installationsbeschreibung einzeln und detailliert aufgeführt sein, in welchem Katalog/Unterkatalog welche Rechte für welche Art von Nutzern einzutragen ist. Und diese Eintragungen müssen vom Supervisor direkt oder unmittelbar kontrollierbar zugewiesen werden!

Geht ein Softwarepaket in der oben beschriebenen Manier vor, müssen Sie (wenn Sie es denn rechtzeitig bemerken und rückwärts analysieren können) anschließend die dort verteilten Rechte zurücknehmen und sie in gleicher Weise der von Ihnen vorgesehenen Anwendergruppe wieder zuweisen.

An diesem Beispiel erkennen Sie ganz besonders, daß zwischen der funktionalen Netzwerkfähigkeit eines Programms und einer Netzwerkfähigkeit, wie Sie sie für Ihre Arbeit als Netzwerkbetreuer benötigen, ein himmelweiter Unterschied bestehen kann.

3.2.8 Einsatz von Dongles bzw. Hardlocks

Ein gravierendes Problem stellen die sogenannten "Dongle" oder "Hardlocks" dar, da sie genaugenommen die Vorteile von vernetzten, flexibel einsetzbaren, multifunktionalen Arbeitsplätzen verhindern.

Einige Firmen schützen mit diesen seriellen oder parallelen Adaptern die Nutzung ihrer Software, indem das Programm nach dem Aufruf zuerst über die entsprechende Hardwareschnittstelle eine "Lizenz-Information" einliest.

Die Argumentation der diesbezüglichen Softwareanbieter ist genaugenommen eine Frechheit; oder würden Sie einen Fernseher oder eine Couch kaufen, die Sie nur im Wohnzimmer oder im Gästezimmer nutzen dürfen? Oder ein Buch,

das nur von Ihnen gelesen werden darf (natürlich nur in einem Raum, außer Sie transportieren den Lesetisch mit)?
Die Vergleiche wirken nur im ersten Augenblick so dümmlich, denken Sie etwas genauer darüber nach, und beziehen Sie es auf die bei Ihnen entstehenden Kosten, auf Ihre administrativen Aufwendungen, usw. und Ihre Empörung wird größer und größer!

Die bereits im Kapitel 1 dargestellten veränderten Arbeitsplatzanforderungen und die damit verbundenen Veränderungen in der PC-Nutzung beinhalten automatisch, daß ein Arbeitsplatzcomputer eben nicht mehr nur für eine oder zwei verschiedene Softwarepakete eingesetzt wird, sondern - multifunktional - vom Benutzer für den Einsatz der verschiedensten Programme genutzt wird.

Wenn eine Software durch die nachfolgend beschriebenen Probleme faktisch und mit einem vertretbaren Aufwand nur an einem PC genutzt werden kann, verhindert der Softwareanbieter genaugenommen eine kontinuierliche und vertragsgemäße Nutzung der von Ihnen gekauften Lizenz.

Auf Firmen mit dieser Art von Lizenzkontrolle sollte erheblicher Druck ausgeübt werden, da sie ausgerechnet den Anwendern, die die Software gekauft haben und sie rechtmäßig einsetzen, die erheblichen Nachteile der Dongle-Nutzung aufbürden. Die Handhabung dieser Hardware-Dongle birgt im Tagesbetrieb nämlich erhebliche Probleme.

- So muß ein Dongle z.B. jeweils physisch abgeschraubt und bei einem anderen Gerät aufgesetzt werden, wenn ein Anwender an einem anderen PC das Softwareprodukt nutzen will.
- Die Verwaltung dieser Dongle (wer verfügt gerade darüber, wer bekommt den Dongle, wie lange wird der Dongle ausgeliehen, usw.) ist äußerst aufwendig und führt zu vielen internen Diskussionen.
- Vielfach muß eine zusätzliche Sicherung angebracht werden, damit ein Dongle nicht einfach von einem anderen Benutzer unkontrolliert entfernt wird bzw. werden kann.
- Müssen an einem PC mehrere Dongle gleichzeitig eingesetzt werden, kann es zu gravierenden Nutzungsproblemen kommen. Nach unseren Erfahrungen kommt es bei drei, spätens bei vier hintereinander"geschalteten" Dongle zu gegenseitigen Beeinflussungen, die z.B. dazu führen, daß eines der Programme nicht mehr läuft oder der über diese Schnittstelle ebenfalls angeschlossene Drucker oder Plotter nicht mehr ordnungsgemäß ansteuerbar ist.

Das gravierendste und zwingendste Argument gegen den Einsatz von Hardlocks in vernetzten Umgebungen ist jedoch die Unflexibilität der Lizenznutzung und die Verhinderung des Aufbaus von multifunktionalen Arbeitsplätzen.

Betrachten wir die Lizenznutzung in diesem Zusammenhang doch etwas genauer, um uns die Konsequenzen des Einsatzes von Hardlocks auch in kostenmäßiger Hinsicht bewußt zu machen.

Beispiel:

In Ihrem Betrieb soll ein CAD-Programmpaket zum (geringen) Einzellizenzpreis von 1.000,- DM flächendeckend in einem Netzwerk eingesetzt werden. Die entsprechende Software erfordert den Einsatz eines Parallel-Dongle, die Software selber wird jedoch zur Erzielung der Betreuungsersparnisse zentral im Netzwerk installiert.

Aufgrund der verschiedenen, jedoch stark miteinander verzahnten Aufgabenstellungen müssen Entwickler, Arbeitsvorbereiter, Modul-Konstrukteure, Projektingenieure und Montageplaner in unterschiedlichem Umfang mit dieser Software arbeiten.
Während an reinen Entwickler-Arbeitsplätzen die Nutzung dieser Software einen Zeitanteil von 40-70 Prozent ausmacht, benötigen andere Sachbearbeiter diese Software nur zu einem Zeitanteil von 5-30 Prozent.

In der folgenden Tabelle teilen wir die PC-Nutzer nach Anzahl und Nutzungsumfang ein (wie in Kapitel 1 hinsichtlich des Lizenzbedarfs dargestellt), erstellen also bezogen auf diese Software ein Nutzungs- bzw. Bedarfsprofil:

Anzahl PC's	Nutzungs-anteil/PC	Prozent-Summe	Lizenz-Summe
5	80%	400%	4
10	50%	500%	5
10	30%	300%	3
20	10%	200%	2
20	5%	100%	1
65		1.500%	15
55	0%	0%	0
120		1.500%	15

Abbildung 3-2: *Bedarfsprofil für eine CAD-Software*

Von den insgesamt angeschlossenen 120 PC's wird an 65 Arbeitsplätzen in hohem bis geringem Umfang das besagte Softwarepaket benötigt (und in geringem oder höherem Umfang eingesetzt). Um an diesen Plätzen ohne Verwaltungsaufwand und ohne Nutzungseinschränkungen die Software einsetzen zu können, müssen aufgrund des Hardware-Dongle

65 Softwarelizenzen (Dongle) je 1.000,- = 65.000,- DM

gekauft werden.

Die tatsächliche prozentuale Nutzung von 1.500 Prozent entspricht jedoch nur einem Bedarf von 15 (!!!) Lizenzen, selbst unter Berücksichtigung einer 100-prozentigen Überversorung müßten nur 30 Lizenzen beschafft werden. (Denken Sie desweiteren bitte an die im Kapitel 1 dargelegte tatsächliche aktive Nutzung der PC's, die nur bei ca. 50-60 Prozent liegt.)

Aufgrund des Netzwerkeinsatzes dieser Software benötigten wir selbst bei großzügigster Ausstattung bei dynamischer Lizenzverteilung über das Netzwerk (also ohne Hardware-Dongle) eigentlich nur

30 Softwarelizenzen (Dongle) je 1.000,- = 30.000,- DM

Die Zusatzkosten von 35.000,- DM, also ein höherer Betrag als die eigentlich notwendigen Lizenzkosten von 30.000 DM, müssen von der **nutzenden Firma** nur gezahlt werden, damit der Softwarehersteller auf recht plumpe Art und Weise verhindern kann, daß andere Firmen oder Personen die in "Ihrem" Betrieb eingesetzte Software unberechtigt (also ohne Kauf) nutzen können.

Kann das richtig sein ?????

Und nun betrachten Sie das gleiche Beispiel bitte einmal für andere Anwendungspakete (wie z.B. das CAD-Softwarepaket AutoCAD) mit einem Einzelbeschaffungspreis von ca. 10.000,- DM!!

Bei der dann entstehenden **"Fehlsumme" von 350.000,- DM** müßte es selbst den verbohrtesten Dongle-Befürwortern peinlich werden, auf dieser Technik der Lizenzkontrolle zu bestehen.

Bitte interpretieren Sie diese Ausführungen gegen den Einsatz von Hardware-Dongle auf keinen Fall als Gegnerschaft von Lizenzkontrollen, es gibt jedoch durchaus andere und akzeptable Verfahren, die dem Softwarebetreiber bzw. Käufer weder einen vergleichbaren Aufwand noch vergleichbare Kosten abfordern und die Schutzbedürfnisse des Herstellers trotzdem ausreichend sicherstellen.

3.2.9 Mehrfachnutzung von Programmen

Eines der Hauptargumente für die PC-Vernetzung ist die Nutzung der am Server installierten Programme durch mehrere Anwender (die Existenz entsprechender Lizenzen ist selbstverständlich).
Doch gerade dieser Einsatz wird von vielen Programmen nicht ausreichend durch flexible Installationsalternativen unterstützt, sondern vielfach eher verhindert.

Um den verschiedenen Nutzungs-, Zugriffs- und Sicherheitsanforderungen administrativ nachkommen zu können, muß es z.B. möglich sein, für die verschie-

denen "Bereiche" einer Anwendungssoftware auch verschiedene Pfade (Kataloge) und Dateien definieren zu können.
Je nach Softwareart und je nach Einsatzart kann hier ein sehr vielschichtiger Bedarf anfallen, der nicht nur die bereits erwähnten drei Hauptbereiche

- Programm,
- Daten,
- Userspezifikationen

umfaßt, sondern gegebenenfalls weitere Unterteilungen berücksichtigen muß. Desweiteren müssen die maximal erforderlichen Zugriffsrechte für jeden dieser Bereiche bekannt und genau festgelegt sein. So dürften im Katalog für die eigentliche Software-Applikation nur die NetWare-Rechte FILE SCAN und READ erforderlich sein, während im Datenkatalog oder in der userspezifischen Merkdatei ev. weitergehende und umfangreichere Rechte erforderlich werden.

Betrachten wir zuerst das **Verzeichnis für die eigentliche Software** und die **Daten-Kataloge**, über deren Bedarf, Zugriffsrechte und die Erfordernis getrennter Verzeichnisse wir ja bereits im Abschnitt 3.2.2 ausführlicher gesprochen haben.

```
EXE- und COM-Dateien, Overlay-Dateien      [.R....F.]
  Druckertreiber                           [.R....F.]
  Lernprogramm                             [.R....F.]
  .....
```

Im Datenbereich richten sich die erforderlichen Zugriffsrechte natürlich im wesentlichen nach der Nutzung durch den Anwender und können nicht einfach pauschal festgelegt werden. So gibt es z.B. Informationsdateien, die von einem oder mehreren Benutzern erzeugt oder geändert werden, von anderen Benutzern jedoch nur gelesen werden dürfen.
Andererseits existieren z.B. bei einem Mail-System durchaus Dateien, in denen ein Benutzer schreiben darf, jedoch über keinerlei Leserechte verfügt.

```
nutzbare Daten  (z.B. Textbausteine)       [.R....F.]
Datenbereich  (als Information)            [.R....F.]
  (Zentral- oder Gruppen-Katalog)
Datenbereich  (eigene Erstellung)          [.RWCE.F.]
  (Zentral-, Gruppen- oder HOME-Katalog)
```

Doch nun kommen wir zum eigentlichen Problem bei der Mehrfachnutzung von Programmen. Wenn ein Anwender beispielsweise das Textsystem WordPerfect nutzen will, benötigt das System einerseits eine Information über den von diesem User eingesetzten Datenkatalog (WPDATEN) und andererseits über einen temporären Katalog (WPTMP), in dem WordPerfect beispielsweise alle userspezifischen Daten, temporären Merkinformationen, usw. ablegt.

Für diese Kataloge müßte nun je Benutzer vom Supervisor einzutragen sein, wo diese Verzeichnisse liegen.

Man erkennt nun die gewaltigen Probleme, auf der einen Seite sehr flexibel und detailliert für jeden Benutzer solche Informationen zu pflegen bzw. durch den Benutzer pflegen zu lassen, und auf der anderen Seite die Anforderung, mit möglichst geringem Verwaltungsaufwand solche Zusammenhänge automatisiert ablaufen zu lassen.
Stellen Sie sich ein Netzwerk mit 200 eingetragenen Benutzern und einer hohen Funktionsvielfalt von durchschnittlich 15 Programmen vor, dann müssen Sie unabhängig von den verschiedenen Rechteprofilen nur in diesem Bereich bereits 3000 Kataloge, Dateien bzw. Eintragungen pflegen und im Überblick behalten. Das läßt sich kaum noch ordnungsgemäß bewältigen, trotzdem bleibt natürlich das Problem bestehen, daß jeder Netzwerknutzer seine temporären oder dauerhaften Voreinstellungen für verschiedene Softwareprodukte haben möchte (denken Sie in diesem Zusammenhang z.B. nur an Windows).
Im Abschnitt Installationsprobleme (Softwareinstallationen im Netzwerk) beschäftigen wir uns in diesem Kapitel noch weitergehender mit dieser Thematik.

In der Praxis können selbst die **Nutzungsdefinitionen** sogar aus mehreren Bereichen bestehen, die jedoch nicht bei jeder Anwendung gleichermaßen berücksichtigt werden müssen.

- gerätespezifische Definitionen (je Arbeitsplatz)
- nutzerspezifische Eintragungen
- temporäre Definitionen durch den Anwender
- feste Eintragungen, die bei jedem Aufruf wieder identisch sind

Bereits dieser kleine Katalog zeigt, daß die netzwerkweite Nutzung durch verschiedene Benutzer eines auf dem Server nur einmal installierten Softwarepaketes recht komplex werden kann.

Im folgenden wollen wir Ihnen einige typische, userbezogene Probleme bei der Mehrfachnutzung von Softwarepaketen aufzeigen.

3.2.9.1 Temporäre Userkataloge oder Dateien

Das aufgerufene Programm erzeugt einen **temporären Userkatalog** oder eine **temporäre Userdatei** für den jeweiligen Benutzer in dem Verzeichnis, von dem aus der Programmaufruf erfolgte.
Startet man das Programm nach unserer in Abschnitt 2.3 aufgeführten Mapping-Strategie also z.B. vom Laufwerk G: (SOFTWARE:<Programmkatalog>), so versucht das Programm einen entsprechenden Katalog oder eine Datei dort zu erzeugen.
Aufgrund der von uns dargestellten notwendigen Einschränkungen bei den Zugriffsrechten im Softwarekatalog (es wurde kein CREATE-, WRITE-,

ERASE- oder MODIFY-Recht vergeben) kommt es zu einem CREATE-Fehler und das Programm ist nicht lauffähig.
Die vom Programm für jeden Benutzer erzeugten Kataloge bzw. Dateien unterscheiden sich in diesem Fall zwar in ihrem Namen, müßten jedoch in einen separaten gemeinsamen bzw. besser noch in einen nur für den Benutzer rechtemäßig zugänglichen individuellen Katalog "geschleust" werden, damit die von uns geforderten einfachen und klaren Rechtestrukturen realisiert werden können.

Hinzu kommt, daß die namentliche Unterscheidung dieser Dateien durch das Softwareprogramm in vielen Fällen primitiv und fehleranfällig ist. Z.B. unterscheiden sich bei WordPerfect die Dateinamen nur in den letzten drei Buchstaben und diese Buchstaben können vom Anwender sogar noch selbst gewählt werden.
Hierbei entstehen natürlich sehr leicht Überschneidungen und zwei User arbeiten plötzlich mit der gleichen temporären Datei und wundern sich über die ständigen Veränderungen **ihrer** Einstellungen.

Mögliche Lösung:

Sie schalten vor Aufruf des Programms automatisiert (z.B. über eine Batchdatei) zum Laufwerk I: (HOME-Katalog) oder zum Laufwerk C: (lokales Laufwerk), erzeugen gegebenenfalls selbständig den erforderlichen Katalog und rufen erst dann das eigentliche Anwendungsprogramm auf.

Benötigt die Software "XYZ" z.B. einen Unterkatalog TEMP(orär), um hier benutzerspezifische "Merkdateien" (keine Daten!) anzulegen, ließe sich diese Anforderung folgendermaßen realisieren:

```
cd G:SOFTWARE\XYZ      * Zuordnung des Verz. XYZ zum Laufwerk G:
C:\                    * Umschaltung auf die Root von C:
md TEMP                * Erzeugung des neuen Unterkatalogs TEMP
G:XYZ                  * Aufruf der Software XYZ vom Laufwerk G:
```

Selbstverständlich könnten Sie statt C: auch das HOME-Laufwerk I: verwenden. Konkrete Beispiele hierzu finden Sie im Abschnitt 3.4.3 (Beispiel-Installationen).

3.2.9.2 Keine Unterscheidung nach Benutzern

Dieser krasse Fall liegt typischerweise dann vor, wenn ein Programm im eigentlichen Sinne gar nicht netzwerkfähig gemacht wurde.

Das Anwendungsprogramm benötigt z.B. eine oder mehrere Dateien zum Eintragen von ablaufspezifischen Informationen, dabei wurde nicht berücksichtigt, daß das Programm auf dem Server installiert wird und somit diese "Bewegungsdatei" nur einmal existiert, obwohl gegebenenfalls mehrere Benutzer gleichzeitig damit arbeiten.

Dieses Problem tritt übrigens häufiger auf als man erwarten sollte; eigentlich ein Hinweis, daß das "Netzwerkorientierte Denken und Handeln" auch bei den Softwareherstellern leider noch nicht so verbreitet ist, wie es notwendig wäre.

Mögliche Lösung:

Sie müssen dafür sorgen, daß die vorhandene Datei in einen nur für diesen Benutzer zugänglichen Katalog (wie Laufwerk I: oder C:) kopiert wird.
Die Lösung ähnelt weitestgehend unserem Beispiel im letzten Abschnitt; bei den durch das Programm zu modifizierenden Dateien handelt es sich hier beispielhaft um die Parameterdateien WERTE und PARAM1

```
cd G:SOFTWARE\XYZ          * Zuordnung des Verz. XYZ zum Laufwerk G:
C:\                        * Umschaltung auf die Root von C:
copy G:WERTE >NUL          * Kopieren der Datei WERTE nach C:\
copy G:PARAM1 >NUL         * Kopieren der Datei PARAM1 nach C:\
G:XYZ                      * Aufruf der Software XYZ vom Laufwerk G:
```

Jetzt findet die Software "XYZ" auf dem aktiven Laufwerk C:\ die von ihr benötigten Dateien WERTE und PARAM1 und kann dort beliebige Werte eintragen oder ändern, ohne daß

- irgendwelche gesonderten Zugriffsrechte vergeben werden müssen (oder Probleme verursachen können)
- Überschneidungen zwischen verschiedenen Usern entstehen können.

Bei einer solchen Ablaufsteuerung müssen Sie natürlich noch berücksichtigen, daß die Dateien bereits existieren können, in dem Fall müssen Sie sie vorher löschen (es kann sich ja um alte Versionen handeln!).
Selbstverständlich könnten Sie statt des Laufwerks C: auch das HOME-Laufwerk I: verwenden. Konkrete Beispiele hierzu finden Sie im Abschnitt 3.4.3 (Beispiel-Installationen).

3.2.9.3 Nachladen von Hilfsdateien nur vom aktiven Laufwerk

Wenn Sie eines der zuletzt aufgeführten Probleme lösen müssen und darum die gewünschte Software z.B. nicht vom Laufwerk G: starten können, geraten Sie bei manchen Programmen in das Problem, daß notwendige Zusatzprogramme wie Hilfsdateien oder Druckertreiber nicht mehr im Zugriff sind, da sie im aktiven Laufwerk gesucht werden.
Hier unterscheidet die Software also nicht zwischen getrennten Pfaden für eigene Module und den userspezifischen Dateien.

Dieses Problem läßt sich in gewissen Grenzen lösen, indem die erforderlichen Zusatzdateien vor Aufruf in den entsprechenden aktiven Katalog (bzw. Laufwerk) kopiert werden. Natürlich sind solche Hilfs- und "Tricky"-Lösungen nur dann vertretbar, wenn sowohl die Anzahl als auch die Größe der Dateien in vertretbaren Grenzen für die Aufrufzeiten und die Plattenspeichergrenzen liegen.

Müssen Sie beispielsweise wenige Dateien in einer Gesamtgröße von vielleicht 100 oder 200 KiloByte kopieren, ist eine solche Lösung bei z.Z. noch guten Anwortzeiten vertretbar, ansonsten müssen Sie andere Lösungen andenken oder sich auch mit dem Softwarehersteller in Verbindung setzen und eine konkrete Lösung fordern.

3.2.9.4 Keine automatisierte Vergabe von eindeutigen "Benutzerkennungen"

Viele Programme unterscheiden zwar eigenständig zwischen verschiedenen Benutzern, erwarten jedoch zu Beginn des Programms die Eingabe einer entsprechenden Nutzeridentifikation. Auf den ersten Blick erscheint diese Vorgehensweise zwar unkritisch, beinhaltet jedoch zwei Probleme:

- Bei eigenständiger Vergabe dieser Identifikation durch den Anwender kann es sehr schnell zu Mehrdeutigkeiten kommen, insbesondere wenn keine eigene Benutzerverwaltung über das Programm möglich ist.
- Bei automatisierter Vergabe einer solchen Kennung fehlt häufig ein eindeutiges Merkmal, da der unter NetWare verfügbare Benutzername nicht zwingend eindeutig ist (vielfach darf sich ein Benutzer aus funktionalen Gründen mehrfach einloggen oder mehrere Benutzer (eine Gruppe) sollen sich mit gleichem Namen einloggen können.

Auch hier gibt es manchmal Hilfslösungen, wenn es sich z.B. nur um temporäre Zuordnungen (also nur für diesen Softwareaufruf oder nur für diesen Einlogg-Vorgang) handelt. So können Sie z.B. automatisiert einen Teil der physikalischen Netzwerknummer oder die logische Stationsnummer an den vom Programm geforderten "Rumpfnamen" der Datei anhängen.

Beispiel:	Ethernetnummer:	005a010024c6	Dateiname: USER24c6
	NetWare-Usernummer.:	17	Dateiname: USER-017

Bei Verwendung der letzten vier Ziffern der Ethernetnummer besteht zwar ein gewisses Risiko, daß in Ihrem Netzwerk von den vorhandenen 50, 100 oder auch 300 Netzwerkkarten zwei Karten zufällig die gleiche Endnummer haben.

Die weltweite Eindeutigkeit einer Ethernetnummer gilt zwar nur in ihrer Gesamtlänge von 6 Byte, trotzdem ist die Wahrscheinlichkeit einer Mehrdeutigkeit aufgrund der verwendeten 4 Hexadezimalziffern und dem damit verbundenen Wertebereich von mehr als 65.000 Alternativen äußerst gering. Zudem müßten diese beiden Ethernetkarten gleichzeitig im Netz aktiv sein und noch die gleiche Softwarefunktion bzw. das gleiche Programm aufrufen.

Die Verwendung der logischen NetWare-Usernummer ist gleichfalls möglich, beinhaltet bei einigen Anwendungen jedoch den Nachteil, daß weder eine userspezifische noch eine gerätespezifische Zuordnung besteht und somit diese Verknüpfung nicht wiederholbar ist (diese Nummer wird von NetWare bei jedem Login-Vorgang neu vergeben).

3.2.10 Programmeigene Benutzerverwaltung

Es gibt Programme mit integrierter eigener Benutzerverwaltung, um z.B. spezielle Rechte zuzulassen oder um nutzerspezifische Verfahren und Abläufe festlegen zu können. Bei vielen Anwendungen ist das nicht nur äußerst sinnvoll, sondern sogar zwingend notwendig. Bei manchen Programmen ist dieser Aufwand jedoch auch unsinnig und störend, insbesondere dann, wenn diese Nutzerverwaltung nicht mit den Novell-Usereintragungen abgestimmt ist.

Trotz einer gegenüber anderen Betriebssystemen fein gegliederten und vielschichtigen Benutzerrechtestruktur von NetWare, gibt es natürlich viele Daten-Zugriffsprobleme, die nicht auf Betriebssystemebene gelöst werden können.
So kann auf Betriebssystemebene zwar eine Datei oder durch das Anwendungsprogramm ein Datensatz automatisiert gesperrt werden, eine Entscheidung über den Zugriff eines Benutzers auf einzelne Datenfelder eines Datensatzes ist für das Betriebssystem oder das Anwendungsprogramm jedoch nicht eigenständig möglich. Hierbei handelt es sich um organisatorische Entscheidungen und nutzungsspezifische Verfahren, die jeweils betrieblich und administrativ festgelegt werden müssen.

Hier muß das Anwendungssystem eingreifen und z.B. wissen, daß der Anwender Müller zwar die Personalstammdaten erfassen und ändern darf, aber nicht das Datenfeld GEHALTSSTUFE "einsehen" oder verändern kann.
Für solche und vergleichbare Programme und Anwendungen besteht also ein zwingendes Bedürfnis nach einer eigenen, ergänzenden Benutzerverwaltung.

Ein solches Verfahren ist jedoch nur dann implementierbar, wenn ein Benutzer sich im Anwendungsprogramm speziell "ausweisen" muß und damit eine gewisse Benutzererkennung und Benutzerverwaltung integriert ist (weitere Informationen finden Sie auch unter "Paßwortprinzipien und -hierarchien").

Nehmen wir als Beispiel ein Mailing-System. Auch hier ist eine eigenständige Benutzerverwaltung äußerst sinnvoll, da z.B. der Sonderfall besteht, daß ein Benutzer (bzw. das Mail-System) in den Mail-Katalog eines anderen Users hineinschreiben muß (aber dort nicht lesen darf).
Desweiteren müssen z.B. zentrale, gruppenspezifische und userbezogene Mail-Adressen eingetragen, geändert und verwaltet werden.

Weitere Hintergründe für eine eigenständige Benutzerverwaltung kann die Zuordnung und Administration spezieller Mail-Adressen sein, da der betriebsinter-

ne Mail-Name nicht mit dem externen Mail-Namen übereinstimmen muß bzw. bei Einsatz verschiedener Mailing-Verfahren (X.400, SMTP, MHS) interne Konvertierungstabellen zu pflegen sind.
So macht z.B. die Weiterleitung von einem internen Novell-MHS-System an ein externes X.400 Mail-System die Eintragung zweier Mail-Adressen notwendig.

Als sehr nachteilig erweist sich eine eigenständige Benutzerverwaltung nach unserer Erfahrung dann, wenn seitens der Anwendung keinerlei Rücksicht auf die bereits erfolgten Novell-Benutzereintragungen genommen wird. In der Konsequenz bedeutet das, daß alle nötigen Benutzernamen und auch Gruppendefinitionen (mit der Möglichkeit unterschiedlicher Schreibweisen und Zuordnungen) im Anwendungssystem nochmals erfaßt und definiert werden müssen.
Stellen Sie sich bei einem mittleren Netzwerksystem mit 150 eingetragenen Benutzern und dem gleichzeitigen Einsatz eines betrieblichen Mailingsystems den administrativen Aufwand für diesen doppelten Eintragungsbedarf vor.

Wesentlich günstiger ist das Verfahren, wenn auf die Bindery-Eintragungen zugegriffen wird und der Administrator zumindestens die Möglichkeit hat, unter den bereits eingetragenen Novell-Usern auszuwählen.

Es gibt Anwendungen, in denen man sich dringend eine solche programmspezifische Nutzerverwaltung wünscht und ohne ein solches Programmodul keine vernünftige Netzintegration dieser Anwendung aufbauen kann. Dazu gehören z.B. ein Großteil der in einem Netzwerk installierbaren Gateways in andere Rechnerwelten oder andere Netze.

Nehmen wir als Beispiel hierzu ein BTX-Gateway, über das aus dem Netzwerk der Zugriff auf mehrere Modem- und Telefonverbindungen zu den BTX-Knotenrechnern besteht.

Die Problemstellung liegt hier in drei Ebenen:

- Zugriff auf die BTX-Software auf dem Server und damit auf das Gateway
- Zugriff über das Gateway auf die Modems,
- Definition von Mitbenutzernummern im BTX-System für diesen Zugang

Die Software zum Zugriff auf das BTX-Gateway wird auf dem Server abgelegt bzw. installiert und kann von einer berechtigten Nutzergruppe aufgerufen und eingesetzt werden.
Mit dieser Software erfolgt über das IPX- oder NetBios-Protokoll der Verbindungsaufbau zum Gateway und von dort die Bereitstellung der angeschlossenen Modems.
Unabhängig von der betriebsinternen Definition von Benutzern erwartet der postalische BTX-Knotenrechner ebenfalls die Benennung und Identifizierung von Mitbenutzern, die jedoch nicht identisch mit den LAN-Benutzern sind.

Schauen wir uns ein Beispiel an, in dem verschiedene Abteilungen eines Betriebes BTX-Anschlüsse finanzieren und die Benutzer bzw. Gruppen entsprechend zugeordnet sind.

Anschluß-1	DBT03-Modem-1	DV-Zentrale
Anschluß-2	ISDN-Modem 1.Kanal	DV-Zentrale
	ISDN-Modem 2.Kanal	DV-Zentrale
Anschluß-3	DBT03-Modem-2	Abteilung-1 (Einkauf)
Anschluß-4	DBT03-Modem-3	Abteilung-2 (Marketing)

Für jeden dieser 4 Anschlüsse existiert eine eigene Telefonnummer, ein eigenes BTX-Zugangspaßwort und für jeden dieser BTX-Anschlüsse existiert beim Postrechner eine eigene BTX-Mitbenutzerverwaltung!!

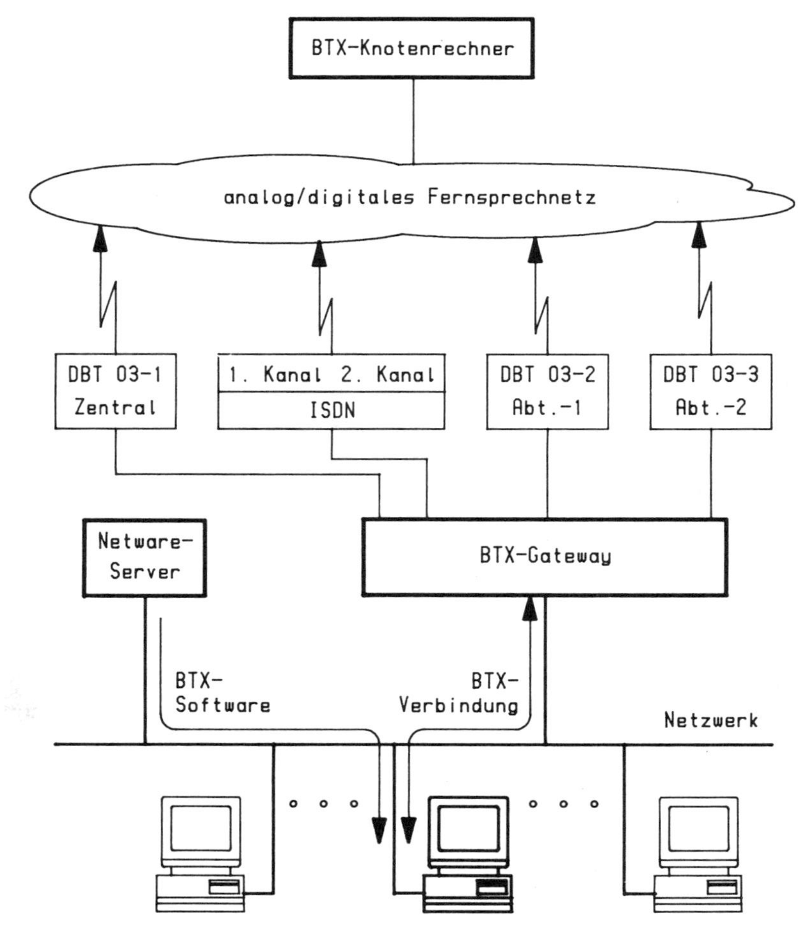

Abbildung 3-3: *Einsatz eines BTX-Gateways im Netzwerk*

Zuerst muß definiert werden, wer die BTX-Software (das Gateway) überhaupt aufrufen und damit nutzen kann bzw. darf. Dieser Zugriff kann über die normale Novell-User Verwaltung und Rechtestruktur eingetragen werden.
Einer User-Gruppe BTX wird z.B. das Software-Leserecht zugewiesen und jeder Berechtigte wird dieser Gruppe zugeordnet.

Als nächste Stufe muß der Gateway-Software bekannt sein, welcher User welche Modems benutzen darf. Hier gibt es nämlich z.T. betriebsinterne Zuordnungen hinsichtlich der Kosten und der eigenständigen Verwaltung von Mitbenutzereintragungen (Rechte, Gebühren) im BTX-System.

> Wird vom BTX-Gateway keine benutzerspezifische Kontrolle hinsichtlich der benutzbaren Modems (Anschlüsse) vorgenommen, kann jeder Benutzer, der das BTX-Gateway nutzen darf, auch alle angebotenen Modems auswählen und einen Verbindungsaufbau zum BTX-Knotenrechner in Gang setzen.

Und jetzt kommt die Katastrophe:

Ein Benutzer wählt versehentlich, testweise oder vorsätzlich ein anderes Modem aus und meldet sich mit seiner postalischen BTX-Mitbenutzernummer und seinem Paßwort bei einer Zugangsnummer, für die diese Eintragungskombination nicht existiert. Dann kommt es bei zweimaliger Wiederholung der falschen Eingabe zur absoluten postalischen Sperre dieses Anschlusses. Erst durch eine schriftliche Prozedur mit der Telekom kann eine erneute Freigabe in Gang gesetzt werden (eigene leidvolle Erfahrungen).

Seitens der Telekom ist dieses Verfahren natürlich richtig, um jeglichen Mißbrauch auszuschließen, seitens eines Gateway-Herstellers ist dieser Weg allerdings falsch, da er die administrativen Erfordernisse dieser Anwendung nicht ausreichend berücksichtigt.

Um eine Entschärfung des Problems zu erreichen, bleibt unter eventueller Einschränkung betriebsinterner Erfordernisse nur die Möglichkeit, allen Berechtigten für alle angeschlossenen Modems die gleichen Mitbenutzernummern mit den gleichen Paßworten einzurichten.
Neben dem entsprechenden administrativen Mehraufwand fallen damit allerdings noch deutliche Zusatzkosten an, da für jede zusätzlich definierte Mitbenutzerkennung für jeden Anschluß und für jeden Tag Gebühren anfallen.
Optimal wäre es, wenn innerhalb der BTX-Gateway-Software eine Benutzerverwaltung zur Verfügung stünde, in der für alle Mitglieder der eingetragenen NetWare-Usergruppe BTX genau definiert werden kann, wer auf welches oder welche BTX-Modem zugreifen darf.

Meier	DBT03-Modem-2
Wohlbier	DBT03-Modem-1
.....	
Leinemann	DBT03-Modem-3

Alternativ wäre auch die Zuordnung verschiedener Modem-Usergruppen sinnvoll, da damit der administrative Aufwand in der Regel verringert werden könnte, z.B.

BTX-Gruppe-1	Meier
	Wohlfahrt
	Weber
BTX-Gruppe-2	Leinemann
	Bauer
	Siemer
	......
BTX-Gruppe-3	Wibbel
	....
BTX-Gruppe-4	......

Jetzt ließen sich die verschiedenen BTX-Usergruppen innerhalb des Gateways den verschiedenen Modems zuordnen und damit wäre ebenfalls die Gefahr der fehlerhaften Paßworteingabe beseitigt.

BTX-Gruppe-1	⟺	DBT03-Modem-2
BTX-Gruppe-2	⟺	DBT03-Modem-3
BTX-Gruppe-3	⟺	ISDN-Modem-1
....		....

Sie sehen an diesem etwas ausführlicher dargestellten Beispiel, daß ein im technischen Sinne als "netzwerkfähig" auf dem Markt befindliches Anwendungsprogramm in administrativer Hinsicht durchaus als **nicht netzwerkfähig** bezeichnet werden kann.

3.2.11 Programmeigene Kostenermittlung

Bereits im letzten Abschnitt haben wir uns mit einem typischen Beispiel beschäftigt, bei dem die Entstehung von direkten Kosten unvermeidbar ist und damit die Frage der Kostenhöhe und der Kostenzuordnung entsteht.

Häufig sollen Kosten für Kommunikationsverbindungen, wenn sie über gewisse Bagatellgrenzen hinausgehen, im Rahmen der innerbetrieblichen Kostenrechnung den organisatorischen Einheiten zugeordnet werden können.

Sowohl im Datex-P Bereich, bei BTX-, FAX- oder Telex-Verbindungen als auch bei typischen Datenbankrecherchen können Kosten erheblicher Höhe entstehen, die bei einer netzwerkmäßigen Bereitstellung dieser Funktionen nicht mehr ohne weiteres zugeordnet werden können.

In unserem obigen Beispiel hinsichtlich eines BTX-Gateways müßte die entsprechende Anwendungs-Software neben der bereits geforderten Benutzerverwaltung also zusätzlich eine user- oder gruppenorientierte Kostenermittlung integriert haben. Das gleiche gilt z.B. für ein Datex-P oder ein Telefax-Gateway. Bei der Integration solcher Kostenermittlungs- und Abrechnungsfunktionen entstehen jedoch z.T. erhebliche Probleme.

So müßten **bei einem BTX-Gateway** z.B. für jeden Mitbenutzer folgende Kosten unterschieden, ermittelt, gespeichert und abgerechnet werden können:

- Telefon-Verbindungszeit (Zeittakt/Entfernung, Einheiten pro Minuten)
- BTX-Verbindungskosten (seit Anfang 1993: 0,06 bzw. 0,02 DM/min)
- kostenpflichtige Seiten
- kostenpflichtige ER-Verbindungen (z.B. bei der Telefonauskunft)

Insbesondere die beiden letzten Punkte werden von der heute verfügbaren BTX-Gateway-Software in der Regel nicht berücksichtigt.

Bei einer Datex-P Verbindung müßten folgende Kosten jeweils benutzerbezogen unterschieden werden:

- Anzahl der Verbindungen (Verbindungsaufbau)
- Datenvolumen (je Segment ......)

Dabei ist die Kostenerfassung im Datex-P Bereich äußerst problematisch und bedingt eine hohe Geräte- und Softwareklasse. Die diesbezügliche Anforderung könnte dazu führen, daß der Gateway-Kostenanteil für die Gebührenermittlung höher als der eigentliche funktionelle Kostenanteil ist.

Bei der Forderung nach Kostenermittlung und Kostenzuordnung sollte also die Relation der entstehenden Nutzungskosten mit dem Aufwand für deren Ermittlung immer beachtet und im Verhältnis gesehen werden.

3.2.12 Zusammenfassende Betrachtung der "Netzwerkfähigkeit"

Wie Sie in den letzten Abschnitten sehen konnten, ist eine Gesamtaussage über die Netzwerkfähigkeit eines Programms nicht so einfach zu tätigen. Insbesondere hinsichtlich der "administrativen Netzwerkfähigkeit" kann es sogar zu heißen Diskussionen kommen, in welcher Form ein Programm überhaupt netzwerkfähig gemacht werden kann oder muß.

Zur Beurteilung der "Netzwerkfähigkeit" eines Programms kommt es dabei immer auf die organisatorischen Anforderungen des jeweiligen Betriebes an, ob die in dem Produkt integrierten "Netzwerkmöglichkeiten" als ausreichend empfunden werden.

Desweiteren lassen sich viele der von uns in diesem Kapitel zusammengetragenen Hinweise, Probleme und Einschränkungen häufig nur bei einer "echten" Installation und einem befristeten Echtbetrieb erkennen. Besonders zu prüfen sind die Verzahnungen und z.T. sich gegenseitig beeinflussenden (oder sogar ausschließenden) Kriterien und Funktionen der administrativen Netzwerkfähigkeit. Zur endgültigen Einschätzung der "Netzwerkfähigkeit" einer Anwendung und vor einer Kaufentscheidung sollten komplexere Produkte nach unserer Erfahrung unbedingt vorher im Netz getestet werden. Zahlreiche Firmen bieten sogar standardmäßig Testinstallationen für einen begrenzten Zeitraum zu einem "Probierpreis" an.

Lassen Sie sich also das Produkt zum Test kommen oder bitten Sie die Firma um eine Testinstallation und Vorführung. Zeigt eine Firma hierfür kein Verständnis und kommt sie Ihnen hier nicht entgegen, dürfte es sich sowieso um den falschen Partner handeln, also lassen Sie sich nicht "abwimmeln"!!

Übernehmen Sie lieber eine gewisse, anteilig am Kaufpreis bemessene Testsumme (z.B. 10%), bevor Sie ein schlechtes Produkt über lange Zeit mit einem mehrfachen administrativen Aufwand im Netz pflegen und betreuen müssen. Sie müssen die schlechte oder unzureichende Netzwerkfähigkeit eines Programms "ausbaden" und bezahlen!

Sagen Sie also nicht, sie hätten keine Zeit zum Test!!

Haben Sie das Produkt erstmal beschafft, müssen Sie beim Fehlen entsprechender Netzwerkeigenschaften eventuell ein Mehrfaches der Testzeit für die Betreuung investieren (und das auf längere Zeit)!

Denken Sie in diesem Zusammenhang bitte an die im Kapitel 1 aufgeführten Betreuungskosten und machen Sie sich bewußt, daß ein unzureichend netzwerkfähiges Softwareprodukt zum scheinbar günstigen Einkaufspreis von 2.500,- DM (z.B. ein Gateway oder ein Mailsystem) in einem Jahr sehr schnell einen zusätzlichen Installations- und Betreuungsaufwand von ein, zwei oder mehr Personal-Monaten verursachen kann.
Und damit entstehen für Sie eigentlich nicht notwendige Personalkosten von fünftausend, zehntausend oder mehr DMark, und das auf mehrere Jahre.

Der für den Test eines Produktes anzusetzende Aufwand ist nicht am Kaufpreis einer Anwendung fixierbar! Selbst ein kostenloses Public-Domain-Programm mit schlechten administrativen Eigenschaften hilft dem Netzverantwortlichen nicht, da er seine in der Regel knappen Personalressourcen zusätzlich strapaziert und damit das Mißverhältnis zwischen den relativ geringen sachspezifischen Netzwerkkosten und den Personalbedürfnissen weiter vergrößert.

Je "**strategischer**" die Funktion einer geplanten Anwendung in einem Betrieb ist, umso höher muß der Testaufwand sein, um die tatsächliche Netzwerkfähigkeit (und Ablauf- und Funktionssicherheit) eines Programms zu prüfen.

Zum Abschluß dieser Thematik noch einige Hinweise:

- Glauben Sie der Aussage "unser Programm ist netzwerkfähig" erstmal nie!
- Lassen Sie sich Referenzkunden nennen und fragen Sie dort wirklich nach.
- Schauen Sie sich ein Programm bei einem von Ihnen ausgewählten Referenzkunden an und diskutieren mit ihm die installationsmäßige Umsetzung Ihrer eigenen administrativen Netzwerkstrukturen.
- Lassen Sie sich das Programm für eine gewisse Zeit zum Test geben.
- Verlangen Sie vom Softwarehersteller bzw. Lieferanten eine genaue Dokumentation, für welche Kataloge welche Netzwerkrechte für die verschiedenen Nutzerprofile erforderlich sind. Häufig erkennen Sie schon hier die Qualität der Software und des Lieferanten, denn viele Firmen haben sich hierüber kaum detaillierte Gedanken gemacht.
- Bedingung für die Installation von Programmen im Netz ist eine starke Kreativität. Haben Sie Phantasie und "probieren" Sie verschiedene Wege und Verfahren, um ein Programm ohne Aufgabe der "Netzwerkprinzipien" bezüglich Struktur und Rechtezuteilung lauffähig und nutzbar zu machen.
- Setzen Sie sich auch nach dem Kauf/Installation mit dem Hersteller in Verbindung, wenn Sie "Netzschwächen" des Programms erkennen und fordern eine Nachbesserung für das nächste Release.
- Scheuen Sie sich nicht, dem Lieferanten bzw. Hersteller ein Ultimatum zu setzen, bestimmte Funktionen der Netzwerkfähigkeit zu realisieren. Wechseln Sie notfalls das Produkt, unnötiger Installations- und Betreuungsaufwand ist in der Regel teurer.
- Weisen Sie bei den Gesprächen mit den Firmen auch darauf hin, daß Sie alle Kollegen und Partnerfirmen auf die schlechten bzw. fehlenden Netzwerkeigenschaften dieses Produktes hinweisen werden. Wir alle haben mehr Einfluß als wir häufig glauben, und es gibt fast immer Alternativprodukte.

3.3 Lizenzprobleme

Immer wieder wird die Frage gestellt, wie verhält es sich eigentlich mit den Lizenzrechten, wenn Software im Netzwerk eingesetzt wird. Lassen Sie uns hierzu einige grundlegende Betrachtungen anstellen.

3.3.1 Grundlegende Hinweise zur Lizenzproblematik

Der Kauf einer Softwarelizenz ist das (in der Regel) zeitlich unbegrenzte Nutzungsrecht für diese Software, jedoch kein inhaltliches Eigentum (Copyright).

So wie ein Buch zu einem bestimmten Zeitpunkt nur an einem Ort sein kann und gelesen (genutzt) werden kann, ist nach grundlegender Rechtsauffassung auch eine Softwarelizenz zu betrachten. Sie darf zum gleichen Zeitpunkt nur an einer Stelle sein und genutzt werden.
Diese Betrachtungsweise ist völlig unabhängig davon zu sehen, ob die Software auf einem Einzel-PC oder einem vernetzten PC eingesetzt wird.

Bei unvernetzten PC's ist der jeweilige "Transport" der Softwarelizenz bzw. die Absprache und Organisation der Nutzung äußerst aufwendig, so daß man davon ausgehen muß, daß für jeden PC, auf dem eine Software eingesetzt werden soll, eine Installation vorgenommen wird und damit auch eine Nutzungslizenz für diese Software vorhanden sein muß.

Bei vernetzten PC's sieht die Situation insoweit anders aus, wenn die Software nur auf dem Server installiert ist und quasi über das Netzwerk jeweils ausgeliehen wird. Hier kommt es darauf an, wie häufig eine Software gleichzeitig über das Netz "ausgeliehen" ist, denn diese Anzahl entspricht der Anzahl der erforderlichen Lizenzen.

Im Prinzip kann bzw. darf jede Einzellizenz im Netzwerk installiert und genutzt werden, vorausgesetzt, sie wird nicht unberechtigterweise mehrfach eingesetzt.
Durch das Dateiattribut SHAREABLE kann z.B. bei vielen Produkten verhindert werden, daß ein Programm zum gleichen Zeitpunkt mehrfach aufgerufen wird. Allerdings wirkt dieses Attribut nur dann, wenn eine Software Dateien nach dem Laden geöffnet hält.

Wurden in einer Firma mehrere Einzellizenzen oder eine 5-er oder 10-er Lizenz für ein bestimmtes Softwareprodukt beschafft, so darf auch im Netzwerk die Software entsprechend häufig aufgerufen werden (natürlich nicht zusätzlich zu den Einzelinstallationen, sondern anstatt).

Auf die hieraus entstehenden Probleme der Kontrolle, ob in einem Netzwerk von einem bestimmten Softwareprodukt nur die maximal zulässige Anzahl Lizenzen aufgerufen wird oder werden kann, gehen wir im folgenden Abschnitt ein.

Von verschiedenen Firmen werden sogenannte Netzlizenzen vertrieben, die entweder

- eigene Lizenzzähler verwalten oder
- entsprechend der Anzahl der Novell-User-Lizenz (10,50,100,250)
- oder sogar unbegrenzt

die Nutzung zulassen.

Die entsprechenden Kosten für diese verschiedenen Netz-Lizenzen werden sehr unterschiedlich gehandhabt und stehen vielfach in keinem Verhältnis zum tatsächlichen Nutzungsbedarf.

Wenn in Ihrem Betrieb z.B. nur maximal 3 oder 5 Anwender gleichzeitig mit einer bestimmten Software arbeiten müssen, ist die Beschaffung einer pauschalen 100-er Lizenz sicherlich unangemessen, es sei denn, der Differenzpreis zwischen 5 Einzellizenzen und dieser Pauschallizenz ist geringfügig.

Achtung: Es ist nicht korrekt, wenn einige Firmen behaupten, man müsse so viele Lizenzen beschaffen wie PC's am Netzwerk angeschlossen sind (das gehört in die Schublade Marketing oder Gewinnoptimierung).

3.3.2 Kontrolle und Sicherstellung der Lizenzverwaltung

Der einfachste und sauberste Weg einer ordnungsgemäßen Lizenzverwaltung ist sicherlich dann gegeben, wenn seitens des Softwareprodukts ein eigenständiger Zählalgorithmus bereitgestellt wird oder die zulässige Nutzeranzahl automatisch an die Novell-User-Lizenz gekoppelt ist.
Stellt der Softwarelieferant für sein Produkt keine solche Systematik zur Verfügung, so gibt es verschiedene andere Möglichkeiten, obwohl es sich zugegebenermaßen um kein triviales Problem handelt.

Zur besseren Beurteilung und Abschätzung lassen Sie uns das Problem näher betrachten.

Eine am Server installierte Software wird über das Netzwerk an einen Arbeitsplatz-PC verteilt und dort im Arbeitsspeicher durchgeführt. Ab diesem Zeitpunkt gibt es keinerlei Möglichkeiten mehr festzustellen, ob der Anwender dieses Programm noch nutzt oder ob er es vielleicht schon wieder verlassen hat.
Eine solche Kontrolle ist weder vom Server aus möglich, noch kann am Arbeitsplatz ein "Kontrollprogramm" diese Nutzung prüfen und registrieren.

Daß heißt, selbst bei einer Registrierung des Softwareaufrufs (und Erhöhung eines zugeordneten Zählers) gibt es standardmäßig keinerlei Möglichkeit, das Ende der Softwarenutzung zu registrieren. Dies gilt insbesondere dann, wenn der Aufruf der Software direkt durch den User erfolgt, also keinerlei Benutzerführung z.B. über ein Menü stattfindet.

Leider stellt auch Novell z.Z. kein vernünftiges Konzept zur Kontrolle der gleichzeitig eingesetzten Softwarelizenzen zur Verfügung, zugegebenermaßen ist dieses Problem in einem Netzwerk jedoch auch nicht einfach zu lösen.

Trotz dieser aufgeführten Problematik gibt es neben den bereits aufgeführten firmenspezifischen Angeboten weitere Möglichkeiten und Verfahren zur Lizenzkontrolle, um sicherzustellen, daß eine Software nicht häufiger aufrufbar ist, als entsprechende Lizenzen existieren.

Dabei zeigt sich, daß eine solche Lizenzüberwachung bzw. Kontrolle wesentlich einfacher realisierbar ist, wenn die Netzwerkbenutzer über eine Bedienungsführung bzw. ein Bedienungsmenü geführt werden.
Hierdurch werden einerseits die unkontrollierbaren "Seiteneinstiege" verhindert und andererseits kann der Netzwerkadministrator sicherstellen, daß er mit Hilfe entsprechender statistischer Übersichten die tatsächlichen mit den errechneten Lizenzbedürfnissen besser in Einklang bringen kann.

Lassen Sie uns einige verschiedene Möglichkeiten und Voraussetzungen für eine Lizenzkontrolle näher betrachten:

- eine Software darf jeweils nur von einem Anwender gleichzeitig genutzt werden
- wenige Anwender nutzen eine Software und sind genau bekannt
- eine Anwendung ist nur durch einen speziellen User aufrufbar
- Erstellung einer eigenen Überwachungssystematik
- Einsatz eines gekauften Lizenzüberwachungsprogrammes

3.3.2.1 Einsatz einer Softwarelizenz

Das Problem, eine vorhandene Softwarelizenz alternativ mehreren Anwendern zur Verfügung zu stellen, tritt in der Praxis häufiger auf.

Wenn z.B. mehrere Personen eine bestimmte Software nutzen (oder testen) sollen, ist es bei einem jeweils geringen Nutzungsanteil nicht unbedingt erforderlich, daß diese Software mehrfach beschafft wird.

Sollen z.B. 6 Anwender eine Software mit einem Nutzungsanteil von je 5 Prozent einsetzen, ergibt sich nur ein Lizenzbedarf von 30 Prozent und der Kauf mehrerer teurer Lizenzen wäre unrationell. Das gilt besonders dann, wenn es sich um keine "betriebswichtigen" Programme handelt.

Wird nun nur eine Lizenz beschafft, kann zwar zum gleichen Zeitpunkt immer nur ein Anwender das Programm nutzen, aufgrund des geringen Gesamtbedarfs kommt es wahrscheinlich jedoch nur selten zu einer Konfliktsituation. In einem solchen Fall kann der Betroffene die Software dann zwar nicht aufrufen und muß zu einem späteren Zeitpunkt einen erneuten Zugriff versuchen, trotzdem erscheint diese Einschränkung für viele Fälle zumutbar.

Realisierung

Wie bereits aufgeführt, können Dateien (und damit auch Applikationen) über das Dateiattribut "Shareable" für eine Mehrfachnutzung geöffnet bzw. gesperrt werden. Standardmäßig werden Dateien unter NetWare als Non-Shareable deklariert und erst der Supervisor muß dafür sorgen, daß durch Setzen des

Attributs SHAREABLE mehrere User diese Datei(en) gleichzeitig nutzen können.

Allerdings gibt es Softwarepakete, die nur einmal vom Fileserver geladen werden und die dann im Arbeitsspeicher des PC's ablaufen, ohne daß sie Dateien am Server geöffnet halten und ohne daß sie nochmals Module oder Overlays vom Server nachladen müssen. Das gilt z.B. für einfache Textprogramme, Programmiersprachen wie Turbo-Pascal, usw.
Bei diesen Softwarepaketen kann über das Datei-Attribut Non-Shareable also nicht verhindert werden, daß mehrere Anwender ein Softwareprodukt quasi gleichzeitig nutzen können.

In einem solchen Fall läßt sich durch eine "künstliche" Dateisperre der gleiche Effekt erzielen.

Beispiel:

Der Aufruf eines Programms erfolgt über ein Netz-Bedienungsmenü, über das einfache Batchdateien aufgerufen werden, die die richtigen Kataloge bereitstellen und notwendige Pfadschaltungen vornehmen.

Bei Auswahl der Anwendung XYZ wird in der zugehörigen Batchdatei zusätzlich ein kleines Programm (z.B. in Basic geschrieben) aufgerufen, daß eine im Katalog integrierte "Phantasiedatei" exclusiv öffnet und erst nach Verlassen der Software und der damit verbundenen Weiterbearbeitung der Batchdatei diese Datei wieder schließt.

```
*----------- Batchdatei XYZ.bat ----------
echo off
cls
g:
cd software:sprachen\XYZ
EXOPEN datei1
if errorlevel == ......   goto ENDE
XYZ
EXCLOSE datei1
:ende
m:
```

In dieser Batchdatei wird zuerst auf das Laufwerk G: umgeschaltet und dann in den Unterkatalog SOFTWARE:.....\XYZ. Danach erfolgt über das erwähnte Zusatzprogramm eine Reservierung (ein Exclusiv OPEN) der Datei DATEI1 und erst dann der eigentliche Programmaufruf von XYZ.
Nach Verlassen der Software wird über ein weiteres Zusatzprogramm DATEI1 wieder geschlossen (CLOSE) und steht jetzt wieder einem anderen Anwender zum Öffnen zur Verfügung.

Während der Reservierungszeit kann jetzt kein anderer Anwender die Software XYZ aufrufen, da er die Hilfsdatei DATEI1 nicht exclusiv öffnen kann.

Selbstverständlich muß noch eine konkrete Fehlerabfrage in die Batchdatei integriert werden, falls das Programm EXOPEN nicht ordnungsgemäß abgeschlossen wurde, also keine Reservierung möglich war.
Zusätzlich muß natürlich auch ein Hinweis für den Benutzer erfolgen, daß die gewünschte Software (bzw. die Lizenz) zur Zeit von einem anderen User genutzt wird.

3.3.2.2 Wenige Anwender nutzen eine Software und sind genau bekannt

Wie bereits im ersten Kapitel dargelegt, muß der Netzbetreiber zur Ermittlung der Lizenzbedürfnisse eine Art Softwarenutzungsprofil erstellen.
Dabei gibt es häufiger Fälle, in denen nur wenige, aber konkret zu benennende Anwender eine Software benötigen, diese Nutzung jedoch mit einem hohen Zeitanteil erfolgt. Z.B.

7 Anwender / Nutzungsanteil je 80 Prozent: = 560 Prozent

Bei diesem Beispiel wird deutlich, daß im Mittel zwar 6 Lizenzen ausreichen würden, maximal jedoch 7 Anwender auf diese Software gleichzeitig zugreifen (können) müssen. Damit ist der Beschaffungsbedarf von 7 Lizenzen vorgegeben.

In dieser Situation ordnet man die 7 namentlich bekannten Anwender einer gemeinsamen Nutzergruppe zu und ermöglicht nur für diese Gruppe den Zugriff auf diesen Anwendungskatalog. Damit ist sichergestellt, daß maximal nur diese 7 Anwender die vorhandenen 7 Lizenzen nutzen können.
Etwas verallgemeinert läßt sich diese Systematik natürlich auch für andere, nicht ganz so klare Nutzungssituationen umsetzen.

7 Anwender	je 80 Prozent	=	560 Prozent
4 Anwender	je 25 Prozent	=	100 Prozent
4 Anwender	je 10 Prozent	=	40 Prozent
15 Anwender		=	700 Prozent

Ist betriebsorganisatorisch bekannt, wer überhaupt für die Nutzung einer bestimmten Software in Frage kommt, können diese Personen wiederum einer entsprechenden NetWare-Gruppe zugeordnet werden.

Hiermit würde im obigen Beispiel die grundsätzliche Möglichkeit zur Nutzung der Software bereits auf maximal 15 Anwender eingeschränkt. Aufgrund der statistischen Verteilung und der sonstigen Netzwerkfunktionalität dürfte in diesem Beispiel der Kauf von ca. 8-10 Lizenzen ausreichend sein.
Die wirkliche Kontrolle über den (dynamischen) maximalen IST-Wert muß über ein separates Programm erfolgen, wie Sie es in den nachfolgenden Abschnitten finden.

3.3.2.3 Eine Anwendung kann nur durch einen "Benutzer" aufgerufen werden

In den bisherigen Ausführungen sind wir davon ausgegangen, daß ein Benutzer sich am Server anmeldet und alle ihm zustehenden Zugriffsrechte zugewiesen bekommt.
Wie bereits im Kapitel 2 unter "Prinzipien der Rechtevergabe" dargelegt, kann diese gleichzeitige Zuweisung aller Zugriffsrechte Risiken für die Datensicherheit beinhalten und damit kann auch das Prinzip der nutzungsorientierten Rechtevergabe in vielen Fällen sinnvoll sein. Hierbei wird dann jeweils nur das Nutzungsrecht für genau eine bestimmte Software vergeben.
Genau dieses Verfahren kann uns manchmal bei unserem aufgeführten Problem der Lizenzkontrolle helfen.

Für unser besagtes Anwendungsprogramm XYZ haben wir beispielsweise 10 Lizenzen gekauft und möchten sicherstellen, daß nicht mehr Anwender dieses Programm gleichzeitig aufrufen und nutzen können.

Realisierung:

Richten Sie einen speziellen NetWare-User ABC ein, der als einziger User das Zugriffsrecht auf die Software erhält.
Anschließend wird dann über das NetWare-Accounting für diesen User das Recht definiert, sich maximal zehnmal gleichzeitig einzuloggen. Damit übertragen wir nunmehr dem NetWare-Betriebssystem die Kontrolle, daß maximal nur 10 User mit dem Namen ABC sich einloggen können und die Software nutzen.

Über diese Novell-Möglichkeit des Accounting, indem man einen entsprechenden Software-User für das konkrete Produkt einrichtet und ein gleichzeitiges Login nur entsprechend der Lizenzanzahl zuläßt (es gibt dann also z.B. einen User WordPerfect oder einen User dBASE), kann eine sehr wirksame Lizenzkontrolle realisiert werden.

Allerdings erweist sich dieses Problem nur auf den ersten Blick als optimale Lösung, denn man stellt schnell fest, daß damit z.B. keine konkreten, personenbezogenen Rechtezuteilungen mehr möglich sind, selbst die Zuordnung zu einem HOME-Directory wird damit verhindert.

Eine Lizenzkontrolle nach diesem Schema ist also nur für einzelne Produkte möglich bzw. sinnvoll, wenn z.B. eine eigenständige und in sich geschlossene Nutzung stattfindet und zudem ein jeweiliges "Neu-Einloggen" des Benutzers zu Bearbeitung anderer Aufgaben zumutbar erscheint.

3.3.2.4 Erstellung einer eigenen Überwachungssystematik

Bei einem größeren Netzwerk und beim Aufbau einer hohen Netzfunktionalität ergibt sich für die Netzwerkverantwortlichen immer mehr der Zwang und das Bedürfnis, einen besseren Überblick über die Intensität der Softwarenutzung und damit über den Lizenzbedarf für die verschiedenen Softwareprodukte zu erhalten.

Sobald eine optionale oder sogar zwangsmäßige Bedienungsführung in Form eines Netzwerk-Menüs zum Einsatz kommt, ist die Erstellung einer eigenen Überwachungssystematik gar nicht mal so problematisch.
Wenn jeder Softwareaufruf über das Bedienungsmenü erfolgt und in Form eines Batch- oder sonstigen Programms abläuft, läßt sich die "Registrierung" eines Softwareaufrufes durchaus realisieren.

Allerdings muß man sich darüber im klaren sein, daß nicht der Aufruf einer Software am Server das eigentliche Hauptproblem darstellt, sondern die Kontrolle, wann diese am Arbeitsplatzcomputer ablaufende Software wieder verlassen wird und somit die Lizenz wieder allgemein verfügbar ist.

Selbst ein eigenständiger NLM-Serverprozeß kann zwar den Zugriff auf einen Katalog oder eine EXE.- bzw. COM.-Datei registrieren, aber nicht den Aussprung des Benutzers aus dieser Software. NetWare selbst kontrolliert zwar in regelmäßigen Abständen, ob ein User bzw. genauer ein PC noch mit seiner Shell aktiv ist, eine Aussage über den Zustand der Anwendungsebene ist damit jedoch nicht verbunden.

Schauen wir uns schrittweise die Realisierung einer solchen eigenen Lizenzüberwachung an:

Das Denkmodell einer Lizenzüberwachung

Wenn man in einer auf dem Server befindlichen Übersichtstabelle bei jedem Aufruf einer Software eine Addition (Inkrementierung) eines zugehörigen Lizenzzählers, und bei jedem Verlassen einer Software eine Subtraktion (Dekrementierung) vornimmt, erhält man bei (ordnungsgemäßem Verlauf) zu jeder Zeit die exakte Anzahl der zur Zeit in Nutzung befindlichen Lizenzen.

In dieser Tabelle müßten folgende Werte vorhanden bzw. eintragbar sein:

Aufrufkürzel der Software (z.B. WP51 = WordPerfect 5.1)	(KURZ)
Softwarebezeichnung	(NAME)
zur Zeit genutzte Lizenzen	(IST)
max. genutzte Lizenzen seit letzter "Nullstellung"	(MAX)
Datum der "Maximalnutzung"	(DATUM)
insgesamt verfügbare Lizenzen	(ANZ)

Im Rahmen eines Softwareaufrufs wird zuerst ein gesondertes kleines Zählprogramm (z.B. in C oder Basic erstellt) aufgerufen, das für diese Software (also für KURZ) prüft, ob der eingetragene IST-Wert bereits dem Wert von ANZ, also der Anzahl der verfügbaren Lizenzen entspricht.
Ist das der Fall, muß eine Fehlermeldung erzeugt werden, daß zur Zeit keine Lizenz frei ist und der Anwender es zu einem späteren Zeitpunkt nochmals versuchen soll.

Im anderen Fall wird der IST-Wert in der Tabelle um 1 erhöht und anschließend wird überprüft, ob der neue IST-Wert höher (oder gleich hoch) wie der MAX-Wert ist. Fällt diese Prüfung positiv aus, wird der IST-Wert in den MAX-Wert gespeichert und das Feld DATUM mit dem aktuellen Datum überschrieben. Anschließend wird erst die gewünschte Software aufgerufen. Nach dem Verlassen der Software wird der IST-Zähler wieder um 1 reduziert und damit steht die Lizenz anderen Anwendern wieder zur Verfügung.

Bezogen auf eine Software XYZ und unter Verwendung eines Zählprogrammes mit dem Namen LIZENZ könnte der Batchaufruf dann so aussehen:

```
*----------- Batchdatei XYZ.bat -----------
echo off
cls
g:
cd software:.......\XYZ
lizenz xyz +
XYZ
lizenz xyz -
m:
```

Dem hier aufgeführten Zählprogramm LIZENZ werden also zwei Parameter übergeben, im ersten steht die Software-Kurzbezeichnung, der zweite Parameter gibt an, ob der IST-Wert hochgezählt oder subtrahiert werden muß.

Auftretende Probleme und Lösungsvarianten

So einleuchtend das dargestellte Überwachungsverfahren klingt, trotzdem treten in der Praxis einige Probleme auf, die einen reibungslosen Ablauf zum Teil empfindlich stören.

a) Abschaltung oder Ausfall des Netzwerk-PC's

Es gibt immer wieder Anwender, die nach Nutzung einer Software diese nicht ordnungsgemäß über den vorgesehenen Weg mit Quit oder Ende oder ..... verlassen, sondern insbesondere zur Feierabendzeit einfach ihren PC ausschalten.
Bei dieser Vorgehensweise haben Sie bzw. Ihr LIZENZ-Zählprogramm natürlich keine Chance mehr, in der Tabelle die genutzte Lizenz wieder freizugeben (-1), so daß der eingetragene IST-Wert nicht nur falsch ist, sondern erschreckend schnell nach oben gehen kann.

Hier hilft in erster Linie der Appell an die Anwender, alle Programme ordnungsgemäß zu verlassen und erst dann den PC abzuschalten.
Im Extremfall müssen Sie jedoch einen eigenständigen PC zu Hilfe nehmen, der dann in einer gesonderten Tabelle ständig registrieren muß, ob ein Netzwerk-PC, von dem aus eine bestimmte Software geladen wurde, noch im Netz aktiv ist oder ob er abgeschaltet ist und damit auch nicht mehr in der NetWare User-Liste erscheint.

b) File-Locking für die Tabellen-Datei

Zur ordnungsgemäßen Eintragung der jeweiligen Lizenznutzung muß die auf dem Server geführte Tabelle vom LIZENZ-Zählprogramm jeweils kurz exclusiv geöffnet werden, damit es zu keinen Überschneidungen kommt.

Dabei kann es passieren, daß ausgerechnet zu diesem Zeitpunkt ein PC "abstürzt" oder ein Anwender an dieser kritischen Stelle das Zählprogramm unterbricht oder seinen PC abschaltet!
Dann bleibt die Lizenz-Tabelle natürlich exclusiv geöffnet und das durch andere Benutzer beim Aufruf einer Software indirekt gestartete Zählprogramm kann kein Exclusiv OPEN mehr durchführen. Hierdurch kann es zu einem absoluten Dead-Lock kommen, der jegliche Aktivität im Netz blockiert, da weder An- noch Abmeldungen erfolgen können.

Vermeiden läßt sich dieses Problem, indem der Versuch der exclusiven Dateiöffnung nur in einer **begrenzten** Schleife läuft. Nach beispielsweise 20 Fehlversuchen wird der Vorgang einfach abgebrochen und das Zählprogramm mit einer Message an den Supervisor abgebrochen.

c) Windows-Anwendungen

Leider funktioniert das hier aufgeführte Einfach-Verfahren für unter Windows gestartete Anwendungen nur noch sehr eingeschränkt. Erfolgt der eigentliche Windowsaufruf aus einem Netzmenü, kann dieser Aufruf zwar registriert werden, die anschließenden Aufrufe von Applikationen direkt aus Windows heraus können vom hier gezeigten Zählprogramm jedoch nicht mehr erfaßt werden.

Je nach Anwendungsbedarf lassen sich allerdings auch hier Hilfslösungen aufbauen.

3.3.2.5 Einsatz eines gekauften Lizenzüberwachungsprogrammes

Auf dem Markt werden einige wenige Softwareprogramme für das Problem der Lizenzüberwachung angeboten. So bietet beispielsweise das Programm Site-Lock neben den Möglichkeiten des Virenschutzes zusätzlich eine Funktion zur Lizenzkontrolle.
Noch ausgereifter ist die Lizenz-Überwachungssoftware von UtiMaco, die auch Softwareaufrufe aus Windows erfassen kann.
Allerdings muß zu diesen Programmen, die dann in der Regel als NLM auf dem Server laufen, gesagt werden, daß ihre jeweilige Installation und die ständige Aktualisierung nicht ganz einfach ist und zudem "Grenz- und Sonderfälle" ebenfalls nicht kontrollierbar sind.

Fazit: Es gibt zur Zeit keine 100-prozentige Überwachung aller Softwarelizenzen im Netzwerk. Allerdings können Sie mit einem durchaus vertret- und überschaubarem Aufwand eine recht hohe Überwachungsgenauigkeit von 90 bis 95 Prozent erreichen.

Da die Anzahl der im Netz bereitgestellten Lizenzen in der Regel so ausgelegt wird, daß die **maximalen Nutzungsanforderungen** erfüllt werden können, liegt die IST-Nutzung nach den bei uns gemachten Erfahrungen üblicherweise deutlich unter den Schätzungsgrenzen, so daß die 90-Prozentgrenze äußerst selten erreicht wird.

3.3.3 Besondere Lizenzprobleme unter Windows (oder OS/2)

Wie bereits im letzten Abschnitt hinsichtlich der dargestellten Überwachungssystematik geschildert, ist die Lizenzkontrolle und Übersicht bei Einsatz von Windows zusätzlich erschwert, da ein Benutzer durchaus mehrere Fenster öffnen und darin (im Rahmen seiner Netzwerkrechte) jeweils unterschiedliche Software laden und durchführen kann.
Solange der Arbeitsplatz-PC unter DOS eingesetzt und die Lizenzzählung über spezielle Softwareaufrufe (Benutzeroberfläche) gesteuert wird, kann eine neue Software nur dann aufgerufen werden, wenn das zuvor eingesetzte Softwarepaket verlassen wurde. Somit ist sichergestellt, daß jeweils nur eine Applikationslizenz in Benutzung ist.

Beim Einsatz von Windows (oder OS/2) muß eine fensterorientierte Zähllogik stattfinden, da man aus Netzwerksicht unterscheiden können muß, ob eine Software zusätzlich (in einem anderen Fenster) oder anstatt einer bisherigen gestartet wird. Gravierend ist dabei wieder die Kontrolle, ob eine Software in einem Fenster beendet wird und damit die Lizenz wieder allgemein zur Verfügung steht.

Desweiteren muß beim "Überdenken" dieser Problematik berücksichtigt werden, daß es sich für das System wiederum unterschiedlich darstellt, ob Windows lokal oder über das Netz gestartet wurde. Beim Einsatz einer lokalen Windows-Installation ist aus Netzwerksicht beispielsweise nicht mehr ohne weiteres erkennbar, ob eine Software aus einem neuen Fenster aufgerufen wird.
Selbstverständlich sind auch die meisten dieser Probleme programmiertechnisch in den Griff zu bekommen, der administative Eigenaufwand für eine annähernd korrekte Kontrolle ist jedoch ganz erheblich.

3.4 Installationsprobleme

Wir werden häufig daraufhin angesprochen und danach gefragt,

"wie wird Anwendungssoftware eigentlich im Netzwerk installiert".

Gerade vor Aufbau eines PC-Netzes erwarten die Verantwortlichen vielfach eine Art Kochrezept, wo auf möglichst einer Seite eine globale Installationsanweisung für jegliche Art von "Netzwerksoftware" zusammengefaßt ist. Wie Sie jedoch schon an den komplexen Ausführungen zur funktionalen und administrativen Netzwerkfähigkeit in den letzten Abschnitten erkennen konnten, gibt es ein solches Rezept natürlich nicht, ja kann es auch nicht geben.

Sicherlich gibt es einige pauschale Hinweise, die unbedingt beachtet werden sollten, die jedoch im konkreten Einzelfall recht wenig helfen.

Zusätzlich muß berücksichtigt werden, daß eine Softwareinstallation nicht isoliert betrachtet werden darf, sondern natürlich im Umfeld der gesamten Serverinstallation, des Volume- und Katalog-Konzeptes, der Rechtesystematik, der User- und Gruppenhierarchien und der Mapping-Strategien gesehen werden muß. Bei sauberen Konzepten in diesen erwähnten Bereichen sind gewisse Installationskriterien für die meisten Softwareprodukte dann schon automatisch vorgegeben.

Doch nun konkreter:

3.4.1 Wer installiert die Software auf dem Server?

Aufgrund seiner Netzwerkkenntnisse und der ihm zugewiesenen Rechte ist in erster Linie der Netzwerkadministrator - also z.B. der Supervisor unter Novell NetWare - für diese Aufgabe prädestiniert. Er kennt das gesamte konzeptionelle Netzumfeld, die Verzeichnis-, Gruppen- und Rechtestrukturen und beherrscht (hoffentlich sehr gut) die grundsätzlichen Installationsverfahren zur Bereitstellung von Software im Netzwerk.

Allerdings gibt es bei größeren und funktional stark ausgebauten Netzen häufig das Problem, daß eine Person diese vielschichtigen Aufgaben gar nicht alleine bewältigen kann. Bei einem Netzwerk mit 100 oder mehr eingetragenen Benutzern und vierzig oder fünfzig verschiedenen im Netz installierten Applikationen (Funktionen) ist es zwingend erforderlich, mehrere Personen mit dieser Betreuung und Installation von Software zu beauftragen.

Weitere Probleme treten dann auf, wenn anwendungsrelevante Faktoren bereits bei der Installation zu berücksichtigen sind, denn nicht jeder Supervisor kann auch automatisch alle Anwendungen inhaltlich beherrschen.
So müssen beispielsweise bei der Installation von WordPerfect, AutoCad oder ähnlichen Produkten bereits inhaltlich funktionale Entscheidungen getroffen werden, die nur durch eine Person mit einem gewissen Produkt- bzw. Anwendungswissen vorgenommen werden können.

Zur Bewältigung dieser unterschiedlichen Anforderungen lassen sich verschiedene Stufungen einer Aufgabenteilung praktizieren, dies kann in Abhängigkeit des jeweilig zu installierenden Produkts durchaus unterschiedlich gehandhabt werden.

- der Supervisor installiert und testet das Produkt
- der Supervisor installiert und der Produktspezialist testet
- der Supervisor und der Produktspezialist installieren und testen gemeinsam
- der Produktspezialist erhält Zusatzrechte (nach Zusatzausbildung) und installiert und testet das Produkt eigenständig

Grundsätzlich gilt, je komplexer sich die Anwendung darstellt, umso enger muß die Integration des Produktspezialisten (eines besonders gut ausgebildeten Anwenders) sein.

Scheuen Sie sich insbesondere nicht vor dem dritten Schritt und beziehen den "ersten" bzw. bestinformierten Anwender bereits bei der Installation mit ein und führen die Tests gleich mit ihm durch.
Sie ersparen sich vielfach erhebliche Arbeit und außerdem wird die Installationssystematik von vornherein sowohl unter Netzwerkgesichtspunkten als auch unter Anwendungsgesichtspunkten diskutiert und realisiert (das gehört übrigens auch zur Akzeptanz-Psychologie).

Bei einfachen Textprogrammen ist dieser Schritt seltener erforderlich, müssen jedoch Anwendungen wie

- ein Fakturierungssystem
- eine Ingenieurapplikation wie SPICE oder
- eine Softwareentwicklungsumgebung wie C++

installiert werden, ist das Fachwissen des Anwendungsspezialisten unverzichtbar.
Allerdings ist auch das Wissen des Netzwerkadministrators zwingend erforderlich, um auftretende Handhabungs- oder Zugriffsprobleme fachkundig und vor allen Dingen entsprechend der Gesamtsystematik der Serveradministration durchführen zu können.

Machen Sie sich bitte bewußt, daß jegliche Softwareinstallation auf dem Server mit deutlichen Risiken behaftet ist. Bei der Installation einer Software ist es meistens notwendig, daß der Betreffende über hochgradige Rechte (in der Regel Supervisor-Status) verfügt, da eine echte Netzwerk-Installation eines Softwareproduktes üblicherweise bei weitem über das reine Kopieren von Programmdisketten hinausgeht.

Ohne die verschiedenen Stufen einer solchen Installation vorwegzunehmen, muß der Verantwortliche z.B. die Software in den richtigen Katalog übertragen, gegebenenfalls "entpacken", Datenkataloge zuordnen, Initialisierungsdateien erzeugen, richtige Pfadschaltungen bestimmen, eventuell spezielle Benutzergruppen definieren, Test-User einrichten, die nur über bestimmte Novell-Rechte verfügen, Aufrufdateien prüfen und in die Bedienerführung integrieren, usw., usw..

Diese mit der Installation verbundenen umfangreichen Aufgaben kann er in der Regel nur dann durchführen, wenn er sozusagen

"bis zu den Zähnen mit Rechten bewaffnet"

ist. Entsprechend hoch ist das Risiko, beim dem Bemühen, diese neue Software richtig zum Laufen zu bringen, indirekt Einflüsse auf andere Produktaufrufe zu nehmen bzw. vorhandene Zugriffsstrategien, Mapping-Konzepte und Kataloghierarchien zu unterlaufen.

Sie bewegen sich bei einer solchen Installation **nicht mehr auf einem Einzel-PC**, sondern arbeiten in einer Produktionsumgebung, da zum gleichen Zeitpunkt andere Novell-User den Server nutzen.
Das bedeutet, daß falsche Befehle, Definitionen oder Zuordnungen sehr leicht bis zu anderen Produkten "durchschlagen" und hierdurch Benutzer in ihrem Tagesgeschäft negativ betroffen sein können.

3.4.2 Schrittweise Installieren, Testen und Freigeben

Die Installation einer Software umfaßt mehrere Stufen, um die verschiedensten Erfordernisse wie Virenschutz, funktionelle Prüfung, Netzwerkfähigkeit, administrative Installation, usw. sicherstellen zu können.

Die nachfolgend aufgeführten Schritte müssen nicht immer vollständig alle durchgeführt werden, denn auch hier kommt es auf die Komplexität, die bereits vorhandene allgemeine Erfahrung mit Softwareinstallationen bzw. auf die speziellen Erfahrungen hinsichtlich dieses Produktes an.

a) Test der Softwaredisketten auf Viren

Hier muß bereits die erste Prüfung erfolgen, um jegliche Infiltration des Netzes mit Viren zu vermeiden. Dabei müssen sowohl die noch nicht "entpackten" Disketten als auch die entpackten Dateien geprüft werden.
Nähere Informationen und Aussagen zur Virenproblematik finden Sie im Kapitel 4 (Virengefahr im Netz).

b) Installation der Software auf einem lokalen Laufwerk

Dieser Schritt klingt auf den ersten Blick äußerst aufwendig, da ja bekannt ist, daß anschließend die eigentliche Installation auf dem Server noch erfolgen muß.

Trotzdem ist dieser Schritt dann empfehlenswert, wenn ein Produkt erstmalig installiert wird und/oder wenn der Supervisor bzw. der Softwarebetreuer noch über relativ wenig Erfahrung verfügt.
Besonders wichtig wird diese Vorsichtsmaßnahme, wenn bereits an der Beschreibung und den Dateien erkennbar wird, daß die Installation über eine vom Hersteller mitgelieferte INSTALL-Datei automatisiert ablaufen soll. Hier müs-

sen Sie besonders aufpassen, denn wie bereits bei der "administrativen Netzwerkfähigkeit" in Abschnitt 2.2 ausgeführt, erfolgen bei manchen Produkten erhebliche und z.T. kaum nachvollziehbare Modifikationen der CONFIG- oder AUTOEXEC-Dateien oder sogar der Rechteprofile bestimmter NetWare-User.

Durch die Erstinstallation auf einem lokalen Laufwerk (und ohne Netzwerkverbindung) kann insbesondere die grundsätzliche Installations-, Katalog- und Zugriffssystematik einer Software erkannt und geprüft werden.

Die anschließend notwendig werdende Netzwerkinstallation ist dann jedoch wesentlich einfacher durchzuführen, da die kritischen Punkte überwiegend bekannt sind und berücksichtigt werden können.

c) Installation in einem Test-Volume oder einem Test-Katalog im Netzwerk

Ein reines Test-Volume hat den Vorteil, daß Sie gerade im "normalen" Tagesbetrieb keinerlei Auswirkungen auf andere Volumes befürchten müssen. Wird eine Software im "Supervisor-Status" installiert, merkt man vielfach nämlich gar nicht, wenn die neue Software in andere parallele oder übergeordnete Kataloge hineinschreibt oder schreiben will.
Installieren Sie die Software "nur" in einem neuen, eigenen Katalog, können Sie unter NetWare der Software allerdings mit dem Befehl

```
map root g:=software:text\word
```

"vorgaukeln", daß es sich bei diesem Katalog (in diesem Fall WORD) gleichzeitig um die Root, also um ein Volume handelt.

Im Rahmen dieser Testinstallation lassen sich nun die erforderlichen Prüfungen für die funktionale und administrative Netzwerkfähigkeit des Programms durchführen, ohne daß eventuell existierende gleichartige Anwendungen bereits beeinflußt werden.

d) Installation in bzw. Übertragung auf endgültigen Katalog

Dieser Katalog sollte nur dieses Produkt enthalten, um jegliche Vermischung mit anderen Softwaremodulen zu vermeiden. Diese Aussage ist besonders bei Update-Versionen wichtig, da vielfach nur Teilmengen einer Software tatsächlich als neue Version geliefert werden. Z.T. werden bestimmte Bildschirm- oder Druckertreiber, manchmal sogar ganze Librarys beibehalten.

Wenn Sie dann bei krassen Fehlersituationen der neuen Software anschließend doch wieder auf die bisherige Software-Version ausweichen müssen, kann eine Mischung beider Versionen sehr schnell dazu führen, daß weder die alte noch die neue Version ordnungsgemäß arbeiten. Halten Sie also lieber gewisse Teilmengen einer Softwareversion doppelt in den jeweiligen Katalogbereichen.

Wie die Erfahrung zeigt, ist man beim Update einer Software sowieso gezwungen, für eine gewisse Zeit beide Versionen im Netz beizubehalten. Einerseits sind nicht alle Anwender sofort bereit, von einem zum anderen Tag auf eine neue Version umzusteigen (vielfach unterscheiden sich die Versionen in der Handhabung erheblich), und andererseits sollten Sie aus Sicherheitsgründen die ältere Version für eine gewisse Zeit auf dem Server behalten.

e) Installation durch einen "Spezial-User"

Es kommt immer wieder vor, daß es bei der Installation zu sogenannten "Neben- oder Seiteneffekten" kommt, wenn sie vom Supervisor mit seinen besonderen und weitreichenden Zugriffsrechten durchgeführt wird. Häufig bemerkt man diesen Zusammenhang erst später, wenn nämlich ein "Normal-User" die Software testen oder nutzen soll.

Zur Vermeidung dieses Problems ist es vielfach sinnvoll, bereits für die Installation einen speziellen User zu definieren, der nur in dem vorher vom Supervisor für diese Software erzeugten Katalog die erforderlichen Rechte erhält.
Das gleiche gilt z.B. dann, wenn wie im letzten Abschnitt aufgeführt, einem gut ausgebildeten Anwender (Produktspezialist) die Installationsaufgabe für diese Software übertragen wird. Hier muß in jedem Fall sichergestellt werden, daß er keine versehentlichen Nebeneffekte verursachen kann.

f) Aufruf- und Anwendungstest mit einem speziellen Test-User

Beim Test von installierten Softwareprodukten wird häufig nicht bedacht, daß ein Anwendungstest mit dem "User" Supervisor nur eine geringe Aussagekraft hat, da eventuelle Zugriffseinschränkungen eines späteren "Normal-Users" sich nicht auswirken.
Wird ein "zufälliger" anderer User für den Anwendungstest genutzt, der ja bereits ein bestehendes Rechteprofil aufgrund seiner Zuordnung zu verschiedenen Gruppen oder aufgrund persönlicher Rechte hat, besteht ebenfalls die Gefahr einer Rechteüberschneidung bzw. wird nicht die genau erforderliche Rechtestruktur erkannt.

Aus diesen Gründen sollte ein speziell für dieses Softwarepaket definierter User erzeugt werden, der nur die für dieses Produkt geplanten und erforderlichen Rechte zugewiesen erhält.

g) Prüfung der Dokumentation bzw. Erstellung einer Bedienungshilfe

Häufig wird gerade dieser Maßnahmenblock vergessen oder nicht ausreichend beachtet. Außer der reinen Softwarebereitstellung und der Nutzungssicherheit muß auch die bestehende Dokumentation auf ihre Brauchbarkeit und Verständlichkeit geprüft werden.

Bei vielen Softwarepaketen ist es zudem sinnvoll, für eine gewisse Basisnutzung einen "Extrakt" für die Endanwender zur Verfügung zu stellen, damit die ersten Nutzungsschritte mit dieser Software einfacher sind und weniger Fehler entstehen und Rückfragen erfolgen.
Dabei kann es sich um gezielt herausgesuchte Ausschnitte aus der Originaldokumentation oder um eine eigene Zusammenstellung handeln.

h) Test mit mehreren Test-Usern

Bei diesen Test-Usern handelt es sich in der Regel um keine tatsächlichen Personen, sondern um virtuelle User, unter deren Namen der Supervisor bzw. der mit der Installation betraute Verantwortliche sich einloggt und einen Anwendungstest durchführt.

Diese Test-Forderung wird z.T. sträflich vernachlässigt. Ein von mehreren Benutzern aufrufbares und nutzbares Anwendungsprogramm muß unter Multi-User-Bedingungen auf seine Funktionssicherheit geprüft werden. Es ist absolut nicht damit getan, daß man das Dateiattribut auf SHAREABLE setzt und damit mehrere Personen die Software gleichzeitig aufrufen können.

Wie bereits im Kapitel 3 dargelegt, fließen je nach Art des Softwareprodukts und der geplanten Nutzung im Netz verschiedene Kriterien in eine netzwerkfähige Installation ein.
Hier muß z.B. geprüft werden, ob zwischen temporären und bleibenden Einstellungsdefinitionen eines oder mehrerer Benutzer unterschieden wird, ob jeder User seine Geräteparameter und seine Benutzereinstellungen (spez. Drucker, usw.) individuell ablegen kann, usw.

Hier muß also sowohl eine Prüfung der funktionalen Erfordernisse wie

- es werden mehr Lizenzen aufgerufen als vorhanden sind
- mehrere Anwender wollen den gleichen Datensatz bearbeiten
- ein PC wird innerhalb einer Transaktionsverarbeitung abgeschaltet
- usw.

erfolgen, als auch eine Prüfung der administrativen Netzwerkfähigkeit des Programms durchgeführt werden.

i) Test mit mehreren Echt-Usern

Nach dem obigen Test unter "sauberen" Rechtebedingungen muß nun mit "normalen" Benutzern der gleiche Test nachvollzogen werden, um auch hier ev. Kollisionen oder Mehrdeutigkeiten auszuschließen.

Diese "Echt-User" sollten besonders ausgewählt sein, wobei in einem ersten Schritt zwar die besonders gut informierten und verläßlichen Anwender einbezogen werden sollten, anschließend müssen jedoch (bewußt) auch die eventuell bekannten "Problemanwender" oder "Softwarekiller" (beides gibt es in jedem Betrieb) in die Testphase einbezogen werden.

j) Integration des Programmaufrufs in die Bedienungsoberfläche

Auch dieses Verfahren muß vor einer Freigabe getestet werden. Während dieser Zeit können unberechtigte Netzwerknutzer den Programmaufruf schon sehen, jedoch noch nicht selber ausprobieren (Sperrung der Zugriffsrechte).
Zur Integration in die Bedienungsoberfläche gehört natürlich besonders die automatisierte Aufruffolge und Zuordnung der erforderlichen Kataloge, Pfadschaltungen, Lizenzzählungen, usw.

k) Eingeschränkte Produktfreigabe

Nachdem die bisherigen Stufen erfolgreich durchlaufen wurden, sollte einer begrenzten Anzahl von Anwendern der Aufruf und Umgang mit dem neuen Anwendungspaket im Rahmen eines eingeschränkten Echtbetriebes erlaubt werden. Der Übergang von Phase h) zu dieser Stufe ist in der Regel fließend, da gerade die in der Testphase eingesetzten Echt-User auch unmittelbar für die eingeschränkte Produktfreigabe in Frage kommen.
Dieser oder diese wenigen Echt-Anwender können individuell noch auf Probleme oder Verfahren hingewiesen werden. Dabei sollten diese "Erst-Anwender" besonders angehalten werden, alle Fehler, Ungereimtheiten und Probleme sofort zu melden und auch Hinweise und Anregungen hinsichtlich der Bedienbarkeit, der Ablaufsystematik und der Aufruflogik zu geben.

Allerdings gibt es durchaus Anwendungsverfahren, bei denen eine solche behutsame Vorgehensweise funktional einfach nicht möglich ist. So können z.B. bei Fakturierungssystemen, Haushaltsüberwachungssystemen und Prozeß- oder Steuerungssystemen häufig keine Teilmengen bearbeitet oder eine Einschränkung auf wenige Sachbearbeiter vorgenommen werden. Hier heißt es dann:
entweder alle oder keiner!

l) Endgültige Produktfreigabe

Nach diesem langen Prozeß, der nach unserer Erfahrung durchaus mehrere Monate dauern kann, wird nun endlich die Software freigegeben.
Diese Freigabe sollte man entweder als Meldung innerhalb der Bedienungsoberfläche oder im Rahmen allgemeiner "News" auch bekanntgeben.

Diese offene Informationspolitik ist einerseits wichtig, um allen Anwendern die Existenz eines neuen Softwareproduktes im Netz bekanntzugeben, damit jeder Berechtigte die Chance erhält, diese Software ebenfalls zu nutzen, und um andererseits die Aktivitäten im Netzwerk allgemeiner bekannt zu machen.

3.4.3 Beispiel-Installationen

Nachdem wir in den Abschnitten 3.1 und 3.2 die Probleme der funktionalen und administrativen Netzwerkfähigkeit näher betrachtet haben, wollen wir uns jetzt an einigen wenigen, jedoch auch typischen Beispielen mögliche Lösungen und Vorgehensweisen für die Installation von Softwarepaketen ansehen.

Dabei können selbst für eine Software nur bedingt pauschale und allgemeingültige Installationsverfahren aufgezeigt werden.
Sowohl die jeweiligen, betriebsbedingten Server- und Katalogstrukturen als auch die grundsätzlichen netzorganisatorischen Strukturen und die Nutzungsverfahren beeinflussen die Lösungsalternativen einer Netzinstallation erheblich.

Die nachfolgenden Beispiele basieren u.a. auf den im zweiten Kapitel aufgezeigten Strukturen der Serveradministration und gehen davon aus, daß ein Benutzer (bzw. das von ihm genutzte Anwendungsprogramm) nie in die Softwarebereiche auf dem Server "schreiben" kann.

Desweiteren wird davon ausgegangen, daß für den Softwareaufruf durch den Benutzer in irgendeiner Form automatisierte Verfahren eingesetzt werden. Aus diesem Grund zeigen wir die dabei üblicherweise verwendeten Batch-Dateien, über deren direkten oder indirekten Aufruf (z.B. über ein Bedienungs-Menü) der Anwender auf die von ihm gewünschte Software zugreifen kann.

3.4.3.1 Eine einfache Netzinstallation am Beispiel von Turbo-C

Die meisten Programmiersprachen bzw. Programmierumgebungen sind relativ einfach im Netzwerk zu installieren. Ein typisches Beispiel hierfür ist z.B. Turbo C (Version 2.2) der Firma Borland.

Im Rahmen des mitgelieferten SETUP's werden die zur Programmierumgebung gehörenden Dateien auf ein beliebiges, frei wählbares Laufwerk kopiert. Hier läßt sich also mit einem vorherigen MAP-Kommando die Software gezielt in den vorgesehenen Katalog laden, z.B.:

```
map root g:=software:sprachen\turbo-c
g:
......
```

Im Rahmen der vorgegebenen Installation kann der Standardkatalog für die INCLUDE- und LIB-Dateien vorgegeben werden.

Nach dieser Standardinstallation kann der Administrator bzw. Supervisor dann die Software einmal im Netzwerk aufrufen und zusätzlich über den Menü-Punkt OPTIONS das Output-Directory gezielt z.B. auf das Laufwerk C: oder auch I: (das HOME-Directory) setzen. Diese Maßnahme ist notwendig, da die Anwender in der eigentlichen Programmierumgebung (also im Katalog TURBO-C) keine Schreibrechte erhalten sollen.

Das OUTPUT-Directory wird von Turbo-C standardmäßig genutzt, um z.B. alle Zwischen- und Ergebnisdateien wie COM- oder EXE-Dateien abzulegen.

Dann werden alle Dateien dieses Katalogs auf SHAREABLE gesetzt und für die berechtigte Usergruppe ein

FILE SCAN- und READ-Recht

für den Katalog SOFTWARE:SPRACHEN\TURBO-C eingetragen. Anschließend kann die Software z.B. über folgende Batchdatei allgemein im Netzwerk verfügbar gemacht werden:

```
* ----- TURBOC20.BAT -------------------------
* ----- Batchdatei zum Aufruf von Turbo-C -----
*--------------------------------------------
@echo off
cls
map root g:=software:sprachen\turbo-C
g:
tc
m:
netzmenue
```

Abbildung 3-4: *Batchdatei zum Aufruf von Turbo-C*

Diese Batchdatei kann z.B. über ein Bedienungsmenü aufgerufen werden. Nach Beendigung von Turbo-C über das QUIT-Kommando findet dann ein automatischer Neuaufruf des Bedienungsmenüs statt.

Nach dem Aufruf von Turbo-C (tc) kann jeder Benutzer individuell sein Directory unter dem Menü-Punkt FILE auf das Laufwerk bzw. den Katalog einstellen, wo er seine Quell-Programme abgelegt hat bzw. ablegen möchte. Selbstverständlich lassen sich temporär auch die anderen Directory-Eintragungen modifizieren, man muß allerdings daran denken, daß z.B. auf dem "Softwarelaufwerk" G: keine CREATE- und/oder WRITE-Rechte bestehen.

3.4.3.2 Eine komplexere Netzinstallation am Beispiel von Word 5.5

Textsysteme sind in der Regel deutlich schwieriger im Netzwerk zu installieren, da mehrere Benutzer mit ev. verschiedenen Hardwareausstattungen und individuellen INI-Dateien eine zentrale Installation nutzen sollen.

Bei einer Installation von Word 5.5 gibt es mehrere grundsätzliche Probleme, die folgende Bereiche betreffen:

- unterschiedliche Grafikadapter benötigen verschiedene Installationen
- der Grafiktreiber wird auf dem aktuellen Laufwerk erwartet
- Word erzeugt zur Laufzeit automatisch eine Datei MW.INI
- Word legt MW.INI jeweils auf dem aktuellen Laufwerk an

Bereits an diesen wenigen Aussagen erkennt man die bei einer Netzwerkinstallation von Word entstehenden Probleme. Betrachten wir die Installation nun im einzelnen.

Zu Beginn einer mit SETUP durchgeführten Installation von Word 5.5 sind Quell- und Ziellaufwerk anzugeben. Wird vor der Installation über den Befehl

```
map root g:=software:text\word55
```

der Pfadzeiger auf das Laufwerk G: eingestellt, kann anschließend problemlos von A: auf G: installiert werden.

Während der Installation muß nun angegeben werden, für welchen Video-Modus (EGA, VGA, CGA, Hercules, usw.) diese durchzuführen ist. Word stellt dann den entsprechenden Bildschirm-Grafiktreiber in der Datei SCREEN.VID zur Verfügung und die Installation ist für diese Hardwareumgebung funktionsfähig.

Müssen im Netzwerk **verschiedene Grafiktreiber** aufgrund unterschiedlicher Geräteausstattungen zur Verfügung gestellt werden, steht man also vor dem Entscheidungsproblem, für welche Variante man sich entscheidet. Auf den ersten Blick sieht es so aus, als müsse man die gesamte Word-Software mehrfach im Netzwerk installieren, denn einmal brauchen Sie z.B. eine VGA-Installation, für ein anderes Gerät eine EGA-Version.

Der erste Schritt zur Lösung dieses Problems besteht darin, daß man nach der Installation der ersten Variante (z.B. VGA) die Datei

SCREEN.VID in VGA.VID

umbenennt. In den nachfolgenden Installationen erzeugt man nach dem gleichen Prinzip eine SCREEN.VID für EGA, für CGA, usw., ohne jeweils den eigentlichen WORD-Katalog neu oder gar parallel zu erzeugen.

Nach mehrmaliger Installation und Umbenennung aller benötigten Bildschirmversionen existieren im Verzeichnis WORD gegebenenfalls z.B. die folgenden unterschiedlichen Video-Dateien:

VGA.VID	16081 Byte
EGA.VID	15744 Byte
CGA.VID	16290 Byte
HER.VID	10930 Byte

in ihren unterschiedlichen Größen.

Im folgenden Schritt geht es nun darum, bei einem entsprechenden Aufruf dafür zu sorgen, daß in Abhängigkeit zur Hardware die "richtige" Video-Datei als SCREEN-Datei zur Verfügung steht.

Als relativ einfache Lösung könnten in einem Bedienungsmenü die unterschiedlichen Bildschirm-Varianten aufgezeigt und aufrufbar gemacht werden, indem z.B. folgende Auswahl angeboten wird:

```
Word für VGA  ===  1
Word für EGA  ===  2
Word für CGA  ===  3
```

Nach dem Aufruf einer dieser Ziffern muß dann natürlich dafür gesorgt werden, daß z.B. die Datei VGA.VID entweder umbenannt wird in SCREEN.VID und anschließend wieder ihren alten Namen erhält oder aber ein Kopiervorgang von VGA.VID nach SCREEN.VID erfolgt.

Wie die Praxis zeigt, können Sie jedoch nicht unbedingt erwarten, daß ein "normaler" Benutzer weiß, vor welcher Art von Bildschirm er sitzt bzw. über welche Art von Grafikkarte sein Bildschirm angesteuert wird. Hier hilft dann nur noch ein Hinweisschild auf jedem Bildschirm.

Eine bessere Lösung ist der Einsatz eines kleines Hilfsprogramms, das den Typ des Grafik-Controllers selbständig ermittelt (besser wäre es, wenn Word diese Funktion eigenständig erledigen würde!).

Wir setzen hierzu beispielsweise ein Programm GETVIDEO ein, das in eine SET-Variable den entsprechenden Wert schreibt, z.B.

```
SET VIDEO=VGA
```

Lassen Sie uns zum besseren Verständnis wiederum eine mögliche Batchdatei betrachten, die den automatischen Aufruf von Word ermöglicht.

```
* WORD55.BAT  Batchdatei zum Aufruf von Word 5.5 -----
*-----------------------------------------------------
@echo off
cls
* ----- Videokarte prüfen + SET-Variable setzen
getvideo
map root g:=software:text\word55
* ----- umschalten auf das lokale Laufwerk C:
c:
* --- kopieren des "richtigen" Video-Treibers nach C:
copy g:%video%.vid screen.vid > nul
g:word
m:
netzmenue
```

Abbildung 3-5: *Batchdatei zum Aufruf von Word 5.5*

Mit Hilfe dieser Batchdatei wird dafür gesorgt, daß die an diesem PC vorhandene Grafikkarte erkannt und in Abhängigkeit dieses Typs die richtige SCREEN-Datei auf das lokale Laufwerk C: kopiert wird.

Durch den anschließenden Word-Aufruf vom Laufwerk C: wird weiterhin dafür gesorgt, daß die MW.INI-Datei ebenfalls lokal angelegt wird und damit dem Anwender direkt und alleine zur Verfügung steht.

Durch diese Automatisierungsmaßnahmen ist bereits eine echte Netzwerkfähigkeit gegeben, da verschiedene Benutzer mit unterschiedlicher Hardware individuell eine auf dem Server abgelegte Word-Version nutzen können (entsprechende Lizenzen immer vorausgesetzt).
Diese Lösung funktioniert deshalb reibungslos, weil Word alle sonstigen Overlay-, Treiber- und Hilfsdateien auf dem Laufwerk sucht und erwartet, von dem die WORD.EXE Datei geladen wurde. In diesem Fall also vom Laufwerk G:.

Leider ist diese Systematik bei weitem nicht in allen Textsystemen und sonstigen Programmen enthalten.

Allerdings enthält die hier aufgezeigte Lösung eine in der Praxis nicht immer gewünschte bzw. sinnvolle Konstante, nämlich die feste Definition des Laufwerks C: als aktuelles Laufwerk für die Ablage der SCREEN.VID und der MW.INI.

Für eine weitergehende, automatisierte Flexibilisierung kommt es darauf an, auf welchem Laufwerk bzw. in welchem Katalog der Benutzer seine Word-Texte hat, denn sinnvollerweise sollte von diesem Laufwerk und aus diesem Katalog der Aufruf von Word erfolgen.

Um diese weitere Anforderung erfüllen zu können, muß eine Möglichkeit eröffnet werden, daß der Anwender im Zusammenhang mit dem Word-Aufruf auch das von ihm gewünschte Laufwerk (z.B. A:, B:, C:, I: oder ein anderes) auswählen oder angeben kann.
Mit normalen Batchdateien kann dieses Problem leider nicht mehr geschlossen gelöst werden, über ein spezielles Netzwerk-Bedienungsmenü, wie wir es in Kapitel 5 vorstellen, gibt es jedoch entsprechende Lösungsmöglichkeiten.

Setzen wir voraus, daß die Batchdatei zum automatisierten Aufruf von Word mit einem Aufrufparameter versehen wird, der das gewünschte Laufwerk beinhaltet, dann kann die oben gezeigte Batchdatei wie Sie es in Abbildung 3-6 sehen können modifiziert werden:

Mit einigen wenigen Änderungen läßt sich also eine weitere Verbesserung des automatisierten Ablaufs erreichen. Allerdings müssen die jeweiligen Anforderungen und Umgebungen im Einzelfall betrachtet werden, bevor eine Entscheidung hinsichtlich der konkreten Netzwerkinstallation getroffen werden kann und sollte.

```
*
* ----- Batchdatei zum Aufruf von Word 5.5 ------
* ----- Parameter %1 === Laufwerk
*-----------------------------------------------
@echo off
cls
* ----- Videokarte prüfen + SET-Variable setzen
getvideo
map root g:=software:text\word55
* --- Bei A oder B, Hinweistext für Diskette ausgeben
if "%1" == "A:"  type diskette.txt
if "%1" == "B:"  type diskette.txt
* ----- umschalten auf das gewünschte Laufwerk
%1
* --- kopieren des "richtigen" Video-Treibers nach %1
copy g:%video%.vid screen.vid > nul
g:word
m:
netzmenue
```

Abbildung 3-6: *Batchdatei zum automatisierten Aufruf von Word*

Das Problem der unterschiedlichen Druckertreiber wurde hier nicht weiter behandelt, da dies entweder durch Übernahme aller durch Word bereitgestellten Treiberdateien (Plattenbedarf prüfen) zu lösen ist bzw. individuell auf die in einem Betrieb vorhandenen Drucker eingeschränkt werden kann.

3.4.3.3 Eine Netzinstallation am Beispiel von TCP/IP

Zur Abrundung der Beispielinstallationen habe ich diese Software gewählt, da man für diesen Bereich recht häufig redundante, lokale Installationen vorfindet, weil eine Netzinstallation als zu problematisch angesehen wird.

Denken wir uns zuerst ein wenig in die Thematik ein.

Die in einem PC-Netzwerk befindlichen Arbeitsplätze werden bei Novell NetWare über das Protokoll IPX/SPX an das Netzwerk angebunden. Dieses Protokoll ist eine rein Novell-orientierte Verbindung, die von keiner anderen Rechnerwelt wie IBM, Siemens oder von UNIX unterstützt wird.

Soll ein PC außer zum Novell-Server auch mit anderen Rechnern kommunizieren können, so müssen weitere Protokolle für die Netzwerkkarte bereitgestellt werden. (Eines der wichtigsten und verbreitetsten ist dabei das Protokoll TCP/IP, da hierüber fast alle Rechner erreichbar sind, insbesondere alle UNIX-Computer.)

Leider ist es nicht so, daß alle Netzkarten jedes beliebige Protokoll unterstützen oder daß standardmäßig die verschiedenen Protokolle parallel (also quasi gleichzeitig) eingesetzt werden können.

Gerade diese Möglichkeit des "Koexistenz-Modus" ist jedoch anzustreben, da hiermit kurzfristige Wechsel des Servers bzw. Hostrechners ermöglicht werden.

TCP/IP läuft im ISO/OSI-Modell auf den Ebenen 3 und 4 und benötigt hierfür eine logische Rechneradresse, die sogenannte Internet-Nummer. Diese logische Adresse unterscheidet sich von der physikalischen Adresse (z.B. Ethernet-Nummer) in der Form, daß sie

- hierarchisch aufgebaut ist (Netz, Subnetz, Knoten)
- einen Netzwerkanteil und einen Geräteanteil enthält
- innerbetrieblich vergeben wird
- vom Netzwerk oder Subnetz abhängig ist

Wenn Sie sich detailliert über TCP/IP informieren wollen, empfehle ich Ihnen das im gleichen Verlag erscheinende Arbeitsbuch zu dieser Thematik.

Besonders aufgrund der **geräteindividuellen Internetadresse** wird in vielen Betrieben von einer netzwerkorientierten Installation dieser Software abgesehen und für jeden PC eine lokale Einzelinstallation vorgenommen. Abgesehen von den damit wieder entstehenden Lizenzproblemen ist dieser Aufwand gerade aus Betreuungsgründen nicht vertretbar, da im TCP-Bereich durchaus häufiger Updates, Adreßänderungen, usw. vorzunehmen sind.

Das größte Problem in diesem Zusammenhang ist also die Bereitstellung einer gerätespezifischen Internetadresse, obwohl die Software nur einmal auf dem Server installiert bzw. abgelegt ist.
Für das folgende Beispiel wurde die TCP-Software der Firma FTP eingesetzt, TCP-Versionen anderer Hersteller oder PublicDomain Versionen sind jedoch ähnlich zu behandeln.

Im ersten Installationsschritt sind die gelieferten Softwaredateien von den Disketten (9) auf das Serversystem zu übertragen. Auch hier wählen wir wiederum einen zentralen Katalog aus, der zuvor über einen MAP-Befehl einem logischen Laufwerk zugewiesen wurde.

```
map root g:=software:kommunik\pctcp22
```

Im Katalog KOMMUNIK sind nach unserer in Kapitel 2 dargestellten Systematik alle kommunikationsorientierten Programmpakete wie BTX, FAX, TCP, NFS, X-Window, usw. in separaten Unterkatalogen zusammengefaßt, der Unterkatalog PCTCP22 beinhaltet z.B. die Version 2.2 der TCP-Software.

Nach Übertragung aller zu TCP gehörenden Dateien müssen in der Datei

```
PCTCP.INI
```

einige spezielle Informationen abgelegt werden, die zum Teil zentral für alle Geräte einsetzbar sind, zum Teil jedoch gerätespezifisch sind und daher später modifiziert werden müssen.

Diese globale INI-Datei verfügt z.B. über folgende Eintragungen:

```
[pctcp kernel]
interface = ifcust 0
serial-number = 1234-5678-0001
authentication-key = 4567-6543-2228
[pctcp tn]
back-arrow-key = del
[pctcp vt]
vt220_keymap = g:\pctcp22\gr-ascii.kyb
[pctcp ifcust 0]
router = 131.15.57.225
subnet-mask = 255.255.240.0
```

***Abbildung 3-7:** Eintragungen in der TCP/IP INI-Datei*

während die spätere gerätebezogene INI-Datei zusätzlich die Zeile

```
ip-adress = 131.15.57.33
```

enthält. Die hier angegebenen Serien-Nummern, Schlüssel und Internet-Adressen sind dabei frei gewählte Phantasienummern.
Während die Serial-Number und der Authentication-Key lizenzbezogene Eintragungen sind, die für mehrere Lizenzen eines Betriebes identisch sein können, sind die Eintragungen für die Back-Space-Taste und das zu emulierende Terminal (hier ein VT-220) umfeldspezifische Werte. Die Adreß-Eintragungen für den Router, die Subnetz-Maske und die spätere IP-Adresse sind dann sehr spezielle, dem jeweiligen Netzwerk anzupassende Werte.
Dabei handelt es sich bei der Netzwerk-Maske um einen für ein Gesamtnetzwerk konstanten Wert, während der Routereintrag eventuell von der Strukturierung des Netzwerkes abhängig ist und dementsprechend angepaßt werden muß. Die eigentliche IP-Adresse muß immer angepaßt werden.

Zur automatischen Abwicklung dieses Software-Ladevorgangs läßt sich die folgende Batchdatei einsetzen, wobei als "Spezialität" wiederum ein kleines Hilfsprogramm eingesetzt wird. Mit Hilfe dieses Programms wird zu einer bekannten Ethernetnummer aus einer Tabelle automatisch die definierte, zugehörige Internet-Nummer herausgesucht und in einer SET-Variablen abgelegt.

Der Aufruf der Batchdatei beinhaltet als mögliche Übergabeparameter die Art der gewünschten Verbindung (Telnet oder FTP) und die Rechneradresse (IP-Nummer) und könnte z.B. so erfolgen

```
PCTCP22 telnet 131.15.12.45
```

Der Anwender kann also direkt (oder indirekt über ein Bedienungsmenü) diesen Aufruf starten und gelangt dann ohne weiteres Zutun und ohne daß auf seinem Arbeitsplatz im Vorfeld irgendein Installationsvorgang stattgefunden haben muß, auf dem gewünschten Zielrechner und kann sich dort einloggen.

```
* ----- PCTCP22.BAT --------------------------------
* ----- Batchdatei zum Aufruf von PCTCP 2.2 -------
* ----- Parameter %1 === TELNET oder FTP
* ----- Parameter %2 === Hostname  (bzw. IP-Nummer)
*---------------------------------------------------
@echo off
cls
map root g:=software:kommunik\pctcp22 > nul
g:
if exist c:\netz\pctcp.ini goto weiter
* -------- Download von .INI ---------------------
copy pctcp.ini c:\netz\pctcp.ini > nul
*
* die in der SET-Variablen K enthaltene Ethernetnummer
* wird in der Tabelle EtherIP gesucht, die zugehörige
* IP-Nummer in die SET-Variable IPADRESSE gespeichert
setcard K etherip.tab ipadresse
*
* nachträgl. Ergänzung der INI-Datei um die IP-Adresse
pctcpcfg -i c:\netz\pctcp.ini
     ifcust -s 0 ip-adress %ipadresse%
*
*-- Laden der Treiber für den Koexistenz-Mode -----
:weiter
SET pctcp=c:\netz\pctcp.ini
ipdrv
ethdrv -t 15 -p 26 -m
goto %1
*
* Verbindungsaufruf mit Übergabe der Rechneradresse
*
:telnet
tn %2
goto ende
:ftp
ftp %2
*
* -- Entladen der Treiber und Aufruf Netzmenü -----
*
:ende
inet unload
ipdrv u
m:
netzmenue
```

Abbildung 3-8: *Batchdatei zum automatisierten Aufruf von TCP*

Dem in der Batchdatei integrierten Programm SETCARD wird über die SET-Variable K, die bereits im Rahmen des System-Login-Scripts gesetzt wurde, die

Ethernet-Nummer des jeweiligen PC's übergeben und sucht dann in der Ethernet-Internet-Datei nach der Internet-Nummer.

Diese Tabelle ist sehr einfach strukturiert und könnte z.B. folgendermaßen aussehen:

Ethernet-Nr.	Internet-Adresse
00005A10192A	131.15.90.34
00005A102345	131.15.57.20
00004D034564	131.15.57.27
.....	

Leistungsgrenzen dieser Batchdatei

Obwohl in diese Batchdatei bereits eine erhebliche Flexibilität für eine globale Nutzung der zentral installierten TCP-Software integriert wurde, reicht dieses Verfahren häufig noch nicht aus. So sind u.a. die folgenden Punkte noch nicht berücksichtigt bzw. wurden hier aus Gründen der Übersichtlichkeit bewußt herausgenommen:

- Als Zielparameter wurde die Internet-Nummer und nicht der wesentlich praktischere Hostname übergeben. Hierzu müßte dann zusätzlich eine Host-Tabelle mit den Werten

  Internet-Nummer, Hostname, Aliasname1, Aliasname2, usw.

  erzeugt und namentlich definiert werden. Der Verzeichnishinweis auf diese Host-Tabelle kann ebenfalls in die globale Datei PCTCP.INI eingetragen werden.

- Wie bereits ausgeführt, kann es bei komplexeren Netzen notwendig sein, für verschiedene PC's in unterschiedlichen Subnetzen auch unterschiedliche Router-Adressen einzutragen.
  Auch dieser Vorgang läßt sich automatisieren, indem z.B. die Ethernet-Internet-Tabelle zeilenweise um einen solchen Eintrag für die jeweilige Router-Subnetzadresse ergänzt wird und das Hilfsprogramm SETCARD diesen Wert zusätzlich auswertet und anschließend über PCTCPCFG eine dynamische Korrektur der INI.Datei erfolgt.
  Alternativ könnte die "korrekte" Router-Adresse ev. auch durch ein Hilfsprogramm aus der IP-Adresse des PC's ermittelt werden.

- Die hier dargestellte Batchdatei berücksichtigt für das Nachladen der Treiber für den Koexistenz-Mode nur einen Kartentyp.
  In der Praxis existieren in einem größeren Netzwerk in den verschiedenen PC's jedoch unterschiedliche Karten, so daß neben den hier berücksichtigten S&K-Karten auch WD- bzw. SMC-Karten, 3COM-Karten und andere zu berücksichtigen sind. Leider müssen für die meisten der Kartentypen auch jeweils unterschiedliche Treiber nachgeladen werden.

Die Herstellerfirma einer Netzwerkkarte ist im Ethernetbereich an den ersten drei Byte der Ethernet-Nummer erkennbar und dementsprechend kann über ein zusätzliches Hilfsprogramm diese Unterscheidung vorgenommen und ein entsprechender Wert in einer SET-Variable abgelegt werden.

In der Batchdatei kann diese SET-Variable dann zu einem differenzierten Aufruf der IP-Treiber genutzt werden, z.B.:

```
if "%karte%" == "SK"   ipdrv
if "%karte%" == "SMC"  8003pkdr
if "%karte%" == "3COM" .....
```

- In dieser Installation wurden noch keine auf TCP/IP aufbauenden Protokolle wie NFS oder insbesondere X-Window berücksichtigt, obwohl sie ebenfalls in eine solche Batchumgebung integriert werden können.
  Auch automatisierte Mail-Aufrufe in einer IP-Umgebung wurden nicht dargestellt.

3.4.3.4 Grundsätzliche Hinweise zu Netzinstallationen

Auch wenn die hier dargestellten Netzwerkinstallationen z.T. aufwendig und kompliziert und auf den ersten Blick vielleicht sogar unnötig aussehen, muß man immer daran denken, daß hierdurch die Bedienung wesentlich vereinfacht und automatisiert wird und eigentlich erst damit jeder Anwender die gleiche Chance zur Nutzung dieser Funktionen erhält.

Desweiteren ist zu bedenken, daß im Prinzip die gleichen Prüfungen, Entscheidungen, Arbeitsabläufe, usw. auch bei lokalen Software-Installationen vorzunehmen wären, dort jedoch zigfach, in großen Netzwerken auch hundertfach!

Bei den dargestellten Beispielen wurde deutlich, daß es keine Rezepte oder Standardverfahren für die Installation von Softwarepaketen gibt, sondern in jedem Einzelfall das Wissen, die Erfahrung und vor allen Dingen die Phantasie und Kreativität des Administrators gefragt und gefordert ist.

Das Zusammenspiel einfacher Hilfsprogramme, die gute und übersichtliche Nutzung von Environment-Variablen, der Einsatz der in Batchdateien möglichen Abfrage- und Kontrollmechanismen und die Beherrschung der grundlegenden DOS- und NetWare-Kommandos und Strukturen entscheiden letztendlich über eine erfolgreiche Softwareinstallation im Netzwerk.

Lassen Sie sich bei ähnlichen Problemen nicht davon irritieren oder abschrekken, daß ev. keine geschlossene Lösung für alle im Netzwerk integrierten Arbeitsplätze möglich ist, sondern einige Installationen lokal oder in einer Spezialform erfolgen müssen.
Wenn Sie auch nur 10 oder 20 PC's mit einer einheitlichen und weitestgehend automatisiert aufrufbaren Installation versorgen können, ist bereits ein erheblicher Schritt getan.

3.4.4 Besondere Probleme: Windows im Netz

Der Anteil an Windows-Applikationen wächst ständig und hiermit auch die entsprechenden Anforderungen an die Windows-Integration in Netzwerkumgebungen. Wie entsprechende (Werbe-)Aussagen betonen und vielfach auch von Anwendern erzählt wird, ist die Installation von Windows bzw. von Windows-Applikationen im Netzwerk **überhaupt kein Problem**. Alles ist geregelt und regelbar, alles ist möglich, kinderleicht, usw..

Bei näherer Betrachtung und Gesprächen mit anderen Netzwerkbetreibern stellt man jedoch verblüfft fest, daß viele Anwender Windows und z.T. auch die Applikationen auf den lokalen Platten der PC's installieren, da sie die überwiegend administrativen Probleme ansonsten nicht in den Griff bekommen.
Bei anderen Installationen erhält der Anwender immer die gerade durch seinen Vorgänger veränderte Windows-Umgebung, manchmal kann man als Nutzer die aus dem Netz geladene Umgebung auch nur temporär ändern, usw.

Wieso gibt es hierbei überhaupt solche Probleme?

3.4.4.1 Darstellung der Problematik

Die im Rahmen von Windows mögliche und vorgesehene Netzinstallation erfolgt so, daß in einem ersten Schritt (SETUP /A) alle zu Windows gehörenden Dateien in einem Netzwerkkatalog (WIN31) abgelegt werden. Anschließend läßt sich von der Netzwerk-Arbeitsstation aus ein Setup durchführen (SETUP /N), mit dem eine für diese Station gültige Windows-Version generiert wird.
Dabei erfolgt eine Aufteilung der von Windows benötigten Dateien. Der weitaus überwiegende Teil der

EXE-, HLP-, DRV-, SCR-, BIN-, FON-, WRI-, DLL-, usw. Dateien

verbleibt im zentralen Verzeichnis WIN31 und nur die vom Benutzer direkt oder indirekt änderbaren Dateien (z.B. die INI-Dateien) können auf der Arbeitsplatzstation abgelegt werden. Bei der Generierung der startfähigen Windows-Version kann nämlich bestimmt werden, in welchem lokalen oder Netzwerk-Laufwerk diese Dateien abgelegt und von wo also Windows später gestartet werden muß.

Der eigentliche Windows-Aufruf erfolgt dann z.B. vom lokalen Verzeichnis, aus diesem Grund muß auch die Datei WIN.COM dort abgelegt sein. Neben den INI-Dateien werden auch die individuellen Group-Dateien wie ZUBEHÖR, AUTOSTAR(t), HAUPTGRU(ppe) und SPIELE dann lokal abgelegt.

Bei einer reinen Windows-Installation (ohne weitere Applikationen) werden u.a. die folgenden Dateien üblicherweise lokal abgelegt bzw. lokal benötigt:

```
WIN.COM          WIN.INI
SYSTEM.INI       CONTROL.INI
```

```
PROGMAN.INI          MOUSE.INI
HAUPTGRU.GRP         ZUBEHÖR.GRP
SPIELE.GRP           AUTOSTAR.GRP
```

Diese Vorgehensweise beinhaltet mehrere Konsequenzen, deren Auswirkungen im praktischen Betrieb nicht immer erwünscht sind, die vielfach sogar zu echten Problemen führen.
Dabei ist besonders zu berücksichtigen, daß es in der Praxis ja nicht mit der Installation von Windows getan ist, sondern zusätzlich eine Vielzahl von Windows-Applikationen zu installieren ist und hierdurch ständige Anpassungen der Konfigurationen erforderlich sind.

Schauen wir uns zuerst einige **Basispunkte** an, bevor wir detaillierter zu den Konsequenzen kommen:

- Jeder PC muß separat und individuell eine Windows-Generierung durchlaufen, eine einfache und pauschale Übertragung oder besser noch ein Aufruf einer "fertigen" Version ist bei Windows nicht vorgesehen. Dieser Aufwand widerspricht jedoch den bereits im ersten Kapitel aufgezeigten rationellen Betreuungserfordernissen.

- Durch die von Windows vorgesehene Netzwerkinstallation lassen sich die INI- und/oder Group-Dateien zwar bezogen auf jeden Arbeitsplatz modifizieren, hiervon sind jedoch alle Benutzer dieses Arbeitsplatzes gleichermaßen betroffen.

- Windows wird in Abhängigkeit der jeweiligen Hardware installiert, das heißt, eine VGA-Installation sieht anders als eine EGA-Variante aus, ein 286-er PC erhält eine andere Generierungs- und Aufrufumgebung als ein 486-er PC, usw. Es gibt also eine jeweils gerätespezifische Hardwareabhängigkeit.

- Die bei der Installation definierte Darstellungsebene von Windows kann von einem Benutzer sehr individuell und auf seine Nutzungsbedürfnisse eingestellt werden. Bei dieser Anpassung handelt es sich in der Regel um keinen temporären Vorgang, sondern diese Umstellungen müssen fest abgelegt werden, damit der Benutzer nach dem Windows-Aufruf jeweils schnell und effizient seine Aufgaben bearbeiten kann.
  Arbeitet ein Anwender alternativ an verschiedenen Arbeitsplätzen, so muß er diese Einstellungen an jedem PC erneut vornehmen. Es gibt also keine userspezifische und PC-unabhängig modifizierbare Systemumgebung.

- Für jede in Windows zu integrierende Applikation muß bereits bei der Installation genau festgelegt werden, wo sie abgelegt ist, wo die INI-Dateien liegen sollen, wo die Help-, Drucker- und sonstigen Treiberdateien abgelegt sind, usw. Bei der Installation werden durch diese Windows-Applikationen in der Regel außerdem die globalen Dateien WIN.INI, SYSTEM.INI, usw. beeinflußt und verändert. Eine nachträgliche, automatisierte Modifikation dieser veränderten INI-Dateien in den lokalen Windows-Verzeichnissen ist jedoch nicht möglich.

Das heißt, jede nachträglich installierte oder modifizierte Windows-Applikation muß für jeden Arbeitsplatz individuell nachträglich verfügbar gemacht werden.

Die hier aufgeführten "Installationsmerkmale" müssen nun in Zusammenhang mit den Nutzungsvarianten betrachtet werden, die je nach Anforderungsprofil in den verschiedenen Betrieben durchaus unterschiedlich sind.

Dabei muß die oberste Zielsetzung natürlich wieder eine möglichst zentrale Bereitstellung der Software auf dem Server sein und eine weitestgehend benutzerfreundliche Handhabung und Aufrufbarkeit der verschiedenen Anwendungen. Insbesondere darf es zu keinen "auseinanderklaffenden" und **inkonsistenten Installationen** im zentralen Server- und lokalem Nutzerbereich kommen!

Diese Vielzahl der aufeinander abzustimmenden Merkmale und Anforderungen verursachen in den folgenden Situationen Probleme:

a) inhomogene Hardware
(Grafik-Adapter, Prozessoren, Speichergrößen, usw.)

Bei unterschiedlichen Hardwarekonfigurationen (im Sinne von Windows) müssen für jede diese Varianten separate Windows-Installationen erfolgen, im Netz abgelegt und beim Aufruf berücksichtigt werden. Sind die PC-Installationen in mehreren Jahren gewachsen, kommt es sehr schnell zu drei oder fünf verschiedenen Installationsumgebungen.
In diesem Zusammenhang ist es auch nicht sinnvoll und zumutbar, daß der Benutzer nach dem Aufruf z.B. in einem ersten Schritt eigenständig den Mouse-Treiber oder die Grafikanpassung ändern muß, bevor er das von ihm gewünschte Anwendungsprodukt einsetzen kann.

b) wechselnde Benutzer an einem PC

Arbeiten verschiedene Benutzer an einem PC und die Windows-Umgebung wird in Abhängigkeit der lokal gehaltenen INI- und GRP-Dateien geladen, erhält jeder Benutzer jeweils die von seinem Vorgänger eventuell erheblich modifizierte Windows-Umgebung.
Das gilt sowohl für eine Netzwerk- als auch für eine lokale Installation!

Während ein Benutzer die Fenster quer angeordnet haben will, hält der andere die Längsanordnung für sinnvoller, einer liebt blaue Balken und Rahmen, ein anderer bevorzugt rote, ein Anwender möchte immer sofort WIN-Word gestartet haben, ein anderer favorisiert den Einstieg mit Excel, usw., usw.

Dabei sind diese Variationen noch die **harmlosesten Probleme**, denn es gibt auch Anwender, deren Vorstellungen und Veränderungen die tatsächliche Nutz-

barkeit von Windows beeinflußt bzw. einem nachfolgenden Anwender das Arbeiten fast unmöglich macht.
Ganze Applikationssymbole werden gelöscht (er benötigt diese Software z.B. nicht), absichtlich oder aus Versehen werden Ikons "hinter" offene Fenster gelegt oder so weit außerhalb der Bildschirmzone verschoben, daß man nur mit erheblichen Windowskenntnissen und Phantasie die gewohnte und erforderliche Umgebung wieder herstellen kann.
In vielen Fällen benötigt ein Anwender 10 oder gar 30 Minuten oder schafft es in Extremfällen gar nicht, die für ihn erforderliche oder von ihm gewohnte Windows-Umgebung wieder ordnungsgemäß herzustellen.

Betrachten Sie dieses Problem bitte nicht als Bagatelle, sondern bedenken Sie bitte, daß es sich hierbei nicht um persönliche Ansichten, Rechte und Freiheiten geht, sondern hier z.T. in hohem Maße Arbeitszeit vergeudet wird.
In der konkreten Konsequenz werden andere Anwender an der konkreten Nutzung einer Software gehindert und dadurch eventuell sogar hochgradig und dauerhaft demotiviert.

c) ein Benutzer arbeitet an verschiedenen Arbeitsplätzen (PC's)

Dieses Problem überschneidet sich häufig mit dem letzten Punkt, zusätzlich beinhaltet diese Nutzungsanforderung jedoch, daß die vom Netz geladene Windows-Umgebung für einen Benutzer auch für verschiedene PC's (und ev. Hardwarevarianten) identisch ist.
Sie erkennen hier sofort die Widersprüche, daß ein Anwender möglichst immer mit "seiner Konfiguration" arbeiten möchte, zugleich die Installation auf die verschiedenen PC's abgestimmt sein muß.

d) Benutzer unterschiedlichen Know-hows im Windows-Bereich

Das Problem des unterschiedlichen Know-hows beschäftigt uns im Zusammenhang mit der Datenverarbeitung, der PC-Nutzung, der Vernetzung oder der Kommunikation zwar grundsätzlich, im Zusammenhang mit Windows und den verschiedenen Windows-Applikationenen sind diese Auswirkungen jedoch besonders zu berücksichtigen und nicht zu unterschätzen.

Ein für ein Windows-Produkt spezifisch ausgebildeter Anwender sollte in die Lage versetzt werden, unabhängig vom eingesetzten PC nur seine Anwendung aufzurufen und genau diese Anwendung direkt "vorgesetzt" zu bekommen.

Wie bereits oben ausgeführt, kann jede Veränderung der Windowsumgebung Probleme hervorrufen, da eventuell mehrere Arbeitsschritte nötig sind, um die gewünschte Applikation verfügbar zu machen, das gilt umso stärker, je geringer die Windowskenntnisse sind.
Unabhängig vom Wissen wird diese Forderung nach einem "Direktaufruf" einer Software auch von Anwendern erhoben, die aus reinen Zeitgründen eine Anwendung jeweils möglichst unmittelbar aufrufen wollen.

Desweiteren ist es bei unterschiedlicher Vorbildung im Windowsbereich nicht möglich, daß alle Anwender neue oder zusätzliche Applikationen selbständig in ihre persönliche Windows-Umgebung integrieren können. Hier steigt der Betreuungsbedarf eventuell erheblich an, da man in einem größeren Netzwerk (mehr als 20 Benutzer) einen homogenen, gleichwertigen Ausbildungsstand aus Kosten-, Fluktuations- und Vorbildungsgründen kaum erreichen wird.

e) hohe Funktionalität des Netzes (viele verschiedene Softwarepakete)

Eine der praktischen Seiten von Windows ist u.a. die, daß mögliche, erforderliche oder gewünschte Applikationen direkt als Symbol (Ikon) integriert sind und hierüber ein eigenständiger Aufruf dieser Software möglich wird.
Jede zusätzliche und weitere Software belegt also ein Symbol und muß mit ihren INI-Dateien usw. definiert und integriert werden.

Bei hoher Funktionalität und dem hiermit verbundenen hohen Änderungs- und Anpassungsbedarf entstehen folgende Zusatzprobleme:

- Die Anzahl der (vielfach kaum noch unterscheidbaren) Symbole wächst und muß ständig angepaßt werden. Die Integration und gleichzeitige Darstellung verschiedener Versionen eines Programms bereitet dabei besondere Probleme.

  So angenehm die grafische, symbolorientierte Bedienungsoberfläche von Windows zu Beginn erscheint, bei zunehmender Funktionalität wächst die Häufung der Symbole (Ikon's) derart an, daß diese Art der Aufrufdarstellung und Auswahl deutliche Unübersichtlichkeit und schon fast Verwirrung hervorruft.
  Es gibt in diesem Zusammenhang bereits Tools, die eine Reduzierung der Darstellung auf den reinen Text ermöglichen, also gewissermaßen ein Rückschritt zum herkömmlichen Menü.

- Wenn Anwender über eigenständige INI-Dateien im Netzwerk oder lokal verfügen, ist eine automatisierte Anpassung ihrer Umgebung bei neuen oder modifizierten Anwendungsaufrufen kaum noch möglich.
  Hier entwickeln sich die Darstellung und die möglichen Aufrufe - und damit die Funktionalität und Benutzbarkeit des Netzwerkes - eventuell auseinander, ohne daß der Netzadministrator dieses Problem verhindern kann.

3.4.4.2 Darstellung von Lösungsvarianten

Im letzten Abschnitt wurde deutlich, daß die mit Windows standardmäßig zur Verfügung gestellten Möglichkeiten zur Netzwerkintegration den tatsächlichen Anforderungen nur sehr eingeschränkt genügen.

Eine netzwerkorientierte Windows-Installation sollte nach unserer Erfahrung die folgenden Kernforderungen weitestgehend berücksichtigen:

- kein individuelles Generieren von Windows für jeden PC
- jeder Benutzer verfügt im Netzwerk über eine eigene Windows-Umgebung
- Windows-Applikationen können direkt aufgerufen werden

Auf der Basis dieser Forderungen haben wir in unserem Hause eine Lösungsvariante entwickelt.

Bei dieser von uns entwickelten und eingesetzten Lösung sind wir davon ausgegangen, daß für den Windows-Bereich eine grundsätzliche Berücksichtigung von technisch veralteten 286er-PC's nicht mehr sinnvoll ist, da der Prozessor und die Speichergröße einen flexiblen Einsatz von Windows nicht erlauben, die Anzahl dieser Geräte ständig geringer wird und ihr Einsatz nicht in den strategisch wichtigsten Bereichen erfolgt.

Durch diese Grundsatzentscheidung entfallen bereits ein Teil der Probleme der Inhomogenität. Desweiteren wurde für die erste Integrationsphase festgelegt, daß nur Geräte mit VGA-Controller unterstützt werden sollten, die allerdings mehr als 90 Prozent des 386/486-Bestandes umfassen.
Somit konnte für alle betroffenen PC's der Klasse 80386/80486 mit einem VGA-Controller eine identische Windows-Installation vorgenommen werden.

In einer anderen Netzwerkumgebung müssen gegebenenfalls andere Grundsatzentscheidungen getroffen werden, man sollte jedoch nicht von Beginn an versuchen, alle Probleme und alle Anforderungen im Windows-Bereich auf einen Schlag zu lösen. Hier ist eine schrittweise Vorgehensweise sinnvoller, da auch das Wissen um die Zusammenhänge und Probleme erst wachsen muß.

Bei der weiteren Realisierung wurden folgende Anforderungen fixiert und berücksichtigt:

- Windows und alle Windows-Applikationen werden grundsätzlich auf dem Server installiert und können über ein Netz-Menü ausgewählt und geladen werden.
  Die Basis der Netzverwaltung, Organisation und Bedienungsführung bleibt DOS, um eine homogene Unterstützung für alle Geräte zu erreichen und da der Schwerpunkt der vorhandenen Anwendungen zur Zeit noch eindeutig bei den DOS-Applikationen liegt.
- Jeder Benutzer kann sich eine Windows-Basisumgebung aus dem Netz laden und diese beliebig modifizieren, erweitern und anpassen. Er kann somit auch die im Netz bereitgestellten Windowsanwendungen gezielt in **"seine"** Windowsumgebung aufnehmen und nach seinen Wünschen integrieren.
  Für die Fortentwicklung bzw. spätere Integration neuer Produkte ist er jedoch selbst verantwortlich. Im ganzen Netzwerk erhält er auf Wunsch an jedem PC seine Windows-Umgebung in Form der letzten Änderung.
- Jede Windows-Applikation kann separat in einer zentral genau festgelegten Umgebungsdarstellung geladen werden. Temporäre Änderungen dieser Umgebungen sind durch jeden Benutzer möglich, ein neuer Aufruf von diesem oder einem anderen PC aus erbringen jedoch wieder die unveränderte Basisumgebung.

Auf der Grundlage dieser Festlegungen ist es möglich, Windows und Windowsanwendungen so zu installieren, daß die im letzten Abschnitt beschriebenen Probleme größtenteils gelöst sind.
Voraussetzung für eine **benutzerspezifische Verwaltung der INI-Dateien** ist die Haltung bzw. Auslagerung dieser Datei(en) in persönliche Bereiche, eine Haltung auf der lokalen Festplatte bewirkt nur eine Zuordnung zu diesem PC. Solange sich nur ein Benutzer und dieser sich immer (!) nur von diesem PC aus anmeldet und Windows nutzt, unterscheiden sich die beiden Varianten natürlich nicht voneinander.

Betrachten wir vorerst einmal nur die reine Windowsbereitstellung im Netz, die zentrale und userbezogene Katalogstruktur, die Batchdateien und den Ladevorgang. Die automatisierte Bereitstellung von Anwendungen untersuchen wir in einem nachfolgenden Schritt.

3.4.4.3 Zentrale Bereitstellung von Windows

Die bereits in Kapitel 2 beschriebene Plattensystematik sollte auch im Windowsbereich eingehalten werden, indem hierfür ein eigenständiger Katalog erzeugt und genutzt wird. Dieser Katalog sollte Windows und alle Windows-Applikationen enthalten, auch wenn hierdurch eventuell die Gesamtsystematik etwas durchbrochen wird.
Damit ist gemeint, daß ein Windows-orientiertes Textsystem in einem Unterkatalog unter WINDOWS abzulegen ist und nicht mehr in einem vorhandenen globalen Katalog TEXTSYS(teme) direkt unter SOFTWARE.

Durch eine solche Zusammenfassung aller Windows-Anwendungen werden die späteren Installationen vereinfacht, da eine Zusammenführung der verschiedenen INI-Dateien unausweichlich ist, wie wir später darlegen werden. Die Katalogstruktur könnte also z.B. so aussehen:

```
SOFTWARE:
        ........
        WINDOWS
                WIN31         */ das "normale" Windows
                WIN-INDI      */ die INI-, GRP-Dateien usw.
                ........
                ANWENDUN      */ alle Windows-Applikationen
```

Im Volume SOFTWARE wird ein WINDOWS-Katalog erzeugt, der alle entsprechenden Softwareprodukte enthalten soll. Während WIN31 der bereits von lokalen Installationen bekannte Windows-Katalog ist, enthält der

Katalog WIN-INDI (für Windows-Individuell)

die für den Aufruf notwendige COM-Datei und alle userspezifischen Windows-Dateien, die durch den Benutzer geändert werden können.

In einem ersten Schritt werden also für einen beliebigen Benutzer die in der Windows-Startumgebung benötigten Dateien wie

WIN.COM, WIN.INI, CONTROL.INI, PROGMAN.INI, SYSTEM.INI,

HAUPTGRU.GRP, ZUBEHÖR.GRP, SPIELE.GRP, usw.

im Katalog WIN-INDI abgelegt, um sie bei Bedarf in das HOME-Verzeichnis des Users kopieren zu können. Die hier befindlichen Dateien wurden über einen normalen Generierungslauf erzeugt und hier zentral abgelegt, damit mit einem einzigen Kopierbefehl diese Dateien in den HOME-Katalog des Benutzers übertragen werden können.

Um die hier befindlichen Dateien weitestgehend unabhängig für alle Benutzer und für verschiedene Hardwaresysteme einsetzen zu können, müssen Sie gegebenenfalls einzelne Dateien wieder löschen. So kann es z.B. sinnvoll sein, die sich auf eine bestimmte Schnittstelle wie COM1 oder COM2 beziehende Datei MOUSE.INI zu löschen, damit sie später user- bzw. gerätespezifisch von Windows automatisch angelegt wird.

a) Nutzung des HOME-Katalogs des Benutzers

Der im Netzwerk verfügbare HOME-Katalog des Benutzers (nach unserer Systematik z.B. unter Laufwerk I: ansprechbar) erhält ebenfalls einen Katalog

WIN-INDI (für Windows-Individuell),

in den zuerst die Dateien von SOFTWARE:WINDOWS\WIN-INDI kopiert werden, anschließend jedoch alle eigenständigen Definitionen, Modifikationen und Erweiterungen des Benutzers durchgeführt und gespeichert werden.

Da Windows bereits bei der Basisinstallation im Netzwerk die Pfade für die eigentlichen Windows-Overlays, die Help-Dateien, usw. und den userspezifischen Dateien bekannt sein müssen, sind alle Benutzer an diese (automatisierte) Namensvergabe und Katalogstruktur gebunden.

Beim Aufruf von Windows kann jetzt geprüft werden, ob im HOME-Verzeichnis der Katalog WIN-INDI bzw. die dort notwendige Datei WIN.INI bereits existiert. Ist sie vorhanden, kann Windows direkt gestartet werden, ansonsten muß vorab der Katalog

SOFTWARE:WINDOWS\WIN-INDI nach **%HOME%\WIN-INDI**

kopiert werden. Dabei wird vorausgesetzt, daß im Vorfeld - z.B. im Rahmen der Bereitstellung des zentralen Bedienungsmenüs - die SET-Variable HOME auf den HOME-Katalog des jeweiligen Benutzers gesetzt wurde, also z.B.

```
SET home=I:\mitarbei\meier
```

Zusätzlich muß vorher natürlich über ein Mapping die Verbindung zwischen dem logischen Laufwerk I: und dem physikalischen HOME-Katalog des Benutzers hergestellt worden sein.

b) Aufruf und Abwicklung über eine Batchdatei

Bei standardmäßigem Einsatz von Windows im Netzwerk sollte der Katalog WINDOWS als eigenständiges Suchlaufwerk definiert werden. Bei unseren nachfolgenden Beispielen gehen wir davon aus, daß ein solches Mapping z.B. in der Form

```
map s5:= software:windows
```

stattgefunden hat und damit beispielsweise das Laufwerk V: festgelegt wurde.

Die durch ein Netz-Menü aufzurufende Batchdatei zum Start von Windows könnte dann z.B. folgendermaßen aussehen:

```
@echo off
cls
*----- Prozessor überprüfen -------------------------
getcpu                    */ eigenständiges Prüfprogramm
*                         */ auf  <= 286er CPU
if not errorlevel 255  goto video
fehler 1                  */ Aufruf Fehlerprogramm
goto ende
*----- Grafikkarte überprüfen -----------------------
:video
getvideo                  */ eigenständiges Prüfprogramm
*                         */ auf ungleich VGA-Adapter
if not errorlevel 255  goto windows
fehler 2                  */ Aufruf Fehlerprogramm
goto ende
*
*===== Windows starten ==============================
:windows
set temp=c:\           */ Temp-Pfad für MS-Produkte
set tmp=c:\            */ TEMP-Pfad für sonstige Produkte
*
*----- Prüfung, ob WIN.INI vorhanden ----------------
if not exist %home%\win-indi\win.ini
   xcopy v:\win-INDI\*.*   %home%\win-indi\ > nul
I:
cd %home%\win-indi
win                    */ Aufruf von Windows
*
*----- Batchprogramm beenden ------------------------
:ende
set temp=
set tmp=
M:
netzmenue
```

Abbildung 3-9: *Batchdatei zum Aufruf der "individuellen" Windows-Version*

Durch Einsatz dieser Batchdatei werden automatisiert drei wesentliche Funktionen geprüft bzw. durchgeführt:

- Abprüfung und Eingrenzung des Prozessortyps (nur 386/486er)
- Abprüfung und Eingrenzung des Grafik-Adapters (nur VGA)
- Prüfung ob bereits eine "persönliche" Windowsinstallation besteht, wenn nicht: Übertragung der Basisinstallation

c) Ergebnis

Der hier aufgezeigte erste Schritt einer Lösung zur Integration von Windows im Netzwerk beinhaltet folgende Vorteile:

- Für 386er- und 486er-PC's mit VGA-Grafikkarte muß keine eigene Windows-Installation (SETUP) mehr durchgeführt werden, sondern durch das DOWN-Loading-Verfahren kann von jedem PC aus Windows direkt aufgerufen werden.
- Da die Übertragung und Speicherung der Basisinstallation userorientiert abläuft, können mehrere Benutzer an einem PC mit ihren jeweils eigenen Windowsumgebungen arbeiten, es kann somit nicht mehr zu einer Beeinflussung der Windowsumgebung durch andere Benutzer kommen.
- Durch die userorientierte Windowsumgebung steht jedem Anwender an jedem PC im Netzwerk seine eigene Umgebung in der von ihm zuletzt modifizierten Form zur Verfügung.

Zur Erzielung dieser Vorteile müssen die userorientierten INI- und GRP-Dateien allerdings mehrfach in den verschiedenen HOME-Katalogen auf dem Server abgelegt und jeweils über das Netz geladen werden.

3.4.4.4 Zentrale Bereitstellung und Direkt-Aufruf von Windows-Applikationen

Wie bereits ausgeführt, erzeugt jede Windows-Anwendung eigene INI- und eventuell weitere userspezifische Dateien. Desweiteren verändern die Applikationen bei der Installation globale Dateien wie die WIN.INI oder die SYSTEM.INI.
Hierdurch gibt es also keine rein Windows-orientierte, sondern immer eine gemischte WIN.INI, die mit jedem neuen und weiteren Produkt modifiziert wird und stückweise wächst. Zum Teil trifft dies auch auf die SYSTEM- und weitere INI-Dateien zu.

Diese Verfahrensweise birgt erhebliche Probleme, da an einer bestehenden WIN.INI nicht mehr ohne weiteres erkennbar ist, von welchen Applikationen und Versionen diese Datei geändert wurde, welche Applikationen demzufolge also im Zusammenhang mit dieser INI-Datei ablauf- und funktionsfähig sind.

Auch bei der Herausnahme von Produkten oder Ablösen von Versionen werden die Eintragungen und Parameter dieser Anwendung nicht automatisch wieder gelöscht, so daß es zu Überschneidungen und Widersprüchen kommen kann.

Eines weiteres Problem bei der Verwirklichung von automatisierten Verfahren zur Bereitstellung von Windows-Applikationen ist die Feststellung, welche der durch eine Windows-Anwendung erzeugten oder benötigten INI-, GRP- oder andere Dateien als userspezifische Dateien verlagert werden müssen.

Dies läßt sich häufig leider nur durch zeitraubende empirische Versuche herausfinden und beinhaltet bei unterschiedlicher Softwarenutzung auch unvorhersehbare Fehler.

In Ergänzung zur reinen Windows-Installation auf dem Server müssen wir für die Integration von Anwendungen unsere Katalogstruktur erweitern.

Neben den bereits aufgezeigten Katalogen kommen weitere hinzu:

```
SOFTWARE:
    WINDOWS
         WIN31              */ hier wird das "normale"
                               Windows abgelegt
         WIN-INDI           */ hier lagern die INI-,
                               GRP-Dateien usw.
         ......
         ANWENDUN.GEN       */ Zusammenfassung aller
                               Applikationen
              WINWORD
              EXCEL
              WIN-3270
              WORDPERF.ECT
              WIN-MAIL
              usw.
              .........
         WIN-NETZ           */ hier lagern alle INI- u.
                               GRP-Dateien
```

Der Katalog ANWENDUN.GEN nimmt alle Windows-orientierten Applikationen in jeweils eigenständigen Katalogen auf, während der Katalog WIN-NETZ analog zu WIN-INDI die userorientierten INI-, GRP- und sonstigen Dateien umfaßt.

Bei diesem Katalog WIN-NETZ handelt es sich sozusagen um einen Datei-Pool, da aus den aufgeführten Gründen keine klare und feste Zuordnung zwischen

Windows-Anwendung und userspezifischen Dateien

besteht bzw. möglich ist.

In diesem Datei-Pool müssen also sowohl die globalen Windows-Dateien wie WIN.INI, SYSTEM.INI oder SPIELE.GRP liegen, als auch die durch die jeweiligen Anwendungen erzeugten userspezifischen Dateien.
Bei manchen Anwendungen handelt es sich dabei nur um ein oder zwei Dateien, manchmal müssen jedoch auch 4 oder gar 20 Dateien übernommen werden.

Die Grundidee dieses Verfahrens ist, daß im Verzeichnis WIN-NETZ alle veränderbaren Dateien aller installierten Windows-Anwendungen liegen,

die dann ähnlich wie beim WIN-INDI-Verfahren bei Bedarf in einem Vorgang in andere Bereiche kopiert werden können.
Anders als beim WIN-INDI-Download Verfahren liegt hier der Schwerpunkt jedoch nicht auf einer userspezifischen Nutzung und Änderbarkeit, sondern in der automatischen und jederzeit aktuellen Verfügbarkeit aller zentral installierten Anwendungen.

Aus diesem Grund wird die Übertragung (kopieren) dieses Datei-Pools auch bei jedem Aufruf neu durchgeführt, wobei es gleichwertig ist, ob die Dateien auf die Festplatte C: oder in den HOME-Katalog in ein besonderes Verzeichnis kopiert werden.
Alternativ könnte also ein Verzeichnis

```
%HOME%\WIN-NETZ
```

oder ein Verzeichnis

```
C:\WIN-NETZ
```

zum Einsatz kommen.

Um jederzeit sicherstellen zu können, daß auch wirklich die zuletzt realisierte "Gesamtinstallation" für den Anwender zur Verfügung steht, muß das Kopieren grundsätzlich durchgeführt werden, also auch dann, wenn dieser Katalog WIN-NETZ mit den erforderlichen Dateien bereits im HOME-Katalog oder auf der Festplatte existiert.

Während der Windows-Sitzung sind dann natürlich alle unter Windows zugänglichen und vorgesehenen Änderungen an der voreingestellten Umgebung möglich, allerdings haben sie nur temporäre Auswirkungen, da sie beim nächsten Aufrufvorgang erneut mit der zentral gespeicherten Gesamtumgebung überschrieben werden.

Die folgende grafische Darstellung soll die hier dargestellte unterschiedliche Installation und Handhabung der userspezifischen gegenüber der applikationsorientierten Variante einer Windowsintegration im Netzwerk übersichtlicher und verständlicher machen.

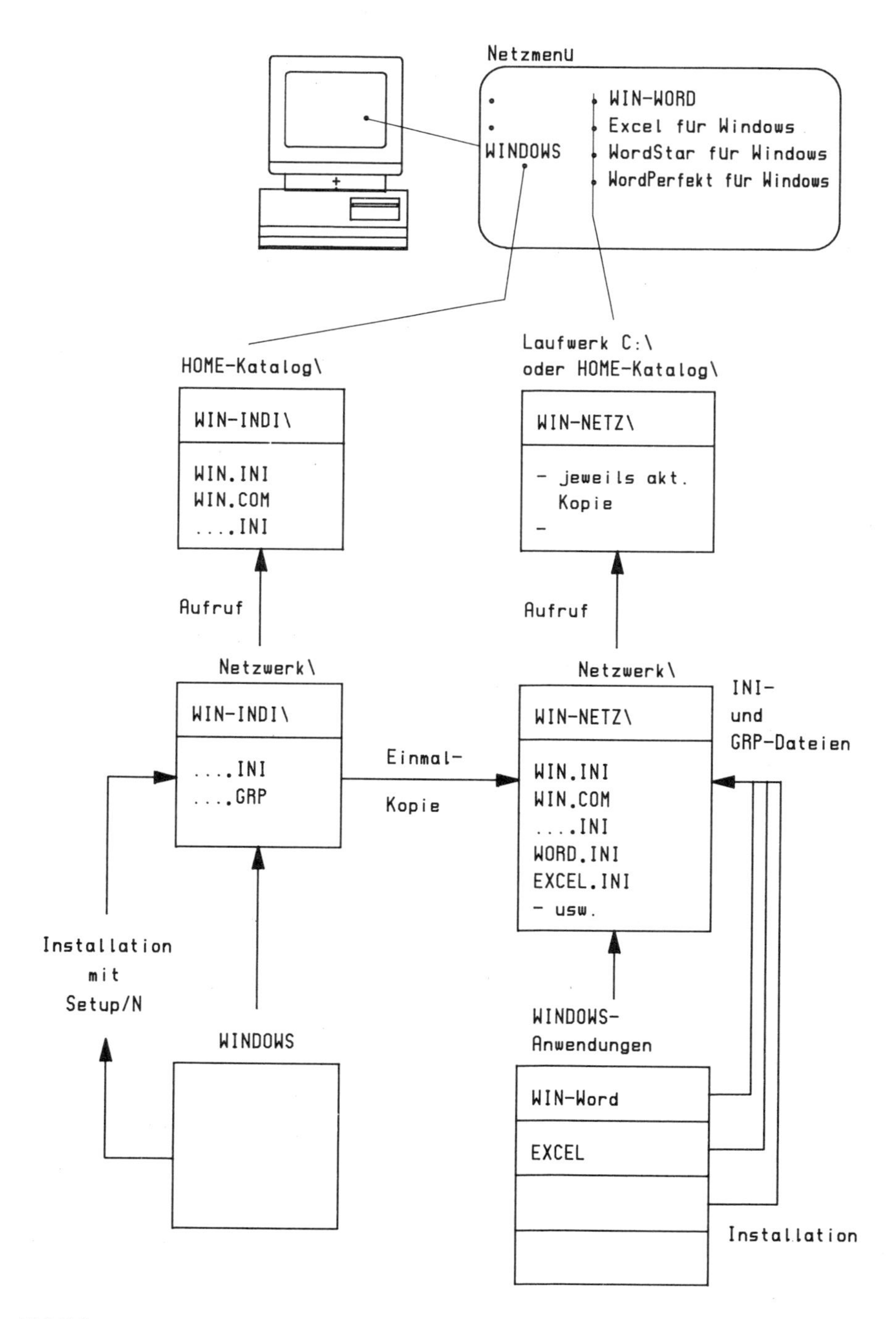

Abbildung 3-10: *Integration von Windows und Windows-Applikationen im Netz*

Lassen Sie uns abschließend noch eine dementsprechend aufwendigere, allerdings auch äußerst flexible und funktionelle Batchdatei für den Aufruf von Windows und Windows-Applikationen betrachten.

Gegenüber der vorher gezeigten Batchdatei kann hier neben dem reinen Windows-Aufruf über einen Parameter zugleich die Auswahl der gewünschten Anwendung mit übergeben werden. Die Basiselemente der Logik, Prüfung und Abarbeitung bleiben natürlich identisch.

Direkt oder über ein Bedienungsmenü können also Aufrufe wie

```
WINDOW31 excel4
WINDOW31 winword2
WINDOW31 win31
```
*/ kein Applikationsaufruf, sondern nur Windows

oder für andere installierte und integrierte Anwendungen erfolgen.

```
*----- WINDOW31.BAT ------------------------------------
*----- Batchdatei zum Aufruf von Windows ------------
*----- und Windows-Applikationen --------------------
*----- Parameter %1 === <applikation> ---------------
@echo off
cls
*----- Prozessor überprüfen --------------------------
getcpu              */ eigenständiges Prüfprogramm
*                   */ auf  <= 286er CPU
if not errorlevel 255 goto video
fehler 1            */ Aufruf Fehlerprogramm
goto ende
*
*----- Grafikkarte überprüfen ------------------------
:video
getvideo            */ eigenständiges Prüfprogramm
*                   */ auf ungleich VGA-Adapter
if not errorlevel 255 goto windows
fehler 2            */ Aufruf Fehlerprogramm
goto ende
*
*===== Windows starten ===============================
:windows
set temp=c:\        */ Temp-Pfad für MS-Produkte
set tmp=c:\         */ TEMP-Pfad für sonstige Produkte
V:
if "%1" == "WIN31"  goto win31
* Bereitstellung des Datei-Pools nach %home%\win-netz
if exist %home%\win-netz\win.ini
    del %home%\win-netz\*.*
xcopy V:\win-netz\*.* %home%\win-netz\ /s/e > nul
I:
cd %home%\win-netz
echo.
```

```
echo Anwendung wird geladen
echo.
goto %1              */ Verzweigung gemäß Aufruf
*
*----- Aufruf des "persönlichen" Windows -------------
:win31
*
*----- Prüfung, ob WIN.INI vorhanden -----------------
if not exist %home%\win-indi\win.ini
    xcopy v:\win-INDI\*.* %home%\win-indi\ > nul
I:
cd %home%\win-indi
win                         */ Aufruf von Windows
goto ende
*
*----- Aufruf von WIN-Word ---------------------------
:winword2
win V:\anwendun.gen\winword2\winword.exe
goto ende
*
*----- Aufruf von Excel 4 ----------------------------
:excel4
cd V:\anwendun.gen\excel4
win excel.exe
goto ende
*
*----- Aufruf von WordStar für Windows ---------------
:wswin15
win V:\anwendun.gen\wswin15\wswin.exe
goto ende
*
*----- Aufruf von Harvard Grafics 1.0 ----------------
:hargra10
win V:\anwendun.gen\hwg1\hgw.exe
goto ende
*
*
*----- Batchprogramm beenden -------------------------
:ende
set temp=
set tmp=
cd %home% > nul
* eventuell hier den Katalog %home%\win-netz löschen
M:
netzmenue
*----------------------------------------------------
```

Abbildung 3-11: *Batchdatei zum Aufruf von Windows und Windows-Applikationen*

3.4.4.5 Zusammenfassende Betrachtung

Die hier dargestellten Lösungen haben sich als äußerst praktikabel und im wesentlichen als funktionssicher erwiesen, obwohl kein besonderer Aufwand zur absoluten Sicherheitserzielung betrieben wurde.

Eines der Kernprobleme beim Einsatz von Windows in einem Netzwerk ist der Zwang, **alle** INI- und GRP-Dateien aller Windows-Installationen im Prinzip in einen gemeinsamen Datei-Pool abzulegen, da nur dann unter Windows ein Datenaustausch über DDE und OLE möglich ist.
Da nie vorhersehbar ist, welcher Anwender welche Daten zwischen welchen Windows-Applikationen austauschen möchte, ist eine völlig getrennte Betrachtung, Installation und Speicherung der änderbaren Dateien einfach nicht möglich, ohne die eigentliche Funktionalität von Windows in Frage zu stellen.

Nun hängt es also erheblich von der Anzahl der im Netzwerk integrierten Windows-Applikationen und von der Anzahl der von den einzelnen Applikationen benötigten INI- und sonstigen Dateien ab, wie hoch der administrative Aufwand zur Installation und Pflege einer Gesamt-Windows-Netzintegration ist.

Trotz der von uns dargestellten lauffähigen Lösungsvarianten sind einige Punkte und Konsequenzen zu beachten und vor einem eigenen Einsatz kritisch zu prüfen.

Kopiervorgänge vor dem Aufruf von Windows

Die in den Beispielen enthaltenen Kopiervorgänge sind unkritisch und bei vielen anderen Installationsverfahren ebenfalls üblich, solange die Anzahl und die Größe der zu übertragenden Dateien nicht gravierend wächst.

Während bei der Individuallösung (WIN-INDI) nur die Basisinstallation von Windows mit ca. 15 Dateien in einer Gesamtgröße von weniger als 100 KByte einmalig zu kopieren ist, wird der Aufwand bei der Bereitstellung einer Gesamt-Installation (WIN-NETZ) eventuell deutlich größer.

Bei einer Integration von vielen Windows-Anwendungen kommt es durchaus zu 30 bis 60 Dateien in einem Gesamtumfang von 200 bis über 300 KByte. Hier muß bei einem weiteren Anwachsen sowohl die Server- und Netzwerkbelastung als auch die Antwortzeit berücksichtigt werden.
Geringfügige Einschränkungen in dieser Hinsicht sind jedoch nicht bedenklich, da die Vorteile einheitlicher und zentraler Installationen überwiegen.

Nutzung des HOME-Katalogs für den Katalog WIN-NETZ

Das Kopieren der INI- und sonstigen Dateien ist nicht nur hinsichtlich des Übertragungsaufwandes zu sehen, wesentlich gravierender ist der insgesamt entstehende Platzbedarf auf dem Server zur redundanten Ablage dieser Dateien.

Da der Katalog WIN-NETZ gegenüber WIN-INDI der deutlich größere ist, muß sehr überlegt entschieden werden, ob er nicht alternativ auf das lokale Laufwerk C: kopiert werden sollte.
An der grundsätzlichen Vorgehensweise und Verfügbarkeit ändert sich nichts, allerdings werden der Server, die Plattensysteme und das Netzwerk beim Arbeiten mit Windows entlastet.

Größe der HOME-Verzeichnisse und Gesamtspeicherbedarf

Wie bereits ausgeführt, entstehen durch die individuelle und redundante Speicherung des Katalogs WIN-INDI und durch WIN-NETZ erhebliche Speicherbedürfnisse.
Nur durch die redundante Haltung der individuellen Windows-Basiskataloge in der Größe von 100 KByte je Benutzer entsteht in Abhängigkeit der Anzahl der Netzwerk- und Windows-Teilnehmer ein Gesamtbedarf von z.B.

ca. 10 MByte bei 100 Nutzern.

Für die in WIN-NETZ bereitgestellten Gesamt-Installationen würde gegebenenfalls der dreifache Bedarf entstehen, wenn der Katalog WIN-NETZ nicht wieder gelöscht würde. Bei einer Ablage dieses Datei-Pools auf dem Laufwerk C: verringern sich diese Probleme deutlich.

Einschränkung auf VGA: eventuell Darstellungsprobleme

Die Einschränkung auf eine Hardware-Installation für den Standard-VGA-Adapter mit einer Auflösung von 640x480 Bildpunkten ist nicht für alle Anwendungen ausreichend.

Viele Anwendungen wie PSPICE, FEM-, CAD- oder DTP-Systeme u.a. sind für deutlich höhere Bildschirmauflösungen wie z.B. S-VGA mit 1024x768 vorgesehen. Hier sind ggf. spezielle, zusätzliche Installationen im Netzwerk bereitzustellen.

Bei entsprechendem Bedarf lassen sich hier jedoch ebenfalls in hohem Maße automatisierte Verfahren aufbauen, die gezeigten Batchverfahren sollten hier Anregungen gegeben haben.

4 Datensicherheit und Datenschutz im Netzwerk

Je ausgebauter und umfassender ein Netzwerk sich darstellt und entwickelt, umso dringlicher und drängender werden die Fragen und Probleme zur Datensicherheit und zum Datenschutz.

Die Datensicherheit ist die überwiegend technisch/organisatorische Aufgabe, unberechtigten Zugriff oder Verarbeitung und Veränderung von Daten zu verhindern. Die Daten sollen also unverfälscht und jederzeit im zuletzt "erzeugten Zustand" - reproduzierbar - verfügbar sein.
Die gewünschte Datensicherheit entsteht erst durch Einsatz hard- und softwarespezifischer Maßnahmen in Kombination mit weiteren administrativen, baulichen und personellen Vorkehrungen.

Der Datenschutz im Sinne der Gesetzgebung bezieht sich auf "personenbezogene Daten", deren Mißbrauch verhindert werden soll, um einer Beeinträchtigung der schutzwürdigen Belange der Betroffenen zu begegnen.

Beide Themenbereiche sind allerdings sehr eng miteinander verbunden, da viele Maßnahmen zur Datensicherheit auch automatisch Anforderungen des Datenschutzes erfüllen. Umgekehrt beinhalten viele Regelungen zum Datenschutz eine Verbesserung der Datensicherheit.
Verblüffenderweise werden durch die in Kapitel 2 und 3 dargestellten organisatorischen und administrativen Maßnahmen bereits erhebliche Vorleistungen hinsichtlich der Datensicherheit und des Datenschutzes erbracht.

Dabei muß man sich bewußt machen, das die in einem Netzwerk entstehenden Probleme zur Realisierung der Datensicherheit und des Datenschutzes erheblich größer sind als bei einem isolierten Zentralrechnersystem.
Trotzdem stellt man z.T. verwundert fest, daß hinsichtlich der Zugriffe auf Betriebssystemebene oder auch der Zugriffe über Terminals in einem Netzwerk für gleiche Tatbestände plötzlich erheblich höhere Systemanforderungen an die Sicherheit und den Schutz gestellt werden, als es im Zentralrechnerbereich jemals vorher üblich war!

Bei einer Beschäftigung mit dieser Thematik wird bewußt, daß es sich hier um ein äußerst umfassendes - und zudem stark in der Entwicklung befindliches - Sachgebiet handelt. Viele Systemhersteller und auch Standardisierungsorganisationen versuchen seit geraumer Zeit, Sicherheitsanforderungen zu spezifizieren und umzusetzen. Erwähnt sei hier nur das sogenannte "Orange Book", in dem in verschiedenen Klassifikationsstufen diese Anforderungen festgelegt sind.

Eine umfassende Darstellung und Behandlung der insgesamt in einem Netzwerk vorhandenen Sicherheits- und Schutzbedürfnisse kann im Rahmen dieses Buches nicht erfolgen. Aus diesem Grund erscheinen im gleichen Verlag weitere Titel zu dieser Thematik, um sowohl die Anforderungsprofile hinsichtlich der verschiedenen Anwendungen, als auch die technischen Realisierungskonzepte darzulegen.

Allerdings müssen nur in den wenigsten betrieblichen Netzwerken durchgängig alle Anwendungen die hohen und höchsten Sicherheitsstufen erfüllen. In diesem Kapitel sollen in einem ersten Schritt die Grundsätze und einige Basisverfahren die Gesamtproblematik verdeutlichen.

Hierzu müssen wir uns zuerst klar machen, was unter "Datenverwaltung" in diesem Sinne zu verstehen ist, bevor auf Verfahren zur Datensicherheit oder des Datenschutzes näher eingegangen werden kann.

4.1 Datenverwaltung im Netz

Wenn man sich über Datensicherheit und Datenschutz unterhält, muß man sich darüber im klaren sein, was in diesem Zusammenhang eigentlich als "Daten" anzusehen und zu behandeln ist.

Wie bereits in Kapitel 1 und 2 dargestellt wurde, können Daten der unterschiedlichsten Art entstehen und zu verwalten sein. So z.B.

- Zentrale Daten wie Adreßdaten, Gehaltsdaten, ...
- Bereichsdaten (einer Abteilung)
- Userdaten (z.B. in HOME-Directories)

Daneben existieren jedoch auch "Informationsdaten", "Kommunikationsdaten" und vor allen Dingen **Programme bzw. Software** jeglicher Art.

Daten dieser Art sind individuell einzustufen, so muß z.B. das Programm zur Lohn- und Gehaltsabrechnung genauso aufmerksam gegen Zerstörung und Veränderung (!!) geschützt werden wie die eigentlichen Daten, während die Schutz- und Sicherheitsanforderungen an ein einfaches Adreßprogramm in der Regel deutlich niedriger anzusetzen sind.
Wie bereits unter organisatorischen Gesichtspunkten dargelegt, muß für jeden User bzw. jede Gruppe genau festgelegt werden, welche Zugriffsrechte für welche Anwendung (Software) und für welche Daten vergeben werden sollen.

Eines der Grundprinzipen bei der Datenverwaltung im Netzwerk ist unter anderem die exakte Abstimmung der Zugriffsrechte auf der Betriebssystem- und der Programmierebene. Es genügt also nicht, ein Benutzerpaßwort im Anwendungsprogramm abzufragen, sondern es müssen auf der Systemebene (also unter NetWare) genau für die zugelassenen Bereiche diese Rechte definiert werden.

Dieses Prinzip soll anhand einiger Beispiele näher erläutert werden. Dabei beziehe ich mich auf einfache Beispiele, wie sie in Betrieben vielfach als Eigenentwicklungen existieren. Bei professionellen Fertiglösungen sollten ähnliche Verfahren standardmäßig integriert sein. Fehlen solche Sicherheitsabprüfungen, ist dieses Programm für einen sicheren Netzbetrieb wahrscheinlich nicht geeignet!

4.1.1 Paßwortprinzipien und Hierarchien

Das Betriebssystem Novell NetWare stellt äußerst ausgefeilte und fein strukturierte Schutzmechanismen zur Verfügung, mit denen der Netzwerkadministrator saubere Sicherheitsstrukturen realisieren kann. In erster Linie sollten diese Sicherheitsmechanismen benutzer- und katalogorientiert eingesetzt werden, wie es im Kapitel 2 dargelegt wurde.

Trotzdem müssen bei allen Anwendungen, bei denen Daten auf dem Fileserver modifiziert werden, zusätzlich genau aufeinander abgestimmte Paßworte und Zugriffsrechte vergeben werden.
Darunter ist beispielsweise zu verstehen, daß ein durch ein Login-Paßwort identifizierter Benutzer sich im eigentlichen Anwendungsprogramm zusätzlich durch ein weiteres Paßwort "auszuweisen" hat, damit vorsätzliche oder versehentliche Manipulationen vermieden werden.

Wenn also z.B. ein User das Anwendungsprogramm ADRESSEN nutzen können soll, so muß er aufgrund seines Namens und seines Login-Paßwortes auf Basis von Novell NetWare ein Such- und Leserecht (FILE SCAN und READ) auf die Programmdateien und auf die zugehörige Datendatei des Adreß-Systems erhalten.

Soll oder will dieser Benutzer auch die Erfassung, Änderung oder Löschung von Adreßdaten vornehmen, muß ihm zusätzlich ein Schreibrecht (WRITE) auf die Datendatei zugewiesen werden. Im eigentlichen Anwendungsprogramm ADRESSEN muß er sich dann nach dem Aufruf zusätzlich durch ein weiteres Paßwort ausweisen, um z.B. auf die Programm-Module "Erfassen", "Ändern" oder gar "Löschen" zugreifen zu können.
Auf diese Weise nützt Außenstehenden oder anderen Netzwerknutzern die Kenntnis eines der beiden Paßwörter (Login-Paßwort und Adreß-Paßwort) nichts, da erst die Kombination beider Paßworte die Programmberechtigung und die Plattenrechte beinhaltet.

Je sensibler bzw. kritischer die Daten sind, umso feingliedriger muß eine solche Paßworthierarchie aufgebaut werden. Ob Programme bzw. Daten als besonders sensibel oder kritisch eingestuft werden müssen, ist von verschiedenen Bewertungskriterien abhängig, wie z.B.:

- unterliegen die Daten dem **Datenschutzgesetz** (personenbezogen)
- hat die Inkonsistenz der Daten besonders **schwerwiegende betriebliche Folgen** (z.B. bei einem Fakturierungssystem)
- handelt es sich um **betriebliche Erfindungen/Entwicklungen**

Eine weitergehende Paßworthierarchie könnte z.B. die folgenden unterschiedlichen, gestaffelten und z.T. alternativen Zugriffskontrollen sicherstellen:

1. Stufe	- Login-Paßwort (NetWare)
2. Stufe	- Paßwort für Programmaufruf (Anwendungssystem)
3. Stufe	- Paßwort zum Lesen/Sichten von Daten
3. Stufe	- Paßwort zum Ändern vorhandener Daten
3. Stufe	- Paßwort zum Anfügen/Ergänzen von Datensätzen
4. Stufe	- Paßwort zum Löschen von Daten/Datensätzen

An dieser gefächerten Sicherheitsstufung läßt sich bereits erkennen, daß für die eigentliche Datensicherheit einer Anwendung die Möglichkeiten des Novell-Systems (bzw. jedes Netzwerkbetriebssystems) äußerst eingeschränkt sind. Allerdings müssen die verschiedenen Anwendungs-Sicherheitsstufen natürlich exakt mit den eingetragenen Novell-Zugriffsrechten abgestimmt sein.
Je nach Bedarf und jeweiliger betrieblicher Situation kann durchaus die Erfordernis von noch weitergehenden Sicherungsstufen (Paßwortstufen) entstehen, die Auflistung soll nur beispielhaft die Systematik verdeutlichen.

In manchen Fällen ist es auch notwendig oder sinnvoll, die Berechtigung eines Anwenders jeweils nach dem Erfassen, jedoch vor dem eigentlichen Abspeichern zu prüfen.
Diese Verfahren sind insbesondere bei umfassenden und zeitintensiven Anwendungen zu realisieren, wenn z.B. ein Sachbearbeiter den ganzen Tag überwiegend mit einem Programm arbeitet.
Verläßt er zwischendurch (auch nur kurzfristig) seinen Arbeitsplatz und meldet sich nicht beim Anwendungssystem bzw. beim Netzwerksystem ab, so besteht für jeden "beliebigen Tipper" eine Zugriffsmöglichkeit und er könnte auf die jeweils freigegebenen - eventuell also auch auf sehr kritische - Programmteile zugreifen. Hierdurch besteht die Gefahr einer Sicherheitslücke.
Aus diesem Grund wird z.B. bei fast allen Systemen bei Paßwortänderungen immer auch das alte Paßwort abgefragt.

Lassen Sie uns nun einige Beispiele betrachten, um die aufgezeigten Verfahren unter Novell-Bedingungen darzustellen.

Beispiel 1: Betriebliche Telefonnummern

Dieses erste Beispiel ist sehr einfach strukturiert, da es sich bei den betrieblichen Telefonnummern um keine besonders sensiblen Daten handelt und in der Regel nur wenige Personen Dateneintragungen vornehmen können. Als "Netzwerk-Umfeld" schicken wir folgendes voraus:

- alle Betriebsangehörigen gehören zur Basisgruppe FIRMA
- jeder Betriebsangehörige darf das Programm aufrufen und die Daten lesen
- nur eine Person (Meier) darf Daten ergänzen, modifizieren oder löschen (eine Vertretung wird nur bei Bedarf eingetragen)
- nur der Programmadministrator (Wulf) darf Sicherungskopien der Datendatei einspielen, jedoch diese nicht löschen. Neue Programmversionen darf er einspielen und vorhandene Versionen auch löschen.

Katalog	Gruppe:	Personen:	
	FIRMA	MEIER	WULF
DATEN:ZENTRAL\TELEFON	F,R	W	C
SOFTWARE:ANWENDUNG\TELEFON	F,R	-/-	C,E
Paßwort im "Telefon-Programm"	nein	ja	nein

Abbildung 4-1: *Rechte- und Paßwortstruktur für ein Telefonverzeichnis*

An dieser Übersicht ist erkennbar, daß die Anwendungssoftware und die Daten in verschiedenen Bereichen (in diesem Fall Volumes) untergebracht sind und durch sehr wenige Zuordnungen die Nutzungsrechte für alle Anwender vergeben werden können.

Sie sehen hier die typischen Vorteile einer gruppen- und katalogorientierten Rechtevergabe, da mit 5 Eintragungen alle Rechtebedürfnisse vergeben sind. Alle Mitglieder der Gruppe FIRMA dürfen hierdurch das Anwendungsprogramm nutzen und lesend auf die Daten zugreifen.
Besonders angenehm ist hierbei, daß sich aufgrund der Novell-Systematik die verschiedenen Gruppenrechte eines Users und seine direkten persönlichen Rechte im Prinzip addieren. Hierdurch kann z.B. der Administrator WULF trotz seiner auf Create und Erase begrenzten persönlichen Rechte durch seine zusätzliche Zuordnung zur Gruppe FIRMA sowohl das Telefonprogramm aufrufen als auch die Telefondaten lesen.

Wird durch das Anwendungsprogramm bei Datenänderungen z.B. eine Reindizierung durchgeführt und hierbei werden neue Dateien erzeugt und die alten gelöscht, müßte die berechtigte Person (Meier) im Katalog

DATEN:ZENTRAL\TELEFON

zusätzlich die Rechte C und E erhalten.

Beispiel 2: Betrieblicher Raum- und Reinigungsplan

Auch dieses Beispiel ist recht trivial, da

- die Sensibilität der Daten relativ unkritisch ist,
- der Änderungsumfang begrenzt ist,
- nur wenige Person Änderungen durchführen dürfen und
- alle Betriebsangehörigen lesend auf die Daten zugreifen können.

Der Unterschied zum ersten Beispiel liegt darin, daß sich der Datenbestand logisch und damit auch betreuungsmäßig in die Aufgabenbereiche Raum-Stammdaten und Raum-Reinigungsdaten aufteilt.

Auch zu diesem Beispiel ist wieder das relevante Netzwerkumfeld darzustellen:

- Alle Betriebsangehörigen gehören zur Basisgruppe FIRMA
- Jeder Betriebsangehörige darf das Programm aufrufen und die Daten lesen (sowohl die Raum-Stammdaten als auch die Reinigungsdaten)
- Die Programmdaten sind zwar logisch in Raum-Stamm- und Reinigungsdaten aufgeteilt, sie sind jedoch Felder **einer** Datenbank. Nur das Anwendungsprogramm unterscheidet anhand des Paßwortes über die Zulässigkeit eines Feldzugriffs.
- Eine Abteilung (im Beispiel die Person "Müller") ist für die Pflege der Raumstammdaten zuständig. Hierzu wird einerseits ein Schreibrecht für die Datendatei und zusätzlich ein Paßwort für das Anwendungsprogramm benötigt, um die Module zum Ergänzen, Modifizieren und Löschen nutzen zu können (eine Vertretung wird nur bei Bedarf eingetragen).
- Eine andere Abteilung (und damit eine andere Person: "Weber") ist für die Eintragung/Aktualisierung der Reinigungsdaten (Häufigkeit, Umfang, Anzahl der Arbeitsplätze, usw.) zuständig (eine Vertretung wird nur bei Bedarf eingetragen).
- Nur der Programmadministrator (Kunze) darf z.B. eine Datensicherung einspielen, darf jedoch keine Datendatei löschen. Zusätzlich darf er neue Programmversionen einspielen.

Katalog	**Gruppe:**	**Personen:**		
	FIRMA	MUELLER	WEBER	KUNZE
DATEN:ZENTRAL\RAUM	F,R	W	W	C
SOFTWARE:ANWENDUNG\RAUM	F,R	-/-	-/-	C,E
Paßwort im "Telefon-Programm"	nein	ja: Paßwort-1	ja: Paßwort-2	nein

Abbildung 4-2: *Rechte- und Paßwortstruktur für ein Raumdatensystem*

Sie sehen, daß die beiden Personen mit Schreibberechtigung das gleiche Rechteprofil haben, aufgrund ihres unterschiedlichen Paßwortes (Paßwort-1 bzw. Paßwort-2) vom Anwendungsprogramm jedoch nur zu unterschiedlichen Feldern zugelassen werden (dürfen).

Beispiel 3: Zentrales Adreß-Verwaltungsprogramm

In vielen Betrieben besteht der Bedarf, einen zwar abteilungsbezogenen, jedoch trotzdem zentralen Adreßbestand halten und pflegen zu müssen.

Bei dieser Thematik geht es darum, daß jede Abteilung/Gruppe einer Firma bzw. eines Betriebes mit bestimmten anderen Firmen, Betrieben oder Institutionen zusammenarbeitet und korrespondiert.
Da es hierbei häufig auch erhebliche Überschneidungen gibt, ist es sinnvoll, einmal erfaßte Adressen und Telefonnummern (incl. Ansprechpartner, Telefax- und BTX-Nummern) mehreren oder allen Abteilungen und Firmenangehörigen im Rahmen ihrer Aufgaben zur zu Verfügung stellen. Hierdurch kann Datenredundanz und Inkonsistenz vermieden werden, da bei ordnungsgemäßem Vorgehen keine Adressen mehrfach auftreten müssen.

Natürlich muß für die Erfassung und Pflege der Daten je Abteilung ein Verantwortlicher benannt werden, der auch über die entsprechenden Novell- und Programmrechte verfügen muß, um seinen Aufgaben nachkommen zu können.

Anhand eines "Abteilungskennzeichens" je Dateneintrag kann jederzeit verfolgt werden, wer die Adresse erfaßt hat und somit auch für Änderungen und gegebenenfalls Löschungen zuständig ist.

Unabhängig von aller Programmierlogik und Netzwerkintelligenz ist die Qualität und Aktualität des Datenbestandes natürlich von der Disziplin der für die Adressen Verantwortlichen abhängig. Allerdings ist hier auch jeder Benutzer in der Pflicht, denn wenn er inkorrekte Daten im Bestand entdeckt (z.B. falsche Telefon-Nummern), muß er unverzüglich dem jeweils Zuständigen diese Information zukommen lassen, da er selber ja keine Änderungsberechtigung erhalten kann.

Katalog	**Gruppe:**	**Personen:**		
	FIRMA	Abt.-1 KLAR	Abt.-2 BLOHM	Abt.-3 EGGERT
DATEN:ZENTRAL\ADRESSEN	F,R	W	W	W
SOFTWARE:ANWENDUNG\ADRESSEN	F,R	-/-	-/-	-/-
Paßwort im "Adreß-Programm"	nein	ja: PW-1	ja: PW-2	ja: PW-3

***Abbildung 4-3:** Rechte- und Paßwortstruktur für ein Adressensystem*

An diesem Beispiel wird deutlich, daß durchaus mehrere Benutzer auf den gleichen Datenbestand lesend und schreibend zugreifen können, die Schreibrechte jedoch sehr gezielt vergeben werden müssen. Im gezeigten Beispiel ist der Administrator für das Adreßprogramm noch nicht aufgeführt.

Alternativ ließen sich bei diesem Beispiel die Novell-Rechte auch folgendermaßen zusammenfassen, indem das Schreibrecht für eine spezielle Gruppe ADRESSEN vergeben wird, zu der dann natürlich die Personen KLAR, BLOHM und EGGERT eingetragen werden müssen.

Katalog	**Gruppe:**		**Personen:**
	FIRMA	ADRESSEN	VOGEL
DATEN:ZENTRAL\ADRESSEN	F,R	W	C
SOFTWARE:ANWENDUNG\ADRESSEN	F,R	-/-	C,E
Paßwort im "Adreß-Programm"	nein	ja: je Person	nein

Abbildung 4-4: *Alternative Rechte- und Paßwortstruktur für ein Adressensystem*

In Ergänzung wurde hier der Administrator VOGEL mit seinen persönlichen Rechten eingetragen.

Zusammenfassung

Die hier gezeigten Beispiele waren überschaubar und sollten besonders Sicherheits- und Schutzprinzipien für firmeninterne Eigenentwicklungen verdeutlichen.

Kaufen Sie jedoch netzwerkfähige Programme zur Erzeugung und Bearbeitung Ihrer Daten, so müssen Sie selbstverständlich auf die Berücksichtigung ähnlicher Paßworthierarchien und Zugriffsstufungen achten.
Ganz besonders gilt dies beim Einsatz von verteilten Datenbanken oder dem Einsatz von Client-Server-Systemen. Unabhängig von den anwendungsbezogenen und netzwerkspezifischen Testerfordernissen kann alleine zur Prüfung der Sicherheits- und Schutzverfahren eine Testinstallation im Netzwerk erforderlich werden, bevor eine endgültige Kaufentscheidung getroffen werden sollte.

4.2 Datensicherheit im Netz

Datensicherheit umfaßt ein weites Feld von Techniken, Maßnahmen und Verfahren, so daß es absolut nicht mit der Realisierung einer Datensicherung auf einem Streamersystem getan ist.

Gerade in einem Netzwerk kann die Gefährdung der Datensicherheit durch die unterschiedlichsten Verarbeitungskomponenten entstehen. Dazu gehören unter anderem

- das physikalische Netzwerk (u.a. die Verkabelung)
- aktive Netzwerkelemente wie Bridge oder Router
- der Server und seine Komponenten
- das Netzwerkbetriebssystem
- der Arbeitsplatz(-PC)
- das PC-Betriebssystem
- die Softwareanwendung (also das Verarbeitungsprogramm)

Zusätzlich beinhalten die verschiedenen Arbeitsebenen dieser Bereiche wiederum diverse Anforderungen und Möglichkeiten, je nach Sensibilität der Anwendung. So sind alleine für die PC-Ebene Schutzmechanismen wie

- Bootschutz für Diskettenlaufwerk
- Sperroption für Disketten-/Plattenlaufwerke
- Sperren der Betriebssystemebene
- Kontrolle und Sperre für parallele und serielle Schnittstellen
- Paßwortschutz zum Aktivieren des Gerätes
- Sperren der Systemebene bei Nutzung einer Terminalemulation
- Sperren der Systemebene bei Netzwerknutzung
- Protokollierung aller Anwendungsaufrufe
- Prüfung der Kombination Benutzer/Paßwort/ Gerät bzw. Netzanschluß
- .....

denkbar und müssen für schutzbedürftigte Anwendungen in irgendeiner Kombination umgesetzt werden.

4.2.1 Zuordnung von Sicherheitsstufen

Bei der Umsetzung und Realisierung von Datensicherungsmaßnahmen gelten dabei einige Grundregeln:

- Je sensibler oder komplexer die Daten für den ordnungsgemäßen Betriebsablauf bzw. die betriebliche Handlungsfähigkeit sind, umso höher müssen die Maßnahmen zur Verwirklichung der Datensicherheit sein.
  Das gleiche gilt auch bei einem hohen Aufwand zur Rekonstruktion der Daten.

- Für jeden Betrieb lassen sich auf der Basis des Verlustrisikos und der Beeinträchtigung der Handlungsfähigkeit Gefährdungsklassen bzw. Stufen der Datensicherheit definieren.

- Diesen Sicherheitsklassen können dann in einem zweiten Schritt die verschiedenen Anwendungen bzw. Softwaresysteme zugeordnet werden. Dabei dürfen diese Zuordnungen natürlich nicht nur aus DV-technischer Sicht betrachtet werden, sondern müssen gesamtbetrieblich und auch aus Sicht der Abteilungen erfolgen.
- In einem dritten Schritt kann jetzt für die Sicherheitsklassen und die jeweiligen Anwendungen unter Kenntnis und Berücksichtigung der möglichen technischen Realisierungsverfahren Sicherheitsmaßnahmen zugeordnet werden.
  Es ist dabei nicht zwingend, daß für alle zu einer Sicherheitsklasse gehörenden Anwendungen die gleichen Maßnahmen vorzusehen sind.

Der erste Schritt könnte so aussehen:

Stufe A: Daten, deren Verlust, Modifizierung oder mißbräuchliche Nutzung **keine besondere Beeinträchtigung** der betrieblichen Handlungsfähigkeit erwarten läßt.
Der Verlust oder die Modifizierung sind durch geringfügigen Zeit- und Mitteleinsatz auszugleichen.

Stufe B: Daten, deren Verlust, Modifizierung oder Mißbrauch die betriebliche **Handlungsfähigkeit (kurzfristig) beeinträchtigen**.
Dabei erfordert die Wiederherstellung dieser Daten einen vertretbaren Zeit- und Mitteleinsatz.

Stufe C: Daten, deren Verlust, Modifizierung oder Mißbrauch das **"Unternehmensziel" beeinträchtigen**.
Zur Wiederherstellung dieser Daten ist ein erheblicher, nicht exakt kalkulierbarer Zeit- oder/und Mitteleinsatz erforderlich.

Stufe D: Daten, deren Verlust, Modifizierung oder Mißbrauch das **"Unternehmensziel" gefährden**.
Zur Schadensabklärung und zur Wiederherstellung dieser Daten ist ein umfangreicher, nicht kalkulierbarer Zeit- oder/und Mitteleinsatz erforderlich.

Stufe E: Daten, deren Verlust, Modifizierung oder Mißbrauch das **"Unternehmen" in seiner Gesamtheit gefährden**.
Der Schadensumfang ist bleibend oder eine korrekte Wiederherstellung dieser Daten ist nicht zu garantieren.

An dieser Klassifizierung sind in groben Zügen die Bewertungskriterien erkennbar, anhand derer eine Zuordnung der Anwendungen und Softwaresysteme vorgenommen werden kann. Selbstverständlich kann in einem Betrieb oder einer Behörde auch eine Einteilung in mehr oder weniger Sicherheitsklassen erforderlich bzw. sinnvoll sein.

Im zweiten Schritt findet die Zuordnung der Anwendungen statt:

Dabei kann es natürlich durchaus sein, daß aufgrund des Aufgabenprofils in einer Firma eine Anwendung (z.B. die Kundenadressen) der Kategorie C zugeordnet wird, während eine andere Firma die Kategorie B für ausreichend hält.

Dabei spielt der "Bewegungsumfang" in einem Datenbestand - also der Umfang bzw. die Anzahl der Datenänderungen bezogen auf eine bestimmte Zeiteinheit - eine erhebliche Rolle.

Verfügt ein Betrieb beispielsweise nur über einen kleinen Kundenstamm (da vielleicht große Projekte abgewickelt werden), so werden eventuell weniger als 100 Adressen mit einem dementsprechend geringen Änderungsumfang zu verwalten sein.
Hierdurch kann bereits bei geringem Backup-Zyklus eine hohe Sicherheit erreicht werden, notfalls werden drei oder sechs Adressen per Hand nachgetragen, eine Gefährdung der betrieblichen Handlungsfähigkeit liegt absolut nicht vor.

Anders sieht es jedoch bei einem Betrieb mit mehreren hunderttausend Kundenadressen aus, hier kann aufgrund des hohen Änderungsumfangs bereits eine drei Tage alte Datenkopie einen solchen Fehlerumfang aufweisen, daß durch Fehlauslieferungen sowie für die Wiederherstellung der Adressen erhebliche Kosten und zudem erhebliche Imageverluste auftreten können.

Eine allgemeingültige Zuordnung spezieller Anwendungen zu bestimmten Sicherheitsstufen ist aus diesen aufgeführten Gründen nicht möglich, allerdings können und müssen Sie für Ihren Betrieb diese Festlegungen natürlich selbst vornehmen.

Eine diskutierbare, aber grobe Einteilung könnte z.B. so aussehen:

A: internes Telefonverzeichnis, Textbausteine, Raumübersichten

B: Artikelstammdaten, Werbeadressen

C: Kundenadressen

D: Fakturierung, Bilanzierung, Prozeß-Steuerungsdaten

E: Entwicklungsplanung, Bilanzierung

Dritter Schritt: Zuordnung der Sicherheitsmaßnahmen

Auch dieser Schritt kann weder für verschiedene Betriebe noch für alle Anwendungen einer Sicherheitsstufe pauschal definiert und festgelegt werden.

Bei Festlegung der konkreten technischen, organisatorischen und personellen Maßnahmen sind auch die betriebliche Umgebung, die Größe, die Netzwerkstruktur und viele andere Faktoren zu beachten.

Beispielsweise sind in einem Betrieb, der die gesamte Kette der Entwicklungs-, Produktions- und Vertriebsfunktion beinhaltet, höhere Anforderungen zu formulieren, da im Netzwerk wahrscheinlich die verschiedensten Hard- und Softwaresysteme integriert sind und zudem beim Personal hohes DV-Wissen (und damit ein höheres Mißbrauchspotential) besteht.

Desgleichen müssen z.B. an einer Hochschule, an der auch Studenten mit ihrem ausgeprägten "Probier- und Kreativsinn" im Netzwerk arbeiten, andere und in der Regel umfangreichere Sicherheitsmaßnahmen stattfinden, um einen reibungslosen Betrieb garantieren zu können.

Für die einzelnen Sicherheitsstufen ließen sich beispielsweise folgende Sicherheitsmechanismen und Verfahrensanforderungen definieren:

A:
- wöchentliche Backup-Kopie
- einfache Paßwort-Hierarchie in der Anwendung (für Veränderungen)

B:
- wöchentliche Backup-Kopie + tägliche Veränderungskopie
- zweifache Paßwort-Hierarchie in der Anwendung (getrennt für Sichten + Verändern)

C:
- tägliches Gesamt-Backup
- zweifache Paßwort-Hierarchie in der Anwendung (Programmaufruf + Lesen, Ändern + Erfassen + Löschen)
- Vater- und Sohnprinzip für das Backup
- Parallele Aufzeichnung der Veränderungen durch die Anwendung (Inhalt der Veränderung, Datum)

D:
- tägliches Gesamt-Backup + ständige Änderungsprotokollierung
- dreifache Paßwort-Hierarchie in der Anwendung (Programmaufruf + Lesen, Ändern + Erfassen, Löschen)
- Großvater-, Vater- und Sohnprinzip für das Backup
- Protokollierung aller Veränderungszugriffe durch die Anwendung (Nutzer, Inhalt der Veränderung, Datum, Uhrzeit)
- Verschlüsselte Übertragung der Daten

E:
- tägliches Gesamt-Backup + ständige Änderungsprotokollierung
- vierfache Paßwort-Hierarchie in der Anwendung (Programmaufruf, Lesen, Ändern + Erfassen, Löschen)
- Großvater-, Vater- und Sohnprinzip für das Backup
- Protokollierung aller Veränderungszugriffe durch die Anwendung (Nutzer, Inhalt der Veränderung, Datum, Uhrzeit)
- Verschlüsselte Übertragung und Ablage der Daten
- Sperren aller lokalen Laufwerke bei der Datennutzung

Eine solche Verfahrensübersicht spiegelt für die verschiedenen Sicherheitsstufen sehr deutlich den zunehmenden Aufwand wieder, dabei muß eine solche Zuordnung natürlich individuell für jeden Betrieb und für jede Anwendung erstellt werden.

4.2.2 Spiegelung oder Duplizierung

Diese technischen Verfahren zum Schutz vor einem Ausfall einer Platte, eines Controllers oder sogar eines ganzen Servers sind als vordringlichste Sicherheitsmaßnahmen eminent wichtig, ermöglichen jedoch nicht die Wiederherstellung von Daten, die z.B. nach einem Programm-Update fehlerhaft erzeugt wurden.
Hiermit wird also jeweils nur der technische Ausfall von Komponenten abgesichert, jedoch keine tatsächliche Sicherung gegen Bedienungs- oder Verfahrensfehler, noch gegen vorsätzliche Datenmanipulation aufgebaut.

Selbstverständlich ist diese Absicherung gegen Komponentenausfälle wichtig und muß bei Datenbeständen ab der Sicherheitsklasse C eigentlich als zwingende Voraussetzung angesehen werden.

Eine nähere Beschreibung der technischen Realisierung von gespiegelten oder duplizierten Plattensystemen erfolgt hier nicht, diese Informationen können Sie den im gleichen Verlag erschienenen Novell Handbüchern recht ausführlich entnehmen.

4.2.3 Ohne Backup keine Sicherheit

Die eigentliche Sicherung von Daten sollte immer mit einem separaten Backup-System erfolgen. Dabei muß in jedem Betrieb individuell festgelegt werden, welche Art von Backup-System und Backup-Konzept eingesetzt wird. Grundsätzlich lassen sich hierzu einige Empfehlungen aussprechen:

- DAT-Bandlaufwerke mit mindestens 2 GByte und SCSI-Anschluß
- Entscheidung für dedizierte DAT-Server (höhere Zeitdauer des Backups) oder Integration in Server als NLM
- bei hohem Sicherheitsbedarf gleiche Laufwerke in verschiedenen Servern
- Festlegung regelmäßiger Backups (z.B. Mittwochs und Samstags)
- Vom Backup sollten mit geringem Aufwand beliebige Dateien restauriert werden können

Für die Abwicklung des Backups sollten regelrechte "Dienstanweisungen" bestehen, die sowohl die Sicherungsintervalle als auch die zu sichernden Plattenbereiche festlegen. Nur hierdurch können gegenüber den Anwendungsverantwortlichen klare Aussagen hinsichtlich des Verlustrisikos und des Wiederherstellungsaufwandes gemacht werden.

4.2.4 Datensicherheit nur bei klaren Organisationsstrukturen

Diese "Binsenweisheit" soll hier nochmals deutlich hervorgehoben werden, denn leider wird dieser Zusammenhang immer wieder verkannt.

Gerade die bereits in den Kapiteln 2 und 3 dargestellten administrativen Maßnahmen zum rationellen und übersichtlichen Betrieb des Servers bzw. der Softwareinstallationen bilden quasi die Basis für den Aufbau einer hohen Datensicherheit.

Hierzu gehören u.a. netzorganisatorische Maßnahmen wie:

- saubere und klare Volume- und Katalogstrukturen
- Trennung von Software und Daten
- hierarchischer Aufbau der Softwarekataloge
- Gruppenzuordnung und gruppenabhängige Rechte
- verzeichnisabhängige Rechtevergabe
- benutzerspezifische Zuteilung von Schreib- und Änderungsrechten
- eindeutig strukturierte Bedienungsführung
- automatisierte Anwendungsaufrufe
- Einschränkung der freien Nutzung der Netzwerkbefehle
- hierarchische Paßwortkontrollen

aber auch allgemeine Maßnahmen wie

- Festlegung klarer Netzwerk- und Serververantwortlichkeiten
- Schulung der Anwender
- Bereitstellung von Arbeitsanweisungen und Kurzdokumentationen
- Saubere Dokumentation der netzorganisatorischen Administration

Sind die hier beispielhaft aufgezählten organisatorischen Voraussetzungen nicht realisiert, wird es immer wieder zu Unübersichtlichkeiten und Fehlersituationen kommen. Das heißt, daß die ursprünglich aus administrativen Gründen erfolgten strukturellen Maßnahmen auch für die Datensicherheit (und damit dann auch für den Datenschutz) von eminenter Bedeutung sind.

4.3 Datenschutz im Netzwerk

Wie bereits zu Beginn ausgeführt, bezieht sich der Datenschutz im engen Sinne überwiegend auf die gesetzlichen Vorgaben und Bestimmungen hinsichtlich der "personenbezogenen Daten". Hierzu gibt es auf Bundes- und Länderebene entsprechende Gesetze, in denen Richtlinien und Vorgaben für die Erfassung, Behandlung, Weiterverarbeitung und Weitergabe personenbezogener Daten enthalten sind.

Während das Bundesdatenschutzgesetz hierzu Basisrichtlinien enthält, beinhalten die jeweiligen Ländergesetze weitergehende Ausführungsbestimmungen. Bei der Verarbeitung personenbezogener Daten sind sowohl die Erfassungsrichtlinien, die Genehmigungsvorgaben als auch die Meldepflichten zu berücksichtigen.

Gerade die Verpflichtung von Firmen und Betrieben (also den nicht-öffentlichen Verarbeitungsstellen) werden durch das Bundesdatenschutzgesetz festgelegt und es ist z.T. erschreckend, welche geringen Kenntnisse hierzu in den Betrieben vorhanden sind und wie wenig in einigen Firmen eine Berücksichtigung dieser Gesetze erfolgt.
Ohne jetzt detailliert auf die einzelnen Bestimmungen und durchzuführenden Maßnahmen einzugehen, soll besonders darauf hingewiesen werden, daß bei größeren Firmen und Behörden eigens ein Datenschutzbeauftragter bestellt werden muß, der auf die Einhaltung dieser Gesetze zu achten hat.

4.3.1 Datenschutzklassen

Wie kann man nun als Netzwerkverantwortlicher überhaupt eine Einschätzung der Datenschutzerfordernisse vornehmen?

Ähnlich wie bei der Einstufung des Datensicherheitsrisikos muß auch bei allen Überlegungen zum Datenschutz eine Überprüfung der Verhältnismäßigkeit erfolgen.
Die unberechtigte Kenntnis einfacher Daten wie Adressen oder eventuell des Geburtsdatums werden in den wenigsten Fällen eine so hohe Beeinträchtigung oder Gefährdung einer Person darstellen, daß man die Daten nur mit extremen Netz- und Plattenverschlüsselungsverfahren übertragen oder speichern darf.

Wenn Ihnen nicht durch zentrale Firmenanweisungen oder durch behördliche Auflagen eine Rahmenstruktur für den Datenschutz vorgegeben ist, kann als einfaches Verfahren wieder unser bereits aus der Datensicherheit bekanntes Prinzip angewendet werden.

In einem ersten Schritt definieren Sie sich für Ihre Daten- und Rechnerumgebung wiederum verschiedene Gefährdungsklassen, die sich jetzt natürlich an der Rechtebeeinträchtigung oder sogar Gefährdung der betroffenen Personen orientieren müssen, wenn diese personenbezogenen Daten unberechtigterweise bekannt, weitergegeben oder gar verändert würden.

Beispielsweise könnten auch hier wieder 5 Gefährdungsklassen eingeführt werden, zu denen dann jeweils allgemeingültig die Zuordnungskriterien zu formulieren sind.

Stufe A: Frei zugängliche Daten, in die Einsicht gewährt wird, ohne daß der Einsichtnehmende ein berechtigtes Interesse geltend machen muß.

Stufe B: Personenbezogene Daten, deren Mißbrauch zwar keine besondere Beeinträchtigung für den Betroffenen erwarten läßt, deren Kenntnis jedoch ein berechtigtes Interesse des Einsichtnehmenden voraussetzt.

Stufe C: Personenbezogene Daten, deren Mißbrauch den Betroffenen in seiner gesellschaftlichen Stellung oder in seinen wirtschaftlichen Verhältnissen beeinträchtigen kann.

Stufe D: Personenbezogene Daten, deren Mißbrauch den Betroffenen in seiner gesellschaftlichen Stellung oder in seinen wirtschaftlichen Verhältnissen erheblich beeinträchtigen kann.

Stufe E: Daten, deren Mißbrauch Gesundheit, Leben oder Freiheit des Betroffenen beeinträchtigen kann.

(Diese Klassifizierung wurde einem entsprechenden Entwurf der Arbeitsgruppe "Koexistenz Verwaltung und Wissenschaft in einem Datennetz" des Landes Niedersachsen entnommen.)

Selbstverständlich können und müssen diese Formulierungen abgestimmt und situationsbezogen angepaßt werden, trotzdem stellen sie bereits einen recht allgemeingültigen Rahmen dar.

Auch hier müßten jetzt in einem zweiten Schritt die jeweiligen Daten bzw. Verfahren den einzelnen Gefährdungsklassen zugeordnet werden, also beispielsweise so:

A: Adreßbücher, Mitgliederverzeichnisse

B: beschränkt öffentliche Unterlagen, Benutzerkataloge (Bibliotheken)

C: Gehälter, Sozialleistungen, Steuerdaten, usw.

D: Straffälligkeiten, dienstliche Beurteilungen, Pfändungen, medizinische Untersuchungsergebnisse, ...

E: Daten über Personen, die Opfer einer strafbaren Handlung sein könnten, besonders empfindliche Patientendaten, ...

Erst in einem dritten Schritt können dann wieder die konkreten Schutzmaßnahmen definiert werden, die allerdings in vielen Bereichen den im Rahmen der Datensicherheit erforderlichen Maßnahmen entsprechen.

4.3.2 Gefährdungspotentiale des Datenschutzes

Ein Großteil der in der folgenden Übersicht aufgeführten schutzkritischen Bereiche und Punkte sind zwar auch schon bei der Datensicherheit zu berücksichtigen, haben hier jedoch einen wesentlich verbindlicheren Charakter, da die Umsetzung und Realisierung nicht mehr alleine im Ermessensspielraum des einzelnen Betriebes liegt.

Wo sind nun überhaupt Lücken und kritische Punkte für den Bereich Datenschutz:

physikalisches Netzwerk / Verkabelung

Schon das physikalische Netzwerk bildet durch seine Kupferleitungen im Ethernet- oder Token Ring-Bereich ein Datenschutzrisiko, da es bei entsprechendem Aufwand und Fachwissen fast problemlos möglich ist, den Datentransfer im Netzwerk zu beobachten bzw. zu analysieren.
Hierzu erforderliche Hard- und Softwarekomponenten sind frei erhältlich, so daß es überwiegend eine Frage der Bedeutung der Daten ist, ob ein Unbefugter diesen Aufwand betreiben will oder nicht.

Als Schutzmechanismen können zwar z.B. Glasfaserkabel (oder mit geringerem Schutzumfang Twisted Pair Kabel) eingesetzt werden, trotzdem ist an den Anschlußadaptern ein Mithören oder Verändern der Daten nicht unmöglich. Hier würde bei hohen Anforderungen an den Datenschutz eigentlich nur noch eine Verschlüsselung bei der Datenübertragung helfen.

Bridges und Router im Netz

Diese aktiven Netzwerkkomponenten beinhalten einerseits Schutzrisiken, andererseits kann hierüber aber auch ein Datenstrom gezielt auf bestimmte Teilnetze begrenzt werden, so daß das Mithören oder Verändern nicht im gesamten Netzwerk möglich wird.

Paßworte nur verschlüsselt übers Netz

Wie sich immer wieder zeigt, werden in der überwiegenden Zahl der Fälle von Datenmißbrauch keine extremen "Einbruchverfahren" eingesetzt, sondern durch Kenntnis des oder der Paßworte erfolgt quasi legal ein Datenzugriff.
Das Mithören eines unverschlüsselt übertragenen Paßwortes ist gerade zu Beginn eines Verbindungsaufbaus relativ einfach und kann mit einfachen Softwareverfahren realisiert werden. Hier hilft nur eine Verschlüsselung des Paßwortes.

Bitte berücksichtigen Sie dabei jedoch, daß es nicht ausreicht, wenn z.B. das Novell-Paßwort zum Anmelden beim Server verschlüsselt wird, wenn anschließend die von den Anwendungssystemen geforderten Paßworte jeweils unverschlüsselt übertragen werden.

Der File-Server mit seinem Betriebssystem

Der File-Server ist sicherlich eine der sensibelsten Komponenten in der gesamten Vernetzung. Aus diesem Grund sollte dieses Gerät so aufgestellt sein, daß Unberechtigte weder an die Tastatur noch an den eigentlichen Server kommen. Für den optimalen Schutz des Servers gibt es eine ganze Palette von Anforderungen, wie z.B.

- Aufstellung im separaten, abgeschlossenen Raum
- Tastatursperre
- Rechnerstart nicht unterbrechbar

Daneben werden diverse Anforderungen an das Server-Betriebssystem gestellt:

- eingeschränkte Supervisorrechte (nur Administrationsrechte)
- Verschlüsselung von Platten(bereichen)
- umfangreicher Verzeichnis- und Dateischutz
- gruppen- und benutzerabhängige Rechte
- zeit- und datumsorientierte Rechte
- stationsabhängige Rechte
- Zugriffsprotokollierung
- usw.

Obwohl z.B. Novell NetWare zahlreiche dieser Anforderungen erfüllt, gibt es doch etliche Datenschutzrisiken, die noch offen sind und gegebenenfalls durch andere organisatorische Maßnahmen aufgefangen werden müssen, wenn aufgrund der personenorientierten Dateninhalte derart hohe Forderungen zu erfüllen sind.

Der Arbeitplatz-PC mit seinem Betriebssystem

Eine der kritischsten Risikokomponenten gerade für den Datenschutz ist der eigentliche PC-Arbeitsplatz. Hier stehen besonders die in der Regel hohen Anforderungen an die Nutzungsflexibilität im Widerspruch zu den restriktiven Vorgaben des Datenschutzes.
Dieser Widerspruch resultiert aus den z.T. sehr weitreichenden Schutzanforderungen wie u.a.:

- Kenntnis des BIOS-Paßwort nur durch Systemverwalter
- keine Nutzung der DOS-Ebene
- kein Einsatz eigener Programme (Debugger, Compiler)
- Verhinderung der Mitnahme von Daten:
    - keine Diskettenlaufwerke (Diskless Workstation)
    - Sperren der seriellen und parallelen Schnittstellen
- keine konfigurierbaren Netzwerkkarten (Vorspiegelung fremder PC's)

Bei strenger Erfüllung dieser äußerst weitreichenden Forderungen kann die Nutzungsflexibilität und die Anwendungsakzeptanz erheblich leiden.

- Viele Anwender (Sachbearbeiter) fühlen sich "entmündigt",
- der Entwicklungsaufwand für die Verfahren wird sehr hoch
- die "normale" Administration der PC's wird wesentlich komplexer und damit zeitraubender.

Aus diesen Gründen sollte unbedingt die bereits oben zitierte Verhältnismäßigkeit beachtet werden.

Die Anwendungsprogramme

Auch Anwendungsprogramme können erhebliche Sicherheitsrisiken darstellen. Das gilt nicht nur bei einem unzureichenden Paßwortschutz, sondern beginnt bereits bei integrierten DOS-Ausgängen, wie sie in fast allen gängigen Standard-Softwarepaketen enthalten sind.

Desweiteren sind viele Anwendungen nicht ausreichend auf die netzwerkmäßigen Forderungen hinsichtlich der absoluten Trennung von Software und Daten sowie den administrativen Erfordernissen auf benutzerspezifische Rechtezuordnung und entsprechender Datentrennung abgestimmt.
Gerade diese Hintergründe und Probleme wurden ausführlich im Kapitel 3 unter dem Gesichtspunkt der administrativen Netzwerkfähigkeit dargestellt.

Organisatorische Maßnahmen

Unabhängig von allen hard- und softwaretechnischen Aktivitäten darf die Auswirkung bzw. das Datenschutzrisiko bei fehlenden, unzureichenden oder falschen organisatorischen Maßnahmen keinesfalls unterschätzt werden.
Hier kommt es besonders auf klare (möglichst schriftliche) Arbeitsanweisungen und Verantwortungszuordnungen an.

> **Genaugenommen schließt sich hier der Kreis, der bereits bei der Serverinstallation und der Festlegung der Plattenstrukturen beginnt, sich über die Gruppeneinteilung und die Rechtevergabe fortsetzt, und für die Realisierung des Datenschutzes die Festlegungen beinhalten muß, wer welche Daten erfassen, verändern löschen, kopieren oder weitergeben darf.**

Hierzu gehört dann natürlich auch die Festlegung der Verantwortlichkeiten für die eigentliche Anwendung, für die Daten sowie für das Backup einschließlich des Backup-Verfahrens. Desweiteren muß bestimmt werden, wer eventuelle Protokolldateien sichten, auswerten oder löschen darf. Bei besonders sensiblen Anwendungen muß hier gegebenenfalls das "Vier-Augen-Prinzip" zum Tragen kommen.

Zusammenfassung

Sind in einem Betrieb oder einer Behörde umfangreiche personenbezogene Daten mit hoher Datenschutzklassifizierung zu bearbeiten, müssen die hier ansatzweise dargestellten Zusammenhänge und Möglichkeiten natürlich wesentlich intensiver und exakt auf die jeweiligen Daten abgestimmt bearbeitet werden.

Kommen in einem größeren Netzwerk die unterschiedlichsten Aufgaben und verschiedene Datensicherheits- und Datenschutzforderungen zusammen, kann eine völlige Trennung bzw. Herausnahme der besonders sensiblen Daten (z.B. Schutzklasse E) der wesentlich pragmatischere Weg sein.
Sollen nämlich alle Probleme in einem Netzwerk und eventuell noch auf einem Server abgewickelt werden, hat die **hohe Schutzklassifierung einer Anwendung** in der Regel auch **erhebliche Auswirkungen auf andere**, ansonsten völlig unkritische Software- und Datenbereiche. Hier kann der Einsatz eines völlig getrennten Novell-Servers (oder auch Unix-Rechners) in einem separaten Subnetz die wesentlich einfachere Lösung darstellen.

Auch das Thema Datenschutz konnte und sollte hier nicht umfassend behandelt, sondern es sollten diese Probleme bzw. diese Anforderungen verstärkt in das Bewußtsein gerückt werden.
Bereits durch simple technische und organisatorische Maßnahmen kann eine erhebliche Verbesserung des Datenschutzes erreicht werden. Zudem beschäftigen sich zunehmend mehr Firmen mit dieser Thematik und bieten inzwischen vermehrt fertige Teillösungen für die verschiedenen Gefährdungsbereiche an.

4.4 Virengefahr im Netz

Viren im Netzwerk!! Das ist für jeden Verantwortlichen eine regelrechte Horrorvorstellung, denn durch Gerüchte, Veröffentlichungen und versteckte Werbeaussagen ist fast jeder völlig verunsichert und kann die tatsächliche Gefährdung kaum noch sachgerecht bewerten.

Ohne die Virengefahr bagatellisieren zu wollen, werden mit diesem Argument doch häufig entweder bewußt Ängste geschürt oder aus Unwissenheit Sicherungsverfahren gefordert und durchgesetzt, die in keinem Verhältnis zur Gefährdung stehen (und mehr dem Vertreter bzw. der Herstellerfirma nützen).
An die auf jeden Fall vorhandene Virengefahr sollte man bewußt und sachlich herangehen und in einem ersten Schritt die tatsächliche Gefährdung und anschließend mögliche Verhinderungs- oder Erschwernisverfahren prüfen.

In den folgenden Abschnitten werden keine Virentypen oder deren "Angriffsmechanismen" untersucht, da diese Informationen bereits in anderen Büchern ausführlich abgehandelt werden. Hier soll vielmehr ein Gefühl für die tatsäch-

liche Gefährdung vermittelt und Hinweise zu pragmatischen Präventivmaßnahmen gegeben werden.
Die Grundsatzregeln für die Vermeidung einer Vireneinschleusung sollten natürlich allen Mitarbeitern bekannt sein. Das Gleiche gilt für die regelmäßige Untersuchung der lokalen und der Netzwerk-Platten auf Viren - also das Scannen nach Viren - und deren Beseitigung.

4.4.1 Welche Gefährdung besteht?

Bei sachlicher Prüfung und Betrachtung des Problems stellt man zunächst fest, daß weitaus die meisten der zahlreichen bekannten Viren reine DOS-orientierte Viren sind, deren Intelligenz also ausschließlich auf DOS-Rechnern zur Geltung kommt - und damit zur Verbreitung führt.
Ein solches Virus ist in der Regel also nicht in der Lage, sich an einen NetWare-Serverprozeß anzuhängen bzw. ein direkt auf dem Server laufendes Programm zu infizieren.

Wird ein solches Virus versehentlich (oder sogar vorsetzlich) auf einen File-Server übertragen, so kann er sich auf andere PC's nur dann ausbreiten, wenn er in einem allgemein zugänglichen Verzeichnis liegt.
Wurde er z.B. von einem Anwender von einer Diskette in dessen HOME-Verzeichnis übertragen, wird sich dieser Anwender zwar immer wieder das Virus einfangen, eine wilde Verbreitung auf alle anderen PC's im Netzwerk findet jedoch nicht statt!!

Anders sieht es natürlich dann aus, wenn eine virusbehaftete Datei z.B. im allgemein zugänglichen Softwarekatalog liegt (z.B. im von allen Benutzern ständig aufgerufenen Mailprogramm-Verzeichnis). Hier würde es natürlich zu einer lawinenartigen Ausbreitung des Virus kommen.
Wie jedoch bereits in Kapitel 2 und 3 ausgeführt wurde, dürfen eigentlich nur die Netzwerkadministratoren irgendwelche Software auf dem Server installieren, haben also schreibenden Zugriff auf die zentralen Softwareverzeichnisse. Und bei der Vorgehensweise zur Softwareinstallation war eine der ersten erforderlichen Maßnahmen, die Quelldiskette bzw. die Testversion auf der lokalen Platte auf Virenbefall zu prüfen.

Alle anderen Benutzer dürfen jedoch nach der in diesem Buch immer wieder dargestellten Serverstrukturierung und Rechtezuordnung nur lesende Zugriffsrechte auf die Softwarekataloge haben, und somit können sie keine virenbehaftete Software in zentrale Bereiche einspielen.
Hier wird ein weiteres gewichtiges Argument für die von uns im Kapitel 3 geforderte äußerst restriktive Rechtevergabe deutlich. Ein Write-, Create- oder Erase-Recht darf nur bei zwingendem Bedarf vergeben werden und aus diesem Grund "prangern" wir besonders die Softwarehersteller an, deren angeblich netzwerkfähige Programme diese Forderung ignorieren und eine im Prinzip pauschale Rechtevergabe voraussetzen.

Ganz besonders schwerwiegend sind jedoch die ebenfalls existierenden Viren, die ganz speziell für das Netzwerk-Betriebssystem Novell NetWare geschrieben wurden. Diese Viren sind natürlich in der Lage, sich direkt auf dem Server auszubreiten und den Server bzw. seine Datenbestände unmittelbar zu gefährden.

Zusammenfassend läßt sich also feststellen, daß im wesentlichen die Arbeitsstationen die "Gefährdungspunkte" sowohl für den Virenbefall als auch für die "Virenauswirkung" darstellen.
Neben der Datenschutzproblematik ist daher die Virengefahr eines der häufigsten Argumente für den Einsatz von diskettenlosen PC's. Doch hier muß man sich kritisch fragen, ob die Nachteile eines völlig diskettenlosen Systems nicht gravierender sind als die Virengefährdung.

4.4.2 Präventivmaßnahmen für Arbeitsstationen

Zunächst können am Arbeitsplatz einige Maßnahmen realisiert werden, die die Gefahr des Virenbefalls zumindestens deutlich reduzieren bzw. bei den meisten Virentypen sogar verhindern.

Kein Booten von einer Diskette

Bei heutigen BIOS-Versionen läßt sich vielfach über das SETUP einstellen, ob ein Systemstart von einem Diskettenlaufwerk möglich ist oder nicht. Hier sollte als feste Vorgabe ein ausschließlicher Start von der Festplatte eingetragen werden und zudem auch der "Zugriffstest" auf die Laufwerke A: oder B: ausgeschlossen werden.
Durch diese Maßnahme verhindern Sie in hohem Maße das "Einschleppen" eines "Boot-Virus".

Einsatz eines "Virenschildes"

Als weitere einfach zu realisierende und effektive Maßnahme hat sich der Einsatz eines sogenannten Virenschildes erwiesen, das als Überwachungsprogramm gleich zu Beginn des Systemstarts aktiv wird (z.B. das Programm "Vshield" von McAfee direkt zu Beginn der AUTOEXEC.BAT).
Dieses Viren-Überwachungsprogramm prüft zuerst den Rechner auf Virenbefall und bleibt ab diesem Zeitpunkt resident im Arbeitsspeicher und überprüft alle Rechneraktivitäten auf mögliche "Virenaktionen".

Der Einsatz von residenten Überwachungsprogrammen kann in verschiedenen Stufen realisiert werden. Je höher die anzustrebende Sicherheit sein soll, um so umfangreicher sind die vom Programm ständig durchzuführenden Prüfungen. Hierdurch sinkt natürlich die eigentliche Verarbeitungsgeschwindigkeit, so daß eine Abwägung zwischen der Gefährdung und der Zeitverzögerung erfolgen muß.

In der Praxis tritt ein Virusbefall in einem Betrieb häufig "wellenartig" auf. Lange Zeit gibt es fast keine Virenprobleme und man wiegt sich fast in Sicherheit. Dann wird plötzlich ein Virenbefall gemeldet und verblüffenderweise häufen sich in den nächsten Tagen diese Schreckensnachrichten, da vielfach schon vor der ersten Erkennung eine Verbreitung stattgefunden hat.

Bereitstellung von "Virenscannern" und Cleanern im Netz

Auch wenn die Nutzung dieser Programme erst nach dem Befall greift, läßt sich durch die Bereitstellung eines ständig aktuellen Virenprogramms im Netzwerk - das dann für alle Benutzer frei zugänglich ist - dafür sorgen, daß Viren frühzeitig entdeckt werden können.
Mit Hilfe dieser Virenscanner und Cleaner können sowohl die lokalen Festplatten und Disketten als auch die Netzwerkvolumes regelmäßig auf einen Virenbefall überprüft werden.

Für alle aufgeführten Maßnahmen ist natürlich die zwingende Voraussetzung, daß die Disketten, Platten und Systeme zu Beginn der Schutzaktivitäten wirklich virenfrei sind!

4.4.3 Präventivmaßnahmen für Server

Neben den Schutzaktivitäten für die Arbeitsstationen müssen natürlich auch am Server Maßnahmen erfolgen, die einen Virenbefall und - im Fall aller Fälle - gegebenenfalls eine Virenausbreitung weitestgehend verhindern können.
Desweiteren müssen natürlich jederzeit aktuelle Virenscanner vorhanden sein, mit deren Hilfe Viren aufgespürt und beseitigt werden können.

Keine Einspielung von Software durch Unbefugte

Diese bereits unter den administrativen Maßnahmen geforderte Grundregel erlangt hier eine zusätzliche gewichtige Bedeutung.
Ist die Softwareinstallation und demzufolge auch die Schreibberechtigung auf diese Plattenbereiche auf wenige Personen beschränkt, ist die Sicherheit vor einem Virenbefall deutlich geringer und kann durch zielgerichtete Ausbildung, Installationsanweisungen, Freigaberichtlinien und ähnliche Maßnahmen nahezu auf Null gedrückt werden.

NLM's als eigenständige Überwachungsprozesse

Inzwischen sind auf dem Server installierbare NLM's (z.B. Sitelock) verfügbar, die eine ständige oder auf bestimmte Zeiträume beschränkte Virenkontrolle der Serverplatten ermöglichen.
Bei diesen Schutzprogrammen können .EXE- und .COM-Dateien einzeln oder per Verzeichnis oder als Verzeichnishierarchie für den Virusschutz gekenn-

zeichnet werden. Nur die so markierten Dateien bzw. Bereiche werden dann bei jedem Aufruf auf Veränderungen überprüft und gegebenenfalls wird dem Anwender der Zugriff auf (bzw. das Laden von) eine Applikation verweigert. Hierdurch wird eine Ausbreitung eines Virus auf die Arbeits-PC's verhindert.

Auch wenn die Hersteller dieser Art von Softwaresystemen von einer kaum merklichen Zeitverzögerung beim Laden der Anwendungen sprechen, wirken sich diese Überprüfungsprozesse bei vielen aktiven Netzwerk-PC's und einem multifunktionalen Netzwerk doch deutlich aus.

Hier sollte geprüft werden, ob tatsächlich eine ständige Überwachung erforderlich ist oder ob eine regelmäßige Virenkontrolle (z.B. jede Nacht) nicht ausreicht. Das dürfte besonders dann der Fall sein, wenn die sonstigen Präventivmaßnahmen erfüllt sind und auch die organisatorischen Anforderungen im Rahmen der Datensicherheitsanforderungen im wesentlichen berücksichtigt wurden.

Virenüberprüfung vor einem Backup

Eigentlich ist es selbstverständlich, aber vor Durchführung eines Backups der Serverplatten muß unbedingt ein Virenscanner über die zu sichernden Plattenbereiche "laufen". Ansonsten gerät man in die äußerst schwierige Situation, daß bei einem Datenverlust oder bei einer tatsächlichen "Virensabotage" auch das Backup verseucht ist.
Bitte berücksichtigen Sie hierbei auch, daß es sogenannte "Datenviren" gibt, also solche, die sich in Datendateien einnisten (z.B. dBase-Viren), so daß eine reine Abschottung und Überprüfung der .EXE- und .COM-Dateien keinen hundertprozentigen Schutz beinhaltet.

Abgestimmte Schutzprogramme zwischen PC und Server

Hiermit sind Programmsysteme gemeint, bei denen sowohl ein residentes Schutzprogramm auf dem PC als auch ein Schutz-NLM auf dem Server läuft. Durch diese Kombination kann die Sicherheit nochmals erhöht werden, allerdings handelt man sich damit auch residente Programmteile auf den PC's ein, die wiederum zu Konfliktsituationen mit Anwendungen führen können.
Bei diesen Programmen läßt sich z.B. durch das Server-NLM überwachen, ob die Netzwerk-PC's das lokale Schutzprogramm geladen haben, ansonsten können diese PC's vom Serverzugriff ausgeschlossen werden.

Zusammenfassung

Die Virengefahr im Netzwerk ist nach unserer Erfahrung geringer, als bei einem Einsatz unvernetzter PC's, bei denen ein guter Virenschutz mit einem erheblichen Mehraufwand verbunden ist.

Voraussetzung hierfür ist natürlich eine saubere Serverstrukturierung, klare Gruppensystematiken und restriktive, den tatsächlichen Bedürfnissen entsprechende Rechteprofile für die Benutzer!!

5 Nutzung und Akzeptanz eines Netzwerks

Die Installation und der Einsatz eines Netzwerks ist eine Entscheidung, die eindeutig unter wirtschaftlichen Gesichtspunkten zu fällen ist. Zur Beurteilung und Quantifizierung der personellen und lizenzmäßigen Ersparnisse haben wir insbesondere im ersten Kapitel zahlreiche Bewertungskriterien, Hinweise und Übersichten zusammengestellt.

Neben diesen bewert- und quantifizierbaren Fakten gibt es zusätzlich jedoch eine Reihe von indirekten Vorteilen und Auswirkungen, die den Einsatz eines (PC-) Netzwerkes für einen Betrieb wichtig, interessant und lohnend machen.

Hierzu gehören z.B.:

- Die bei Einzelplatz-PC's häufig bestehende **Datenredundanz** und Dateninkonsistenz wird automatisch geringer, je unkomplizierter bereits erfaßte Daten vom Sachbearbeiter für seine eigenen Aufgaben mitgenutzt werden können.

- Ein schneller und **direkter Zugriff** auf abteilungsfremde **Daten/Informationen** verbessert die Qualität der Sachbearbeiter- und Führungsentscheidungen erheblich.
  Neben der Online-Verfügbarkeit hausinterner Daten und Informationen fördert ein unmittelbarer Zugriff auf **Fremddaten** (z.B. CD-ROM's, Informationsdatenbanken) diese Tendenz zusätzlich.

- Durch die **Netzintegration** erfolgt eine "psychologische Integration" und die Isolation auf die "eigene Welt" bzw. die eingeschränkte "Informationsinsel" verringert sich.

- Es erfolgt eine wieder auflebende **betriebliche Kommunikation**. Der "Zwang" zur Zusammenarbeit wird größer, organisatorische Abläufe und Zuständigkeiten werden wieder durchsichtiger und vielfach auch einsichtiger.
  Als hierdurch entstehender Nebeneffekt kommt es wieder vermehrt zu Verbesserungs- und Effizienzvorschlägen hinsichtlich der betrieblichen Abläufe und Aufgabenverteilungen.

Zur Erreichung der wirtschaftlichen Effizienz und dieser beispielhaften, indirekten Nutzungsgewinne muß daher unbedingt versucht werden, innerbetrieblich eine breite und flächendeckende

Netzwerkakzeptanz

zu erreichen.

Dabei ist es äußerst wichtig, daß Mitarbeiterinnen und Mitarbeiter aller Hierarchieebenen die positiven Aspekte einer Netzwerknutzung anerkennen und dieses Werkzeug auch einsetzen und nutzen. Sowohl die gesamte Arbeitsorganisation als auch die Netzwerkeffizienz ist von der durchgängigen Beteiligung aller Gruppen und Verantwortungsebenen abhängig.

Um dieses Ziel zu erreichen, können die verschiedensten Maßnahmen, Aktivitäten und "Beeinflussungen" notwendig werden, die wichtigsten und allgemein am ehesten realisierbaren führen wir in den folgenden Abschnitten auf.

5.1 Philosophie der Netzwerkhandhabung

Diese zuerst übertrieben klingende und wirkende Überschrift beinhaltet einen äußerst entscheidenden Hintergrund, der sich mit hoher Konsequenz auf die Betrachtungen und jeweiligen Notwendigkeiten in den nachfolgenden Abschnitten auswirkt.

Aus der DV-Vergangenheit und zum Teil auch unter dem Gesichtspunkt extremer Sicherheitsanforderungen (manchmal handelt es sich eher um "Abschottungsdenken") werden auch in PC-Netzen äußerst restriktive und die Anwender einengende und bevormundende Nutzungsumgebungen und Verfahren aufgebaut.
Hiermit ist z.B. gemeint, daß in der Vergangenheit ein Anwender nicht nur äußerst eingeschränkte Nutzungs- und Auswertemöglichkeiten hatte, sondern ihm das Vorhandensein anderer DV-Verfahren oft gar nicht bekannt war bzw. angezeigt wurde.

Wie im Kapitel 1 dargelegt und dargestellt wurde, haben sich in Ergänzung zu den etablierten, stark betriebswirtschaftlichen und Host-orientierten DV-Verfahren

- die PC-gestützten Standardsysteme
- die Möglichkeiten der Information und
- die Kommunikationsverfahren

neu und zusätzlich entwickelt. Gerade hieran ist erkennbar, daß die früher üblichen festen Zuordnungen zwischen

Benutzer ⇔ und ⇔ Applikation

in dieser Form heute nicht mehr realisierbar bzw. auch nicht mehr sinnvoll sind. Als Konsequenz müssen die höheren Eigenverantwortlichkeiten auch bei der Netzwerkhandhabung berücksichtigt werden.

Der Umfang und die Freiheitsgrade der Netzwerkhandhabung sind zwar mit an das Sachbearbeiterumfeld bzw. überhaupt an das Bearbeitungsumfeld gebunden, müssen aus den insgesamt dargelegten Gründen der veränderten Arbeitsanforderungen heute jedoch wesentlich flexibler gehandhabt und größtenteils auf der Entscheidungsebene der Benutzer angesiedelt werden.

5.2 Ausbildung und Mitwirkung der Anwender

Diese leider vielfach nur als Schlagworte existierenden Maßnahmen beinhalten die grundlegendsten Beeinflussungsmöglichkeiten für die Netzwerkakzeptanz überhaupt. Besonders in der Entscheidungs- und Aufbauphase eines Netzwerkes erfolgen vielfach die Weichenstellungen für die spätere Akzeptanz und damit die Effektivität eines Netzwerkes.

5.2.1 Ausbildungsbedürfnisse und ihre Realisierung

In zahlreichen Diskussionen wird immer wieder die Frage gestellt, ob z.B. eine DV-Basisausbildung, eine Ausbildung in der Betriebssystemumgebung (also z.B. in DOS), eine Windows-Ausbildung oder sonstige grundlegende Einführungen und Unterweisungen der Anwender bzw. Mitarbeiter bei den heutigen Softwaregegebenheiten überhaupt noch nötig sind.
Die Einsicht zum Ausbildungsbedarf in ein Textbearbeitungssystem für eine Sekretärin ist in der Regel zwar gegeben, einführende und angrenzende Sachgebiete betreffende oder globalere Ausbildungsthemen im Rahmen der PC-Nutzung und des Arbeitens im Netzwerk werden überwiegend jedoch nicht anerkannt.

Nach unserer Erfahrung sind gerade diese Versäumnisse kapitale Fehler bei der Einführung bzw. dem Betrieb eines Netzwerkes. Vielfach werden mehrere Hunderttausend Mark in die PC- und Netzwerkinfrastruktur und die verschiedensten Softwarepakete investiert, trotzdem ist der Nutzungsgrad dieser Investitionen anschließend erschreckend gering (Manchmal drängt sich der Vergleich mit dem Lastwagen auf, der den berühmten Suppenwürfel ausliefert.).

Lassen Sie uns die Ausbildungsbedürfnisse zuerst etwas grundsätzlicher und in weiteren Zusammenhängen betrachten.

- In den meisten Betrieben (und in den meisten Ausbildungsgängen) gibt es äußerst unterschiedliche Vorbildung auf diesem Gebiet. Hinzu kommt die stark unterschiedliche Alters- und Erfahrungsstruktur der Mitarbeiter.

- Wie ebenfalls in Kapitel 1 dargestellt, haben sich desweiteren die Arbeitsanforderungen erheblich geändert, da durch zunehmende Verantwortungsdelegation flexiblere und vielschichtigere Anforderungen an die Mitarbeiter gestellt werden.

- Frühere, in der Regel auf einen engen Bearbeitungs- und Entscheidungsspielraum ausgerichtete Aus- und Weiterbildungsansätze genügen den heutigen Anforderungen grundsätzlich nicht mehr, das gilt für den Bereich der PC- und netzwerkorientierten Computernutzung ganz besonders.

- Ein breitschichtigeres Wissen eines Mitarbeiters versetzt ihn in die Lage, die eigene Aufgabe verstärkt im Gesamtgefüge zu betrachten und zu bewerten, so daß auch weitergehende Anforderungen und Auswirkungen eher erkannt und berücksichtigt werden können.

- Jede Ausbildung ist auch unter dem Gesichtspunkt der Motivation zu sehen. Ein gut motivierter Mitarbeiter gleicht sowohl die "verlorene" Zeit als auch die durch die Ausbildung direkt oder indirekt entstehenden Kosten leicht wieder aus.
  Alleine das oben aufgeführte verbesserte "Mitdenken" kann hier in kurzer Zeit tausende von Mark einsparen helfen, da eine verbesserte Motivation erfahrungsgemäß auch eine Steigerung des sich "verantwortlich fühlen" mit sich bringt.

- Ausbildungs- und Unterstützungsveranstaltungen dürfen nicht einmalig stattfinden, sondern müssen die ständige hard- und softwaremäßige Weiterentwicklung auf der PC-, Netzwerk- und Kommunikationsebene berücksichtigen. Neben diesen Fremdfaktoren ist aber auch die hausinterne Weiterentwicklung in der Vernetzungsfunktionalität und den eingesetzten Software- und Bearbeitungsverfahren zu sehen.

- Die DV-Technik, damit der Wissens- und damit der Ausbildungsbedarf ist durch die Vernetzung wesentlich multifunktionaler, übergreifender und verzahnter geworden. Aus diesem Grund genügen einfach strukturierte Wissenszusammenhänge wie

  Schreibmaschinentaste a $\Rightarrow$ ergibt den Buchstaben a

  oder ähnlich banale Funktionalitäten bei weitem nicht mehr.

  In diesem Zusammenhang muß eine Sekretärin beispielsweise den Unterschied zwischen dem eigentlichen BTX-Knotenrechner der Telekom und einem hierüber angewählten Servicerechner einer Bank oder der Bundesbahn verstehen, um die verschiedenen Auswirkungen gleicher Tastatureingaben voraussehen oder interpretieren zu können.
  Auch die Nutzung eines FAX-Gateways im Netzwerk muß wirklich verstanden werden, um z.B. Fehlübertragungen auszuschließen.

Als Konsequenz dieser Betrachtungen ist also weitestgehend eine relativ breite und viele Anwender integrierende Ausbildung der Anwender anzustreben. Hierdurch erreicht man längerfristig auch eine bessere Flexibilität im Personaleinsatz und baut zudem Nachwuchs für neue oder andere Aufgaben auf.

Diese Ausbildungsbedürfnisse können sich je nach den im Netzwerk integrierten Funktionen und Anwendungen z.B. auf folgende Themenbereiche erstrecken:

- Betriebssystem DOS, Windows, OS/2 oder Unix
- Netzwerkbetriebssystem (Novell Netware, LAN Manager, Banyan Vines)
- Textverarbeitungssysteme
- Direktnutzung von Datenbank-, Kalkulations- und Grafiksystemen
- Allgemeine Netzwerknutzung und -handhabung
- Handhabung von Mail-, Termin- und Projektsystemen
- Nutzung der BTX-Dienste (auch FAX-, Telex- oder Teletext-Dienste)
- Datenbankrecherchen auf Fremdrechnern (Retrievalsprachen u. Verfahren)
- Nutzung von CD-ROM's oder Freitext-Recherchesystemen
- Zugriffe auf Großrechner über Emulationssoftware

Zu allen diesen beispielhaft aufgeführten Themenbereichen gehören neben einführenden Ausbildungsveranstaltungen natürlich auch weitergehende Schulungsveranstaltungen in Form von Aufbaukursen oder Workshop-Veranstaltungen. Dabei handelt es sich natürlich nicht immer gleich um Tages- oder sogar Wochenseminare, sondern in vielen Fällen genügen Einführungs- und Schulungsveranstaltungen überwiegend informativen Charakters von wenigen Stunden. Auch eine intervallmäßige (wöchentlich, monatlich) oder bedarfsorientierte Durchführung ist vielfach zweckmäßig.

Achtung: Bei den aufgeführten Schulungsbedürfnissen sind die fachlich-inhaltlichen Ausbildungsbedürfnisse zu den verschiedenen Anwendungen (CAD-Systeme, NC-Steuerungen, Buchführungs- und Fakturierungssysteme, usw.) noch nicht enthalten, obwohl sie natürlich zwingend sind.

Trotz des engagierten Eintretens für eine breitere und nicht nur an kurzfristigen Nutzungszielen orientierten Ausbildung darf der hierdurch entstehende Kostenaufwand natürlich nicht außer acht gelassen werden.
Der entstehende Kostenaufwand kann bei externen Schulungen durchaus bei 1.500,- bis 2.500,- DM pro Tag und pro Mitarbeiter liegen (ohne Reise- und Unterbringungskosten), so daß "flächige" externe Schulungsmaßnahmen in der Regel tatsächlich kaum finanziert werden können.

Allerdings bieten sich hier durchaus andere Umsetzungsmöglichkeiten an, mit deren Hilfe die Ausbildungsbedürfnisse dann doch wesentlich flächendeckender erfüllt werden können. So verursachen die nachfolgenden Maßnahmen deutlich geringere Kosten als die externe Schulung von Einzelpersonen:

- Hausinterne Mitarbeiterschulungen durch Fremdanbieter
  Für Beträge von ca. 2.000,- bis 3.000,- DM pro Tag können gleichzeitig 6, 10 oder je nach Schulungsinhalt sogar 15 Mitarbeiter in die Schulungen einbezogen werden. Zusätzlich reduzieren sich bei diesen internen Schulungsmaßnahmen die Ausfallzeiten der Mitarbeiter erheblich, da unter anderem die Reisezeiten entfallen (der Wegfall der Reisekosten ist natürlich ebenfalls positiv zu vermerken).

- Firmen- oder abteilungsinterne Schulungen durch eigene Mitarbeiter
  Qualifizierte Mitarbeiter können durchaus zu ihren Spezialgebieten interne Schulungen durchführen. Hierdurch erfolgt in der Regel eine bessere Integration der betriebsinternen Ausstattung und DV-Organisation in die Ausbildungsthematik.

- Gruppenorientierte Ausbildung/Einführungen durch Produktmultiplikatoren
  Auf diese Personen wird in den nachfolgenden Abschnitten noch näher eingegangen. Hier ist es durchaus üblich, in einem ersten Schritt den jeweiligen "Produktmultiplikator" auf eine externe Einzelschulung zu schicken, damit er anschließend nach Aufbau eigener Erfahrungen interne Unterrichtsmaßnahmen für die anderen Mitarbeiter anbieten kann.

- Zahlung von Zuschüssen oder Übernahme der Kosten von Abend- oder Wochenendkursen bei Volkshochschulen oder sonstigen Anbietern.

- Besondere betriebliche Unterstützung entsprechender Bildungsurlaubsveranstaltungen.

5.2.2 Mitwirkung der Anwender (Mitarbeiter)

Der Begriff der Mitwirkung ist vielfach etwas belastet und signalisiert vielleicht falsche Vorstellungen. Hiermit sind keinerlei formale oder auf den Betriebsrat und die entsprechende Gesetzgebung bezogene Mitwirkungen gemeint, sondern vorerst die reine Integration der Mitarbeiter in die Entscheidungsfindung und inhaltliche und organisatorische Weiterentwicklung.

Die hier geforderte Mitwirkung bei der inhaltlichen, funktionalen und organisatorischen Ausgestaltung und Weiterentwicklung der Vernetzung kann wiederum durch verschiedene Maßnahmen wie

- Benennung von Netzwerkbeauftragten
- Benennung von Produktmultiplikatoren
- Aufbau von funktionsbezogenen Arbeitsgruppen

und vielen anderen realisiert werden. Einige dieser Varianten werden in den nachfolgenden Abschnitten noch weitergehend behandelt.

Im Rahmen dieser Mitwirkung sollten nicht nur Ziele in Arbeitsgruppen abgesprochen und inhaltlich und zeitlich definiert werden, sondern auch Test-, Pilot- und Einführungsphasen festgelegt und durch entsprechende Planungs-, Realisierungs- und Fortschreibungspapiere den Anwendern weitestgehend offen dargelegt werden.
Hierdurch kann der Einzelne nicht nur den Fortgang der DV-Integration besser verfolgen, sondern er kann sich frühzeitig über die seine Arbeit betreffenden Planungen informieren und gegebenenfalls auf Prioritäten oder Versäumnisse hinweisen. Alleine hierdurch ist überhaupt erst die Möglichkeit einer Mitwirkung durch den Anwender gegeben, und er ist nicht auf die hinsichtlich der Planungen vielfach auftauchenden "Gerüchte" angewiesen!

5.2.3 Netzwerkbeauftragte

Der Begriff des "Netzwerkbeauftragten" ist sicherlich diskutabel, drückt die vorgesehene Funktion jedoch recht deutlich aus.
Um in einem Betrieb auch wirklich die verschiedenen Abteilungen mit ihren jeweiligen Anforderungen und Wünschen in die Planungen, Zielsetzungen und in die Realisierung und Weiterentwicklung integrieren zu können (Mitsprache), müssen aus diesen Bereichen möglichst sachkompetente Mitarbeiter als "Abgeordnete" bestimmt werden.

Diesen Personen wird also eine Zusatzaufgabe übertragen, denn sie sollen sozusagen als Bindeglied und Vermittler auftreten. Einerseits sollen über den jeweiligen Netzwerkbeauftragten die Bereichsforderungen in die zentralen Planungen eingebracht werden, andererseits sollen die Abteilungen vom Netzwerkbeauftragten über die zentralen Planungen und Realisierungen kompetent und direkt informiert werden.
Durch diese Struktur kann jeder Mitarbeiter seine Vorstellungen "seinem" Netzwerkbeauftragten vorbringen, umgekehrt kann er auch die getroffenen Entscheidungen mit eventuellen Hintergründen direkt erfahren.

Die zwischen den DV- bzw. Netzwerkverantwortlichen und den Netzwerkbeauftragten zu besprechenden und abzustimmenden Themengebiete sind sicherlich vielschichtig und können daher nur beispielhaft aufgeführt werden. Dabei geht es unter anderem um:

- Verkabelung der Abteilungen und Bereiche
- Auswahl der bereitzustellenden Softwaresysteme
- Abstimmung der Bedienungsführung
- Festlegung von Grundsätzen für Zugriffsrechte

- Abstimmung der Verantwortlichkeit bei überlappenden Zuständigkeiten
- Absprache über Schulungsbedürfnisse und Realisierung
- Kommunikationsanforderungen
- Abstimmung von lokalen Installations- oder Bedienungsbedürfnissen

Inwieweit die Netzwerkbeauftragten unmittelbar auch in die Realisierung der Netzwerkinstallationen eingebunden werden können oder sollten, muß je nach betrieblicher Struktur sowie dem Wissen und der Erfahrung der Beteiligten individuell entschieden werden.

An die Person des Netzwerkbeauftragten sind jedoch einige Anforderungen zu stellen, da sie kommunikativ und möglichst objektiv Anforderungen und Entscheidungen vertreten können muß. Die netzwerkmäßigen und DV-fachlichen Kenntnisse sollten möglichst gut sein, sind jedoch nicht alleine entscheidend, da der Erfolg in diesem Bereich mehr von den kooperativen Fähigkeiten abhängt.

5.2.4 Produktmultiplikatoren

Auch dieser Begriff ist mehr ein Synonym für die Aufgabenstellung als eine konkrete, betriebsinterne Funktionsbezeichnung. Hiermit soll dargelegt werden, daß für bestimmte Produkte Verantwortliche bestimmt und eingesetzt werden, die in diesem Zusammenhang neben ihren eigentlichen Fachaufgaben Zusatzfunktionen übernehmen.
Diese Personen können sowohl aus dem Rechenzentrum, der DV-Zentrale, der Verwaltung oder aus sonstigen Abteilungen kommen. Für die Auswahl sind vorwiegend die Fachkenntnisse über ein bestimmtes Softwareprodukt entscheidend, der oder die Betroffene sollte selber mit dieser Software arbeiten und möglichst kooperativ mit Kollegen beliebiger anderer Bereiche zusammenarbeiten können.

Wird in einer Firma bereichsübergreifend z.B. ein bestimmtes Textbearbeitungssystem eingesetzt, so sollte zu dieser Software ein hohes innerbetriebliches Know-how aufgebaut und regelmäßig aktualisiert werden.
Hierdurch gibt es dann für die meisten Problemfälle einen internen, kompetenten Ansprechpartner, der zudem aufgrund seines Produktwissens recht gut mit Fachhändlern oder Lieferanten über enthaltene Fehler, Updates, Zusatzfunktionen sowie Schnittstellen zu anderen Produkten reden und verhandeln kann.

Diese Produktmultiplikatoren sollten unter anderem folgende Aufgaben erledigen:

- Unterstützung bei der Softwareinstallation auf dem Server
- Test der Software

- Erstellung von Kurzdokumentationen zur einfachen Handhabung
- Durchführung von Schulungen
- Einführung neuer Anwender in die Bedienung
- Test von und Entscheidung über Updates
- Installation von Druckertreibern

Für jeden Anwender sollte deutlich werden, wer für welche im Netzwerk enthaltene Software oder Anwendungsfunktion inhaltlich als Ansprechpartner zur Verfügung steht.
Bereits bei der Diskussion über die Beschaffung und den Einsatz einer neuen oder weiteren Software sollte über diesen Punkt gesprochen werden, da vielfach ein extremer Bedarf dargelegt wird, jedoch inhaltlich keine Verantwortung übernommen werden soll. Es ist kapazitätsmäßig nicht mehr realisierbar, daß Abteilungen oder Bereiche für ihre speziellen Aufgaben beliebige Softwarepakete anfordern oder sogar beschaffen können, für die inhaltliche und DV-mäßige Betreuung jedoch zentrale Ressourcen einplanen oder fordern.

Die Aufteilung der inhaltlichen Verantwortung nach funktionalen Gesichtspunkten ist eine Konsequenz der Vernetzung, die ja ebenfalls eine Verteilung der Computerressourcen beinhaltet. Das Konzept einer dedizierten Geräte- und Aufgabenverteilung beinhaltet nicht nur eine stärkere Eigenverantwortung und Selbständigkeit, sondern auch die verantwortliche Übernahme von funktionalen Teilbereichen.
Auch diese Probleme müssen z.B. zwischen den zentral Verantwortlichen und den Netzwerkbeauftragten abgestimmt werden.

5.2.5 Funktionale Arbeitsgruppen

Dieser letzte Abschnitt zur Thematik der "Mitwirkung" unter dem Gesamtgesichtspunkt der Netzwerkeffizienz und der Nutzerakzeptanz beinhaltet das eigentlich selbstverständliche Instrument der "Arbeitsgruppen". Unabhängig von DV-Anwendungen und der Computer- und Netzwerktechnik sollte zur koordinierten Lösung von Problemen der Einsatz von (bereichsübergreifenden) Arbeitsgruppen wesentlich häufiger erfolgen.

Hierdurch läßt sich Kompetenz mehrerer Ebenen und Bereiche gezielt zur Problemlösung einsetzen. Bei richtiger Besetzung einer Arbeitsgruppe findet eine frühzeitige Koordination der Bedürfnisse und Meinungen statt, so daß ein erarbeitetes Konzept von vornherein einen bereichsübergreifenden Konsenz beinhaltet und somit schneller umgesetzt werden kann und eher akzeptiert wird.

Im Vernetzungsbereich bieten sich solche Arbeitsgruppen zu den verschiedensten Themengebieten an. Für den Einsatz und die Arbeit gelten dabei einige grundlegende Forderungen:

- Der Einsatz und die Aufgabenstellung für die Arbeitsgruppe sollte möglichst von "hoher" Stelle (z.B. der Geschäftsleitung) bestimmt und abgesegnet worden sein.
- In der Arbeitsgruppe sollten alle "Betroffenen" vertreten sein, ohne daß die Anzahl der Mitglieder uferlos wächst und eine erfolgreiche Arbeit unmöglich macht.
- Die Arbeitsgruppen sollten die jeweiligen Themen, Ziele und Ergebnisse auch bereits in der "Arbeitsphase" schriftlich (z.B. in Form von Protokollen) darlegen, um sowohl für sich selber als auch für andere Betriebsangehörige die Ergebniswege nachvollziehbar zu machen.

Der Einsatz von Arbeitsgruppen kann zu den unterschiedlichsten Themen sinnvoll sein. Dabei kann es sich sowohl um reine Produktuntersuchungen, um netzwerkspezifische Techniken oder auch um administrative und organisatorische Konzepte handeln.

Thematische Beispiele für Arbeitsgruppen:

- Richtlinien zur Ausstattung der Arbeitsplatz-PC's
- betriebsinternes und externes Mailing / X.400
- Grundsätze für die Rechteprofile im Netzwerk
- Auswahl eines Bürokommunikationssystems
- Einsatz von Windows und Windows-Anwendungen
- lokale und zentrale Plattenspeicher / Bedarf und Nutzung
- Einsatz von Postdiensten im Netzwerk
- Einsatz und Weichenstellung EDIFACT
- Modemnutzung

Sie erkennen an dieser Beispielaufzählung nicht nur die thematische Vielschichtigkeit, sondern es wird deutlich, daß ein Großteil der mit der Vernetzung zusammenhängenden Themen nicht mehr alleine von Einzelnen entschieden werden kann. Da durch die Vernetzung stets mehrere oder sogar alle Netzwerknutzer betroffen sind, müssen die Entscheidungen wesentlich grundlegender und auf breiter Basis erfolgen.

5.3 Bedienungsoberflächen und Hilfen

Wie bereits mehrfach erwähnt, findet man in vielen Firmen Netzwerkinstallationen, in denen zwar ein (Novell-) PC-Server vorhanden ist, ob und wie man die-

sen Server jedoch nutzen kann und ev. sogar dort installierte Software aufrufen und einsetzen kann, ist alleine dem Benutzer überlassen.
Vielfach muß der Benutzer z.B. die Prozedur zur Netzwerkanbindung, die Möglichkeiten des Platten-Mountings (MAP) und die Verzeichnis-Strukturen der Platten kennen. Desweiteren muß er wissen, in welchen Pfaden er welche Software und welche Daten findet, welche Library-Kataloge zur Durchführung notwendig sind und mit welchen Parametern welche Software aufzurufen ist.

Bei wirklich geringen Nutzungsmöglichkeiten in kleineren Netzwerken (also einer sehr geringen Funktionalität) oder bei hohem DV-Know-how aller User (z.B. eine reine Software-Entwicklungsgruppe) hat eine solche Vorgehensweise eventuell keine negativen Auswirkungen auf die Netzwerknutzung und Akzeptanz.

Sobald jedoch

- viele verschiedene Funktionen im Netz integriert sind (also z.B. viele verschiedene Softwarepakete aufrufbar sind)
- der Ausbildungsstand der Nutzer gering oder inhomogen ist
- häufiger wechselnde Benutzer mit dem System arbeiten müssen

ist die Erfordernis einer Bedienungsoberfläche hoch bzw. sogar zwingend. Schon bei 10 verschiedenen Softwarepaketen (mit jeweils zugehörigem Datenbestand) kann die Netzwerkorganisation im Einzelfall so komplex sein, daß ein weniger geübter User kaum eine Chance hat, an die verschiedenen Anwendungen oder an sein Softwareprodukt "heranzukommen".

Zusätzlich wird die Gefahr der Fehlaufrufe größer und die Zeitverluste durch die immer wiederkehrenden administrativen Eingabeerfordernisse wächst erheblich. Dabei ist besonders zu berücksichtigen, daß jede nachträgliche Installationsveränderung diese Probleme erheblich vergrößert.
Selbst nur die Integration einer neuen Software oder die Verlagerung einer Software oder eines Datenbestandes in einen anderen Plattenbereich erfordert einen erheblichen Aufwand, damit alle Netzwerknutzer gleichzeitig und "gleichartig" über diese Veränderungen informiert sind.

Dabei muß der von uns genutzte Begriff der "Bedienungsoberfläche" ein wenig näher erläutert werden:

- Mit "Bedienungsoberfläche" ist hier nicht einfach ein Produkt wie z.B. Windows oder GEM gemeint, sondern eine saubere Benutzerführung, die den Anwender ohne Netzwerk-Spezialkenntnisse und ohne Kenntnisse der Speicher- und Kataloghierarchie genau in die von ihm jeweils gewünschte Anwendung führt.
  Hierzu gehört u.a. sowohl das Setzen der richtigen Programm- und Datenpfade als auch die korrekte Rückführung in das zentrale Menü nach Abschluß einer Anwendung.

In relativ reinrassigen und funktional überschaubaren Windows-Umgebungen kann Windows eine deutliche Hilfe beim Aufbau einer solchen Bedienungsstruktur sein. In funktional größeren Netzen und auch bei gemischten Umgebungen (DOS- und Windows-Anwendungen) wird eine sicherere Bedienungsführung dagegen eher erschwert.

- Der Aufbau einer "Bedienungsoberfläche/führung" kann mit einfachen Batchdateien, aber auch mit Dialog-Tools für Fenstertechnik oder Pull-Down-Menüs oder mit Hilfe von Programmiersprachen/Tools realisiert werden. Das Entscheidende dabei ist die funktional und benutzerorientierte korrekte Führung, die Farben und sonstigen "Tricks" sind eher nettes Beiwerk.
- Ob die Bedienungsführung zwingend dem Netzwerkbetriebssystem überlagert wird und alle Bedienungsfehler und jegliche eigenständige Netzwerknutzung verhindert und abfängt oder ob sie als optionale Hilfestellung zur Verfügung gestellt wird, muß je nach betrieblichem Bedarf geregelt werden.
- Beim Aufbau einer Bedienungsführung ist eine durchgängige Bildschirmstruktur und eine homogene Bedienungsführung zu berücksichtigen, um den "Einarbeitungsaufwand" für die Benutzer so niedrig wie möglich zu halten und um Fehlbedienungen aufgrund unterschiedlicher Logiken, Verfahren und Meldungen zu vermeiden.
  Diese eigentlich selbstverständliche und simple Forderung ist in der Praxis nur schwer zu erfüllen, insbesondere dann, wenn mehrere Personen und/oder Abteilungen bei dieser Aufgabe mitwirken müssen.

5.3.1 Grundprinzipien einer Bedienungsführung

Bei der hier angesprochenen Bedienungsführung ist nicht nur ein simples Auswahlmenü gemeint, sondern genaugenommen beginnt diese Bedienungsführung bereits bei den in Kapitel 2 besprochenen Mapping-Strategien, dem System-Login-Script und dem User-Login-Script.
Auch die mehrfach betonte "Nutzungsphilosophie" beeinflußt diese Bedienungsführung, da selbst ein äußerst multifunktionales Netzwerk bei stark eingegrenzten Nutzungsrechten keine Systematik und kein Programm zur Bedienungsführung, sondern eher ein "Nutzungsverhinderungs-Menü" benötigt.

Betrachten wir zur richtigen Eingliederung einer Bedienungsoberfläche zuerst die Gesamtheit der zur Bedienungsführung gehörenden Bereiche:

- Volume- und Katalogstruktur
- Gruppensystematik
- Rechtezuweisung
- Mapping-Konzept einschließlich der Suchpfadsystematik
- System-Login-Script
- User-Login-Script

Erst nach Durchführung des User-Login-Scripts kann eine Bedienungsoberfläche ansetzen und wirksam werden, trotzdem wirken sich die bereits im dargestellten Vorfeld realisierten Eintragungen und Strukturierungen im vollen Umfang auf die Entwicklung bzw. den Einsatz einer Bedienungsoberfläche (also ein Bedienungsmenü) aus.

Lassen Sie uns zum besseren Verständnis ein recht simples Bedienungsmenü und die im Hintergrund notwendigen Zusatzdateien (z.B. Batchdateien) näher betrachten.
Bei geringer Funktionalität (z.B. 10 Anwendungen im Netz) könnte ein Bedieungsmenü so aussehen:

```
                     Netzwerk-Bedienungsmenü

WordPerfect   ==   <WP>        BTX-Gateway      ==   <BTX>

MS-Word       ==   <MW>        Zentralrechner   ==   <ZR>

Excel         ==   <EX>        Postleitzahlen   ==   <PLZ>

dBASE IV      ==   <DB>        Kundenadressen   ==   <ADR>

CorelDraw     ==   <CD>        Artikel          ==   <ART>

                               Info's           ==   <INFO>

                               Hilfe            ==   <HILFE>

       Verlassen des Netzwerkes (LOGOUT)        ==   <OUT>
```

***Abbildung 5-1:** einfaches Netzwerk-Bedienungsmenü*

Die reine Abbildung bzw. Darstellung dieses Menüs könnte über eine simple Textdatei erfolgen, die mit einem Editor (z.B. EDIT) erstellt wird und beispielsweise unter dem Namen NM.TXT (für NetzMenü) abgelegt wird.

Der Aufruf dieser Textmaske müßte in irgendeiner Form nach Durchführung bzw. am Ende des User-Login-Scripts erfolgen, indem z.B. pauschal eine Batchdatei NM.BAT aufgerufen wird.

Diese Batchdatei könnte dann so aussehen:

```
rem  *****  NM.BAT  =  Netzmenü-Batch  *****
CLS
TYPE NM.TXT
....
```

Selbstverständlich ließe sich die Ausgabe der Bildschirmdarstellung auch über ECHO-Befehle direkt in die Batchdatei NM.BAT integrieren, allerdings benötigt diese Art der Durchführung deutlich mehr Zeit als der Befehl TYPE. Zusätzlich muß jetzt natürlich für jeden der aufgeführten Menüpunkte eine separate Batchdatei mit dem entsprechenden Namen definiert werden, so z.B.

```
WP.BAT, MW.BAT, .., BTX.BAT, .., INFO.BAT, .., OUT.BAT
```

Die notwendigen Inhalte bzw. Befehle dieser Batchdateien haben wir bereits ausführlich im Kapitel 3 besprochen, als Verständnisbeispiel und zur Erinnerung soll hier nochmals die Aufrufdatei für die Software MS-Word gezeigt werden.

```
*- WORD55.BAT: Batchdatei zum Aufruf von Word 5.5 -
*---------------------------------------------------
@echo off
cls
rem Prüfung auf Zugriffsrecht zum Katalog WORD55
......
......
* -----  Videokarte prüfen + SET-Variable setzen
getvideo
map root g:=software:text\word55
* umschalten auf das lokale Laufwerk C:
c:
* kopieren des "richtigen" Video-Treibers nach C:
copy g:%video%.vid screen.vid > nul
g:word
rem Umschaltung zum Menü-Laufwerk, Aufruf Netzmenü
m:
netzmenue
```

Abbildung 5-2: *Batchdatei zum Aufruf von MS-Word*

Beim Aufbau bzw. bei der Diskussion über eine Bedienungsführung sollte man sich bewußt machen, welche Verzahnungen und aufeinander aufbauende Strukturen für eine gute Benutzerführung insgesamt erforderlich sind. Es beginnt mit den dargelegten Grundstrukturen, durch die quasi die Weichenstellungen für eine spätere Bedienungsführung erfolgt.

- Festlegung der Volume- und Katalogstrukturen
- Installation der Software und Festlegung der Datenkataloge
- Definition der Gruppen und ihrer Zugriffsrechte
- Zuordnung der User zu den verschiedenen Gruppen - Definition der persönlichen Rechte
- Festlegung des System-Login-Scripts
- Festlegung des jeweiligen User-Login-Scripts

Nur wenn diese Maßnahmen sauber aufeinander abgestimmt realisiert wurden, kann eine Bedienungsführung sicher und gut administrierbare hierauf aufgebaut werden. Die Bedienungsführung muß im Prinzip bereits vor dem eigentlichen Einlogg-Vorgang einsetzen, indem mit Anbindung des Arbeitsplatzrechners an den Server bereits eine Art "Einlogg-Maske" angeboten wird.

Ab dem eigentlichen Einlogg-Vorgang erfolgt dann eine "Abarbeitung" verschiedener Definitions- und Führungsdateien:

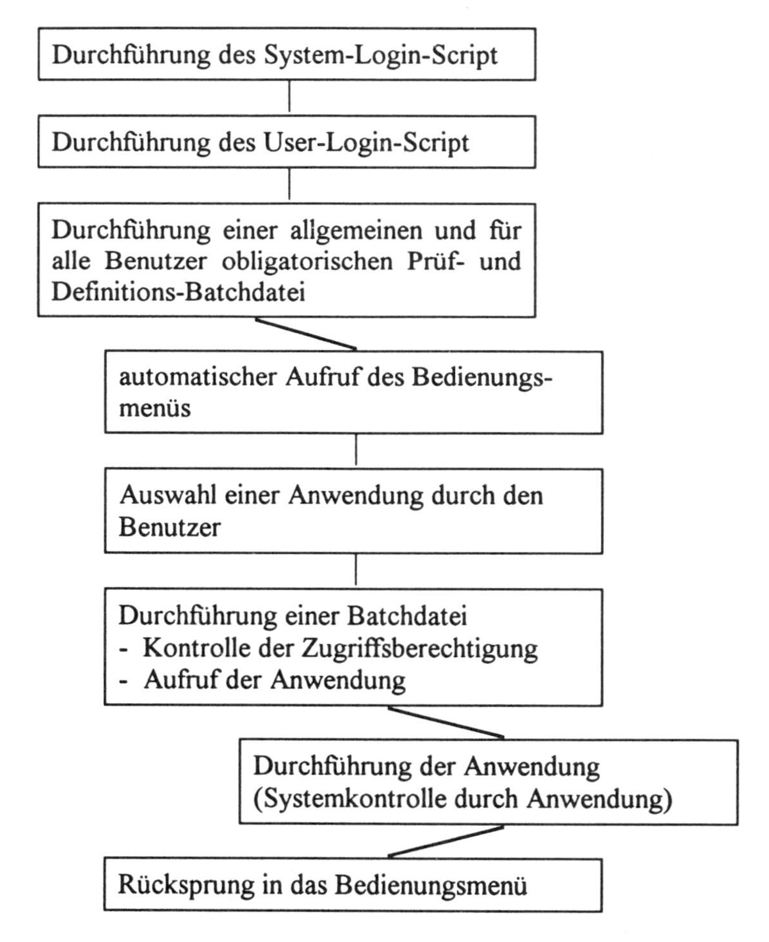

Abbildung 5-3: *Prinzipdarstellung des Ablaufs einer Bedienungsführung*

5.3.2 Anforderungen an Bedienungsmenüs

Die im letzten Abschnitt dargestellten Batchdateien zur Realisierung einfachster Bedienungsmenüs sind in der Anfangsphase eines Netzwerkaufbaus sicherlich sinnvoll und ausreichend, sobald jedoch die Netzwerk-Funktionalität und die Anforderungen an die Qualität, Sicherheit und Ablaufgeschwindigkeit wachsen, sollte die Bedienungsführung professioneller abgewickelt werden.

Hierzu gibt es auf dem Markt durchaus gute und für den Anwender leicht zu bedienenende Menü-Tools, allerdings müssen Sie bei der Auswahl einige Kernpunkte berücksichtigen und dürfen sich nicht nur von schönen bunten Fenstern und einer Maussteuerung blenden lassen.

Auf die folgenden Kernpunkte sollten Sie bei der Auswahl oder der Eigenentwicklung einer Bedienungsführung achten:

a) Residenter Speicherbedarf des "Bedienungsprogramms

Die meisten hierzu verfügbaren Programme laufen resident im Arbeitsspeicher des PC's und belegen auch nach dem Aufruf eines vom Benutzer ausgewählten Anwendungsprogramms einen kleinen oder größeren Teil des Speichers. Bei den verschiedenen Programmen liegt dieser residente Speicherbedarf bei

2 KByte bis hin zu **70 KByte**

und schränkt damit die Nutzbarkeit der verschiedenen Anwendungen zum Teil erheblich ein.
Wie bereits im Kapitel 3 unter "Netzwerkfähigkeit von Programmen" dargestellt, benötigen viele Programme im unteren Arbeitsspeicherbereich (bis 640 KByte) einen größeren Anteil, so daß eine weitere Verkleinerung des Speichers dazu führt, daß diese Anwendungen quasi nicht mehr im Netzwerk lauffähig sind.

b) Definition des Bedienungsmenüs

Gerade bei einem funktional gut ausgebauten Netzwerk entsteht durch neue Funktionen, durch Updates sowie durch organisatorische und funktionale Anpassungen ein häufiger Änderungsbedarf des dargestellten Menüs. Durch den Umfang dieser Arbeiten sind damit dann in der Regel auch mehrere Personen beschäftigt, so daß ein weiteres wichtiges Kriterium für die Auswahl eines Bedieungsmenüs auch die "Einfachheit" der Menü**definitionen** ist.
Bei einigen dieser Programme finden nach jeder Änderung richtige Compilierungsläufe statt und die Menüdefinitionen müssen zudem in einer eigenen "Sprache" formuliert werden. Das ist in der praktischen Handhabung bei einer Pflege durch mehrere Personen äußerst nachteilig.

c) Standardisierung der Bedienungsoberfläche

Bei Einsatz vieler verschiedener Programme im Netzwerk muß der Bediener üblicherweise bereits eine Vielzahl unterschiedlicher Benutzerführungen verstehen und bedienen können. Leider meinen Hersteller immer wieder eigene "Arten" der Bedienungsführung erfinden zu müssen, statt sich an bereits definierte und bewährte Marktstandards zu halten.

Hier sollte sich das Bedienungsmenü an bereits im Netzwerk integrierte Bedienungsoberflächen anpassen, indem z.B. auf den SAA-Standard (CUA) aufgesetzt wird (Im nachfolgenden Abschnitt wird eine solche Bedienungsführung vorgestellt.).

d) Mischung der Bedienungsführung und der Menüdefinition

Vielfach enthalten die Programme zur Bedienungsführung eine Mischung der drei Funktionen

- Definition der Menüdarstellung
- Ablaufsteuerung des Menüs
- Definition der Anwendungsaufrufe

Hierdurch können einerseits die Aufgaben nicht sauber verteilt werden, andererseits entstehen extrem große Beschreibungsdateien, da vielfach bereits die Definition eines Anwendungsaufrufes ein oder mehrere Seiten umfassen kann (siehe Kapitel 3). Entsteht dann insgesamt eine Beschreibungsdatei von 20, 50 oder gar 80 Seiten, wirken sich Fehleingaben bei einer Anpassung oder Korrektur sofort auf das Gesamtsystem aus.
Die "Menü-Darstellungsbeschreibung" sollte also unbedingt vom eigentlichen "Menü-Generierungsprogramm" getrennt definierbar sein (z.B. in einer ASCII-Datei).

Neben diesen unter a) bis d) aufgeführten elementaren Basisleistungen eines Bedienungsmenüs sind in der Praxis jedoch noch einige weitere Leistungsmerkmale für einen flexiblen Einsatz in einem multifunktionalen Netzwerk von Bedeutung:

- saubere Maus-, Cursor- und Pull-Down-Bedienung
- Rücksprung in den Ausgangsmenüpunkt nach Verlassen der aufgerufenen Anwendung
- automatisierte Anpassung der Fenstergrößen und Fensterpositionen
- frei wählbare "Fensterhierarchie" mit mindestens 4-5 Ebenen
- direkte Aufrufe von Anwendungen (EXE- oder COM-Dateien) oder indirekte über Batchdateien
- schnelle und unmittelbare Integration von Melde- und Informationsfenstern
- benutzer- oder gruppenbezogene Menüdefinitionen
- Kaskadierung des Menüsystems

Soll eine größere Anzahl von Anwendungen im Netzwerk über ein Bedienungsmenü bereitgestellt werden, kommt man nicht mehr mit einer Bildschirmseite zur Darstellung des Menüs bzw. aller angebotenen Funktionen, Anwendungen und Dienstleistungen aus (wie in unserem Beispiel in Abschnitt 5.3.1).

In diesen Fällen muß eine Strukturierung (Fensterhierarchie) erfolgen, über die der Nutzer dann bis zur eigentlichen Anwendung geführt wird. Eine "Kaskadierung" von Batchdateien erschwert jedoch erstens den Überblick für den Benutzer, zweitens die Kontrolle der Benutzerführung und drittens wird der Menüablauf erheblich verlangsamt. Hier sollten dann programmierte Bedienungsmenüs oder entsprechende Tools eingesetzt werden.

5.3.3 Beispiel einer umfassenden Bedienungsführung

Auf den folgenden Seiten sehen Sie ein Beispiel für eine komplette Bedienungsführung, wie sie in einem Netzwerk realisiert ist, in dem mehr als 120 verschiedene Softwaresysteme und Anwendungen von den zentralen Servern bzw. über Gateways bereitgestellt werden.
Das hier eingesetzte Programm zur Steuerung des Bedienungsmenüs wurde in unserer Abteilung selbst entwickelt, da keines der vor ca. 2 Jahren auf dem Markt verfügbaren Menüsysteme die Mehrzahl der im letzten Abschnitt geforderten Merkmale und Voraussetzungen aufwies.

Bei dem in diesem und im nächsten Abschnitt dargestellten Menüsystem wurden besonders die aufgezeigten Basisforderungen berücksichtigt:

- beim Aufruf einer Software verbleiben 0 Byte resident im Speicher
- die Bedienung erfolgt nach SAA-Standard
- die Menüdefinition ist getrennt von der Menü-Ablaufsteuerung
- der Aufruf der Anwendungen erfolgt über separate (Batch-) Programme

Die Bedienungshierarchie erfolgt dabei in einem "abgestuften Menüsystem", in dem die Anwendungen jeweils zu (möglichst) sinnvollen Gruppen zusammengefaßt werden. So gibt es eigentlich in allen größeren Netzwerken eine Vielzahl von Standardsoftwarepaketen, die sich z.B. als Gruppe SOFTWARE in einem "Fenster" zusammenfassen lassen. Desweiteren können z.B. alle datenbezogenen Anwendungen sowie die kommunikationsorientierten Systeme jeweils als Gruppe betrachtet und entsprechend gemeinsam angeboten werden.

Im waagerechten "Hauptmenü" der folgenden Abbildung finden Sie neben den bereits erwähnten Themenbereichen

SOFTWARE, DATEN und KOMMUNIKATION

noch weitere Menü-Oberbegriffe, die jedoch betriebsindividuell festgelegt werden müssen und durchaus unterschiedlich mit Bedeutungen und Funktionen belegt werden können.

In der folgenden Abbildung soll dabei der aufgeführte Hauptmenüpunkt **ORGANISATION** (S-einheiten) auch anderen Abteilungen oder Gruppen die Möglichkeit eröffnen, Menüpunkte in eigener Verantwortung anzubieten. Dieses Grundprinzip eines Netzwerk-Menüs kann z.B. so aussehen:

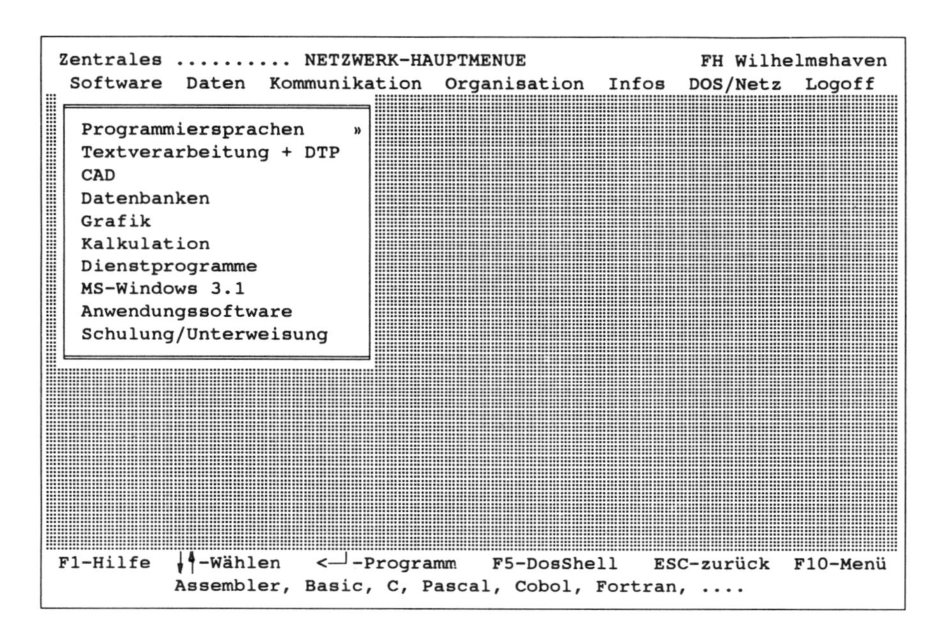

Abbildung 5-4: *Netzwerk-HAUPTMENUE und Untermenü SOFTWARE*

(Der Doppelpfeil hinter dem in dieser Abbildung angewählten Menüpunkt "Programmiersprachen" zeigt an, daß ein weiteres Menüfenster folgt. Wird über den aktuellen Menüpunkt direkt eine Anwendung oder eine Batchdatei aufgerufen, wird hier ein "Punkt" angezeigt.)

Auch der Hauptmenüpunkt **INFOS** spricht eigentlich für sich, trotzdem können die angebotenen Informationen recht unterschiedlich sein und von Terminübersichten, Organisationsdiagrammen und "betrieblichen Neuigkeiten" bis hin zu Arbeitsprotokollen und Bedienungsinfos reichen.
Bei dem hier verwendeten Menüprogramm kann übrigens über eine integrierte LIST-Funktion eine beliebige ASCII-Datei direkt aufgerufen und als INFO-Bildschirm angezeigt werden, ohne daß das Menüsystem verlassen werden muß.

Der Menüpunkt **DOS/Netz** beinhaltet verschiedene Funktionen; so kann hier z.B. bei Bedarf ein gezieltes Verlassen der Menüoberfläche ermöglicht werden. Desweiteren können spezielle DOS- und Netzwerkkommandos wie

FORMAT, MAP, RIGHTS, USERLIST, CAPTURE, usw.

bedienungsfreundlich bereitgestellt werden.

Der Menüpunkt **LOGOFF** beinhaltet die gezielte "Abmeldung" vom Serversystem und damit verbunden das Rücksetzen von Pfaden, Settings sowie weiteren Definitionen und Einstellungen.

Das Untermenü SOFTWARE

Die meisten der aufgeführten Begriffe dürften wiederum für sich sprechen, da sich z.B. hinter "Programmiersprachen" natürlich die auf dem Server installierten und über das Netzwerk zur Verfügung stehenden verschiedenen Programmiersysteme verbergen und entsprechend aufgerufen werden können. Auf diese Weise kann der Nutzer dann über weitere Untermenüfenster z.B. "Turbo-Pascal 6.0" oder "C++" aufrufen.
Dabei kann es durchaus notwendig sein, von einem Softwaresystem verschiedene Release- bzw. Versionsstände im Menü anzubieten, da vielfach ältere Softwareversionen aus Kompatibiltäts-, Entwicklungs- oder Ausbildungsgründen weiter angeboten werden müssen und nicht sofort gelöscht werden können. Deshalb ist vielfach auch gar kein Update einer Software möglich, sondern es müssen neue Lizenzen beschafft werden.

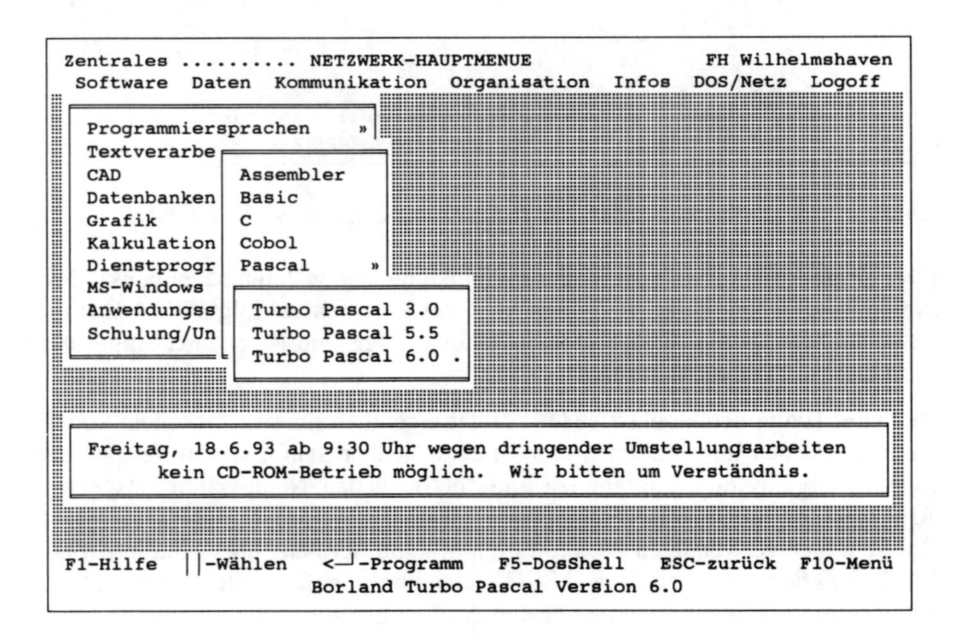

Abbildung 5-5: *Untermenü SOFTWARE und Menü Programmiersprachen/PASCAL*

(Neben den eigentlichen Menüfenstern sehen Sie in dieser Abbildung zusätzlich die Einblendung einer "Aktuellen Systemmeldung". Diese Meldung kann bei dem hier verwendeten Menüsystem frei definiert und dann bei Bedarf ein- oder ausgeschaltet werden.)

Während die Menüpunkte Textverarbeitung, Datenbanken, Grafik, Kalkulation und MS-Windows wiederum für sich sprechen und nicht näher erläutert werden sollen, müssen die Menüpunkte **DIENSTPROGRAMME** und **ANWENDUNGSSYSTEME** genauer betrachtet werden.

Wie bei lokalen Installationen gibt es auch im Netzwerk einen hohen Bedarf an Tools und sonstigen Unterstützungsprogrammen, die jedoch keine echten Anwendungen im Sinne spezieller betrieblicher Erfordernisse sind. Hierzu werden z.B. Tools und Programme wie

- Norton-Commander, PC-Tools, ...
- Virenscanner, ...
- Debugger, ...

gezählt, die bei Bedarf ebenfalls zentral abgelegt und über das Netzwerk bereitgestellt werden sollten.

Bei den hier aufgeführten Anwendungen, die nach dieser Systematik also keine Daten im betrieblichen Sinne verwalten oder bearbeiten, kann es sich unter anderem um Programme aus den nachfolgenden Bereichen handeln:

- spezielle Berechnungsprogramme für ingenieurorientierte Nutzung
- Download- oder Backup-Programme (z.B. für spezielle Nutzer)
- Programm zur individuellen Gleitzeitberechnung
- allgemeine Programme wie PC-Globe, Straßenatlas Europa, ...

Der Menüpunkt **SCHULUNG/UNTERWEISUNG** kann z.B. zu den verschiedensten Themengebieten Online-Schulungen anbieten. Hier lassen sich dann Lernprogramme zu Themenbereichen wie DOS, Windows, Unix, Word, dBASE oder auch spezielle Anwendungsunterweisungen aufrufen und direkt am PC durchführen.

In diesem Zusammenhang kann auch ein Menüpunkt DOKUMENTATIONEN sinnvoll sein, über den Kurzdokumentationen zum Online-Suchen bereitgestellt werden, z.B. zu den Themenbereichen

- Netzwerkbedienung
- Betriebssystem DOS
- Mailing-System und seine Handhabung
- usw.

Sie sehen an diesen wenigen Begriffen und Ausführungen, daß Ihnen durch den Einsatz eines Menüs und der damit verbundenen Bedienungsführung ein flexibles und umfangreiches Werkzeug zur Verfügung steht, über das Sie eine Vielzahl von Funktionen und Dienstleistungen einfach und benutzerfreundlich bereitstellen können.

Das Untermenü DATEN

Selbstverständlich sind zum Aufruf und zur Nutzung von "Daten" ebenfalls Programme, also Software notwendig, trotzdem dürfte diese - durchaus diskussionsfähige Aufteilung bzw. Bezeichnung - in der Regel einsichtig und verständlich sein. Bei der Zuordnung zu diesem Menüpunkt müssen mehrere verschiedene Arten von "Daten" bzw. Datenzugriffen berücksichtigt werden:

- betriebsinterne Daten, die auf dem Server abgelegt sind und über ein PC-orientiertes Programm aufgerufen werden können
- betriebsinterne Daten, die durch Zugriff auf einen Zentralrechner (über eine Terminalemulation) vom PC aus genutzt werden können. Vielfach ordnet man diese Verbindung auch unter KOMMUNIKATION ein.
- Fremddaten, die über Dateien oder CD-ROM's bereitgestellt werden

Diese Unterscheidung ist nötig, um Klarheit für die Zuordnung zu einem bestimmten Menüpunkt zu schaffen.

In der Praxis könnten z.B. folgende Daten angeboten werden. Dabei bedeutet die Darstellung des Menüpunktes nicht automatisch, daß der jeweilige Anwender die Software bzw. diese Daten auch tatsächlich nutzen kann bzw. darf. Die eigentliche Nutzung ist natürlich von den jeweils vergebenen Zugriffsrechten abhängig, die jedoch im Novellbereich und gegebenenfalls in der Anwendungssoftware definiert werden müssen.

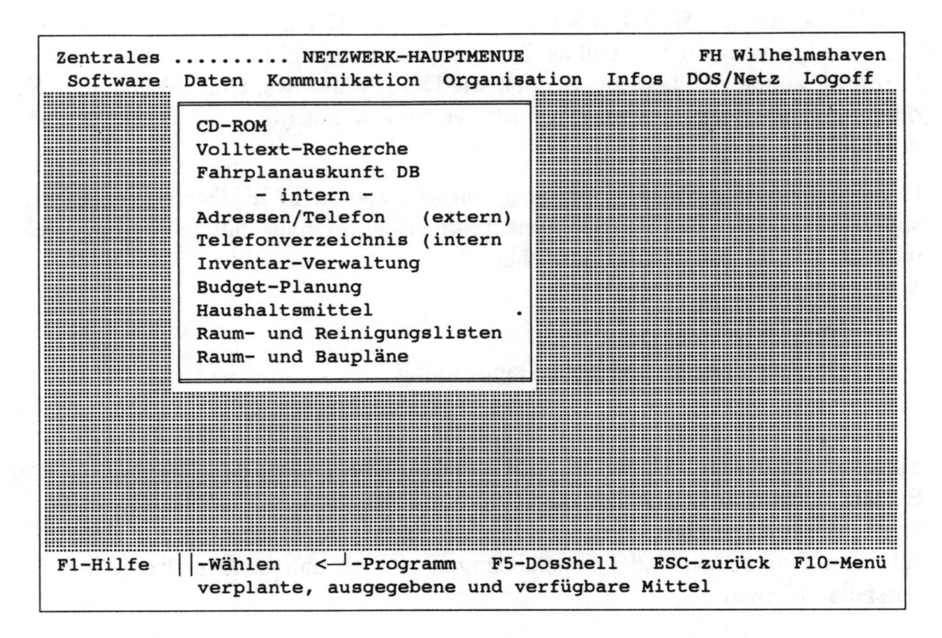

Abbildung 5-6: *Untermenü DATEN*

Während die ersten Menüpunkte also externe, allgemeine Daten zur Information zur Verfügung stellen, beinhalten die nachfolgenden Menüpunkte allgemeine interne Daten, dabei sind die eigentlichen betriebswirtschaftlichen Daten hier noch nicht aufgeführt. Diese Daten könnten z.B. über die im Hauptmenü befindliche Auswahl **KOMMUNIKATION** bereitgestellt werden, wenn sie auf einem lokalen oder externen Hostrechner zur Verfügung stehen.

Das Untermenü KOMMUNIKATION

In dem hier dargestellten Menü sind überwiegend Terminalemulationen zu anderen Rechnern, Mail- und Postdienste bereitgestellt.
Die hier integrierten und angebotenen Funktionen und Dienstleistungen sind natürlich ebenfalls exakt auf die inhaltlichen Bedürfnisse und technischen Gegebenheiten des jeweiligen Betriebes abzustimmen und können somit von Fall zu Fall deutlich anders aussehen.

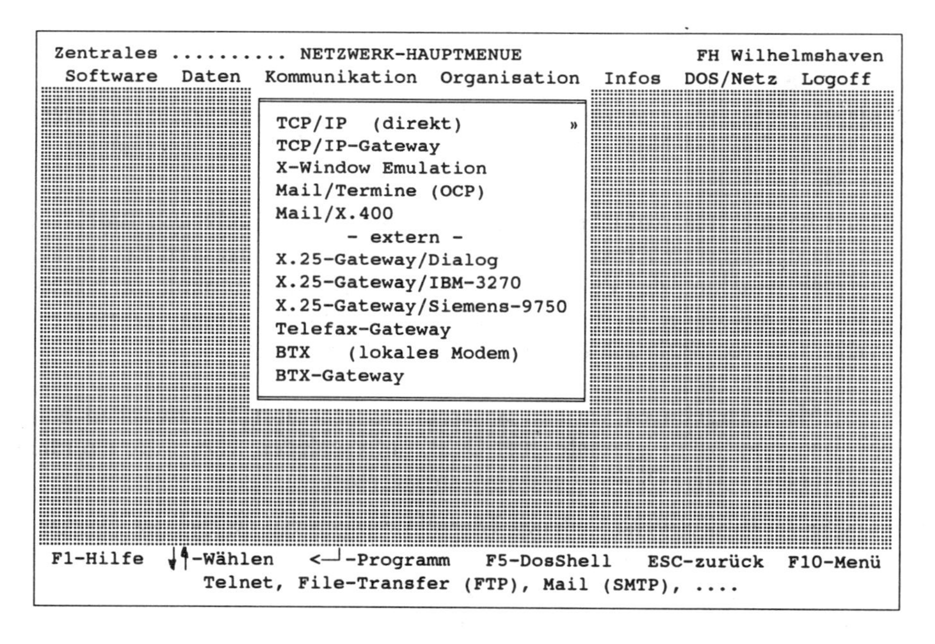

Abbildung 5-7: *Untermenü KOMMUNIKATION*

Wie bei allen Menüangeboten muß der Administrator immer darauf achten, daß die aufgeführten Begriffe, Funktionen und Dienste innerhalb der Abteilungen bzw. des gesamten Betriebes bekannt und vertraut sind.

Während in den hier gezeigten Beispielen die "sachlich/technischen" Begriffe vorherrschen, kann es in anderen Betrieben durchaus sinnvoller sein, statt des

"X.25 Gateways zur IBM-3270 Welt"

eine konkrete Hostbezeichnung, den Verbindungsort oder auch den Namen bzw. die Bezeichnung der eigentlichen Anwendung anzugeben, die sich hinter dieser Gateway-Verbindung verbirgt.

Gleichgültig welche Art der Benennung Sie wählen, in entsprechenden Einweisungen, Kurzanleitungen sowie Bedienungshinweisen muß natürlich immer auf genau diese Begriffe Bezug genommen werden.
Wie entsprechende Realisierungen in anderen Betrieben zeigen, sollten für die Menütexte jedoch unbedingt "sprechende" und allgemeingültige Begriffe und Kennzeichnungen gewählt werden und keine Abkürzungen oder alphanumerische Aufzählungen wie "P1", "ZA" oder Ähnliches.

Die ersten drei Auswahlpunkte des Untermenüs KOMMUNIKATION beinhalten verschiedene Leistungen zur IP-Welt. Diese beiden Aufrufe zu TCP/IP können jeweils weitere Untermenüs integrieren, in denen z.B. zwischen den Leistungen

Telnet, FTP und Mail

unterschieden wird und anschließend erfolgt dann gegebenenfalls eine Auswahlmöglichkeit zwischen verschiedenen Zielrechnern. Dabei sollte die jeweils erforderliche Internet-Nummer durch die Bedienungsführung automatisch bereitgestellt werden.

Während beim ersten Aufruf (die zugehörige Steuersystematik und Batchdatei finden Sie übrigens im Abschnitt 3.4.3.3) die TCP-Software vom Server zum PC geladen wird und der PC anschließend über das IP-Protokoll die Verbindung zu einem Rechner herstellt und hält, erfolgt bei der Gateway-Lösung eine Konvertierung von IPX nach IP durch ein separates Gateway.

Bei den **Mail-Angeboten** wird in unserem Beispiel übrigens zwischen einer X.400- und einer MHS-Variante (hier OCP) unterschieden. Hier wäre natürlich der Einsatz eines MHS-X.400 Gateways anzustreben.

Die angebotenen drei verschiedenen Dienstleistungen zur X.25-Welt (Datex-P bei der Telekom bzw. Wissenschaftsnetz bei den Hochschulen) können technisch durchaus über ein Gateway - mit verschiedenen Softwareaufrufen - ablaufen, trotzdem sollten solche Dienste für den Benutzer separat erscheinen. Auch hierdurch werden die im Netzwerk angebotenen Dienste und Funktionen transparenter und die Akzeptanz steigt.

Nachdem wir nun drei verschiedene Untermenüs unseres Gesamtsystems, nämlich

SOFTWARE, DATEN und KOMMUNIKATION

etwas näher beleuchtet haben, können Sie sich die Vorgehensweise für die weiteren Untermenüs sicherlich vorstellen und bei Bedarf selber entwickeln.

5.3.4 Prinzipdarstellung des verwendeten Menüsystems

Wie bereits ausgeführt, handelt es sich bei der im letzten Abschnitt vorgestellten Bedienungsoberfläche bzw. dem Netzmenü um eine Eigenentwicklung, die auf der Basis unserer Erfahrungen alle relevanten technischen und administrativen Forderungen und Schnittstellen berücksichtigt. Dabei werden neben den bereits aufgeführten Kernforderungen

- beim Aufruf einer Software verbleiben **0 Byte** resident im Speicher
- die Bedienung erfolgt nach **SAA-Standard**
- die **Menüdefinition** ist getrennt von der Menü-Ablaufsteuerung
- der **Aufruf** der Anwendungen erfolgt über separate (Batch-) Programme

folgende zusätzlichen Leistungsmerkmale in dieser Bedienungsoberfläche berücksichtigt:

- keine spezielle "Sprache" zur Menüdefinition
- eigenständige Untermenüs aufrufbar (Kaskadierung möglich)
- integrierte LIST-Funktion für Meldungen, Infos, Tabellen, usw.
- Zusatzfunktion für Parameterübergabe an Programme
- alternative Menünutzung über Maus, Cursortasten oder HOTKEY
- Einbindung von fensterorientierten Systemmeldungen
- automatisierte Fensteranpassung in Größe und Position
- Rücksprung in das zuletzt genutzte Menü/Menüpunkt

Die Definition des gewünschten Menüs erfolgt in einer ASCII-Datei, die zuerst einen allgemeinen Header für Rahmen-, Farb- und sonstige Definitionen enthält. Diese Definitionen sind in hohem Maße anpassbar und können für verschiedene Benutzermenüs auch unterschiedlich bestimmt werden.
Danach wird jeder Menüpunkt in einer eigenständigen Beschreibungs- bzw. Definitionszeile mit jeweils 7 Parametern festgelegt:

1: logischer Name des Menüfensters	15 Zeichen
2: logischer Name des nachfolgenden Menüfensters	15 Zeichen
3: Kennzeichen für Trenner (1=ja, 0=nein)	numerisch
4: Text des Menüpunktes	70 Zeichen
5: Hotkey (Aufrufzeichen)	1 Zeichen
6: Name der Programm- bzw. Aufrufdatei	80 Zeichen
7: Meldetext zum Menüpunkt	80 Zeichen

Die Parameter müssen jeweils durch ein Semikolon abgeschlossen werden, dies gilt auch für den letzten Definitionsparameter. Innerhalb der Definitionsdatei werden alle nach einem "*" stehenden Texte als "Bemerkung" bzw. Kommentar betrachtet und nicht weiter ausgewertet.

Unter Punkt 2: ist natürlich nur dann ein "nachfolgendes Menüfenster" zu bestimmen, wenn beim Parameter 6: keine Programm- oder Aufrufdatei angegeben ist (es muß also jeweils nur einer der beiden Parameter bestimmt werden).

Bezogen auf das im letzten Abschnitt dargestellte Haupt-, Software- und Datenmenü sehen die hierfür notwendigen Definitionen dann so aus:

```
* Definition des Hauptmenüs
*
1;SOFT;      0 ;Software      ;S;-;Programmiersprachen, ... ;
1;DATEN;     0 ;Daten         ;D;-;CD-ROM, Telefonverzeichnis, ... ;
1;KOMM;      0 ;Kommunikation;K;-;Telefax, Datex-P, BTX, ... ;
1;ORGA;      0 ;Organisation  ;O;-;Rechenzentrum, Bibliothek, ...;
1;INFO;      0 ;Infos         ;I;-;Informationen, Hinweise ...;
1;DOS-NETZ;  0 ;DOS/Netz      ;N;-;Menü verlassen und zurück zu DOS;
1;LOGOFF;    0 ;Logoff        ;L;-;Menü u. Netzwerk verlassen?;
```

Abbildung 5-8: *Definition des Netzwerk-Hauptmenüs*

Bei den fett hervorgehobenen Texten handelt es sich um den vierten Definitionsparameter, der den Menüpunkttext, also die jeweilige Bezeichnung enthält.

Nachfolgend müssen jetzt die festgelegten Untermenüs SOFT, DATEN, KOMM, usw. definiert werden. Ein direkter Aufruf einer Software erfolgt im Hauptmenü noch nicht, der hierfür zuständige sechste Parameter bleibt jeweils undefiniert. Die im siebten Parameter völlig frei definierbaren Melde- und Erläuterungstexte werden durch das Menüprogramm automatisch jeweils in der letzten Bildschirmzeile eingeblendet.

Beispielsweise wurde für das in diesem Hauptmenü definierte Untermenü DATEN der Menütext mit "Daten" beschrieben und der Buchstabe zum Kurzaufruf (der HOTKEY) mit "D" festgelegt.
Für den Namen der Programmdatei steht ein "-", da für diese Zeile ja ein Untermenü definiert wurde; der Meldetext für die unterste Bildschirmzeile wurde mit "CD-ROM, Telefonverzeichnis, Adressen, ... " festgelegt.

```
* Definition des Untermenüs SOFT
*
SOFT;PS;       0 ;Programmiersprachen  ;P;-;Basic, C, Pascal, ...;
SOFT;TV;       0 ;Textverarbeitung/DTP ;T;-;Word, WordPerfect, ...;
SOFT;CAD;      0 ;CAD                  ;C;-;Caddy, AutoCAD, ...;
SOFT;DB;       0 ;Datenbanken          ;D;-;DBase, Informix, ...;
SOFT;GRAFIK;   0 ;Grafik               ;G;-;Harvard Graphics, ...;
SOFT;KALK;     0 ;Kalkulation          ;K;-;Excel, PlanPerfect, ..;
SOFT;DIENST;   0 ;Dienstprogramme      ;i;-;Virenscanner u.a.;
SOFT;-;        0 ;MS-Windows 3.1       ;W;!W31 WIN31;MS-Windows 3.1;
SOFT;ANSW;     0 ;Anwendungssoftware   ;A;-;PSPICE, MathCAD, ...;
SOFT;TUTOR;    0 ;Schulung/Unterweisung;S;-;Word, DOS, UNIX, ..;
```

Abbildung 5-9: *Definition des Netzwerkmenüs SOFTWARE*

Bis auf den Aufruf von Windows über eine Batchdatei mit Parameterübergabe (!W31 WIN31) verweisen alle anderen Menüpunkte jeweils auf weiterführende Untermenüs, die dann anschließend definiert werden müssen.

Als Beispiel hierfür soll die weitere Definitionshierarchie für das im letzten Abschnitt dargestellte PASCAL-Untermenü aufgeführt werden.

```
* Definition des Untermenüs SOFT/PS (Programmiersprachen)
*
PS;ASSEM;  0 ;Assembler  ;A;-;Assembler (MicroSoft, Borland);
PS;BASIC;  0 ;Basic      ;B;-;Power Basic, Turbo Basic ..;
PS;C;      0 ;C          ;C;-;C und C++ (MicroSoft, Borland, ..);
PS;COBOL;  0 ;Cobol      ;o;-;MicroSoft Cobol Versionen 3, 4 ..;
PS;PASCAL; 0 ;Pascal     ;P;-;Pascal (MicroSoft, Borland);
PS;-;      0 ;Fortran 77 ;F;!F77;MicroSoft Fortran 77;
PS;-;      0 ;Prolog     ;l;!TPR;Borland Turbo Prolog;
 .....
*
* Definition des Untermenüs SOFT/PS/PASCAL
*
PASCAL;-; 0 ;Turbo Pascal 3.0;3;!TP3;Borland Turbo Pascal 3.0;
PASCAL;-; 0 ;Turbo Pascal 4.0;4;!TP4;Borland Turbo Pascal 4.0;
PASCAL;-; 0 ;Turbo Pascal 5.5;5;!TP5;Borland Turbo Pascal 5.5;
PASCAL;-; 0 ;Turbo Pascal 6.0;6;!TP6;Borland Turbo Pascal 6.0;
```

Abbildung 5-10: *Definition der Menü-Hierarchie SOFTWARE/PASCAL*

Für den Benutzer erscheint bei diesem Beispiel also erst in der vierten Hierarchieebene (im dritten Darstellungsfenster)

- Hauptmenü
- Software (SOFT)
- Programmiersprachen (PS)
- Pascal (PASCAL)

die von ihm gewünschte Software und erst hier erfolgt der eigentliche Aufruf des Programmiersystems über die in der Parameterzeile festgelegte (Batch-) Datei "!TP6".

Die grundsätzlichen Prinzipien und Hinweise zu solchen Aufrufdateien finden Sie im Kapitel 3, für dieses Beispiel soll eine solche Datei zur besseren Übersicht nochmals dargestellt werden.

```
*-- !TP6.BAT -----------------------------------
*-- Batchdatei zum Aufruf von Turbo Pascal 6.0 --
@echo off
cls
map root g:=software:sprachen\pascal\tp6
g:
turbo
m:
netzmenue
```

Abbildung 5-11: *Batchdatei zum Aufruf von Turbo-Pascal 6.0*

In der hier dargestellten Batchdatei finden Sie einerseits die in Kapitel 2 dargestellten Volume- und Katalogstrukturen sowie die Mappingsystematik, andererseits erkennen Sie hier das Prinzip, daß nach dem Verlassen einer Software automatisch wieder in das Netzmenü verzweigt wird.

Zum Abschluß der Darstellung des Bedienungsmenüs lassen Sie uns noch kurz das Menüfenster DATEN betrachten:

```
* Definition des Untermenüs DATEN
*
DATEN;CDROM;     0 ;CD-ROM                    ;C;-;versch. CD-ROM's;
DATEN;VOLLTEXT;  0 ;Volltext-Recherche        ;V;-;Suche in Texten;
DATEN;BAHN;      0 ;Fahrplanauskunft DB       ;F;-;31.5. - 26.9.93;
DATEN;-;         1 ;        - intern -        ;-;-; ;
DATEN;-;         0 ;Adressen/Telefon          ;A;!AV; ;
DATEN;-;         0 ;Telefonverzeichnis        ;T;!TV; ;
DATEN;-;         0 ;Inventar-Verwaltung       ;I;!IV; ;
DATEN;-;         0 ;Budgetplanung             ;P;!BP; ;
DATEN;-;         0 ;Haushaltsmittel           ;H;!HA; ;
DATEN;-;         0 ;Raum- und Reinigungslisten;R;!RR; ;
DATEN;DATEN-BP;  0 ;Raum- und Baupläne        ;B;-;CAD-fähige PC's;
*
* Untermenü DATEN / CDROM
CDROM; ..........
 .........
*
* Untermenü DATEN / VOLLTEXT
 ..........
```

Abbildung 5-12: *Menüdefinition zum Bedienungsfenster DATEN*

Die Definitionen zu den einzelnen Menüpunkten des Untermenüs DATEN müssen alle mit der identischen Kennzeichnung DATEN beginnen und gegebenenfalls ein weiteres Untermenü aufführen. Wird kein Untermenü definiert, muß im 6. Parameter der Name der Programm- oder Aufrufdatei enthalten sein.

Im obigen Beispiel stehen hier z.B. die Dateinamen "!AV" (für Adreß-Verzeichnis), "!TV" und "!IV", bei denen es sich ebenfalls um Batchdateien handelt, die wiederum Pfadschaltungen und Mappings durchführen und zugehörige Clipperprogramme (mit EXE-Kennung) aufrufen.

Zusammenfassung

Sie sehen an dieser kleinen Übersicht, daß sich die hierarchische Struktur einer komplexeren Bedienungsoberfläche in der Definition der Menüs wiederspiegelt. Das eigentliche Menüprogramm interpretiert die dargestellte ASCII-Datei beim Aufruf völlig selbständig, so daß im Menüprogramm keinerlei Änderungen erfolgen müssen, wenn eine Anpassung des Menüs stattfinden soll.

Die Menüdefinitionen in der ASCII-Datei können wiederum mit dem normalen DOS-Edit oder einem anderen Editorsystem von dem oder den Verantwortlichen modifiziert werden, ohne daß die oder derjenige spezielle Vorkenntnisse benötigt oder eine spezielle Definitionssprache oder besondere Kommandos beherrschen muß.

Selbstverständlich sollte nach der in Kapitel 2 dargestellten Systematik das Menüprogramm und die ASCII-Datei(en) im Laufwerk M: (Menü-Laufwerk) schreibgeschützt abgelegt werden.

Der prinzipielle Ablauf dieser (oder anderer) Bedienungsführungen erfolgt nach dem folgenden Konzept:

a) Menüdefinition

b) Menüprogramm (zeigt Menüdefinition an)

c) indirekter Aufruf des Batch-Programms mit folgenden Funktionen: Pfadschaltung, Mapping, Prüfung auf Zugriffsrecht, Parameterübergabe, Aufruf der Software bzw. Anwendung

d) Durchführung der Anwendung und Rücksprung in Batchdatei

e) Rücksprung in Menüprogramm und Anzeige der Menüdefinition

Sollten Sie an diesem Menü-Programm Interesse oder hierzu speziellere Fragen haben oder Unterstützung für die Organisation und Administration Ihres Netzwerkes wünschen, können Sie sich an folgende Adresse wenden:

Institut für

Technisch-Wissenschaftliche Innovation

an der Fachhochschule Wilhelmshaven
Friedrich-Paffrath-Straße 101
26389 Wilhelmshaven

Telefon: 04421/ 804311
Telefax: 04421/ 804314

5.4 Netzwerkfunktionalität als Mittel der Effizienzsteigerung

Besonders im ersten, aber auch in den nachfolgenden Kapiteln haben wir uns mit der sogenannten "Funktionalität eines Netzwerkes" beschäftigt, die ein Ausdruck für die im Netz integrierte Anwendungsvielfalt ist.

In diesem Zusammenhang wurden kosten- und betreuungsmäßige Auswirkungen und Konsequenzen für verschiedene Grade der Netzwerkfunktionalität untersucht und bewertet.

Neben den dort gezeigten kostenmäßigen Auswirkungen hinsichtlich der erforderlichen Lizenzen und des Betreuungsaufwandes, beeinflußt gerade die Funktionalität eines Netzwerkes die Akzeptanz ganz erheblich. Je umfassender das im Netzwerk bereitgestellte "Dienstleistungsangebot" ist, um so höher wird der Nutzungsgrad der investierten Computer- und Netzwerkinfrastruktur.

Beschränken sich die Aufruf- oder Nutzungsmöglichkeiten des am Netzwerk angeschlossenen Arbeitsplatz-PC's beispielsweise auf ein Textbearbeitungssystem und eine Abfrage der Umsatzstatistik, werden auch nur diese Teilaufgaben des Anwenders über die bereitgestellten PC- und Netzwerk-Ressourcen erledigt.
Je höher jedoch der Anteil der "über das Netz" abzuwickelnden Aufgaben ist, desto größer wird neben der Nutzungseffektivität auch die Akzeptanz bei den Anwendern, wenn die im Netz integrierten Dienstleistungsangebote wirklich auf die Tätigkeiten und Bedürfnisse abgestimmt sind.

Das heißt, es müssen breit gefächerte Anwendungen im Netz integriert werden, um tatsächlich die vielfach "multifunktionalen Tätigkeitsprofile" der Sachbearbeiter (Anwender) adäquat bedienen zu können. Hier spannt sich also der Bogen vom

vielschichtigen Tätigkeitsprofil zum

multifunktionalen (PC-) Arbeitsplatz.

Beim Ausbau der Funktionalität sollten Sie auch Programme und Funktionen berücksichtigen, die zwar nicht unmittelbar und im strengsten Sinne für die Tätigkeit zwingend erforderlich sind, die jedoch eventuell von hohem allgemeinen Interesse sind. Damit sind attraktive Programme/Daten/Informationen wie z.B.

- PC-Globe, Straßenatlas Europa, ...
- City-Falk-Pläne (CD-ROM)
- Übersetzungsprogramme, Dictionaries

gemeint, die relativ wenig kosten und durchaus sinnvoll eingesetzt werden können.

Machen Sie Ihr Netzwerk also lebendig und damit attraktiv, sorgen Sie für jeweils aktuelle Informationen zum "täglichen Betriebsleben" und betrachten Sie das Netzwerk als Dienstleistungsinstrument und "Lebens- und Kommunikationsader" des Betriebes!

Anhang A

Stichwortverzeichnis

Hüthig

Lukas Gorys, Angela Brauch

TCP/IP Arbeitsbuch

Kommunikationsprotokolle zur Datenübertragung in heterogenen Systemen

3., überarbeitete Auflage 1993.
Ca. 220 S. Gb.
Ca. DM/sFr. 78,—,
ca. öS 609,—
ISBN 3-7785-2256-6

Es ist ein verständlicher Wunsch vieler PC-Netzwerkbenutzer, ihre PC-Welt zumindest für Standardanwendungen wie Filetransfer oder Terminalemulation mit Rechnern, die unter anderen Betriebssystemen laufen (z. B. DEC, Sun, Apollo u.v.m.) zu verbinden. TCP/IP ist heute der Standard für Rechnerkommunikation in heterogener, hersteller- und betriebssystemunabhängiger Umgebung und bietet dem Benutzer den gleichzeitigen Zugang zu unterschiedlichen Systemwelten (DOS, UNIX, XENIX, VMS, u. a.).

Ziel dieses Buches ist, Anwendern, die nur wenige Vorkenntnisse aus dem Bereich Rechnerkommunikation mitbringen und TCP/IP nur als durch die Medien und Verkaufsgespräche geisterndes Schlagwort kennen, die Möglichkeiten und die Funktionsweise der Rechnerkommunikation mit TCP/IP nahezubringen. Speziell der Anschluß eines PCs an die TCP/IP Welt steht dabei im Mittelpunkt.

0821695

Hüthig Buch Verlag
Im Weiher 10
69121 Heidelberg

Karin Brotz, Philipp Föckeler, Michael Woldrich

NetWare 386 v3.x Troubleshooting

1993. XII, 532 S. Gb.
DM/sFr. 98,—, öS 765,—
ISBN 3-7785-2186-1

Obwohl es sich bei NetWare um eines der sichersten und stabilsten Betriebssysteme handelt, können bei Installation, Update und Hardwareerweiterung, bedingt durch die Komplexität des Systems, Probleme auftreten.

Das Buch wurde für Anwender geschrieben, die ihr Netzwerk unter NetWare 386 v3.0 und 3.11 betreiben. Für diese Betreiber stellt „Troubleshooting" eine unerläßliche Hilfe bei der Fehlersuche und -behandlung dar.

Es ist in zwei grundlegende Themenbereiche aufgeteilt. Teil 1 beschäftigt sich mit bekannten Problemen, die im Netzwerkbetrieb auftreten. Zu diesen Problemen werden jeweils konkrete Lösungen und detaillierte Hintergrundinformationen angeboten. Hierbei wird die Gesamtproblematik in einer logischen Struktur nach Themenbereichen gegliedert. Dies ermöglicht dem Leser das schnelle Auffinden einer Lösung und einen Einblick in die internen Abläufe von NetWare. Der Leser findet eine Fülle von Lösungsmöglichkeiten, die in dieser Form und diesem Umfang bisher nicht verfügbar sind.

Teil 2 beinhaltet ausschließlich Fehlermeldungen, die unter NetWare 386 bekannt sind und am Fileserver oder einer Arbeitsstation auftreten können. Sämtliche Originalfehlermeldungen (systembedingt in englischer Sprache) sind in alphabetischer Reihenfolge aufgeführt und in deutscher Sprache genau erläutert.

Hüthig Buch Verlag
Im Weiher 10
69121 Heidelberg